La nounou, nos enfants
et nous

Ouvrage publié sous la direction de Laure Paoli

Note de l'éditeur et des auteurs

À l'heure où nous imprimons...

Concernant les assistantes maternelles, un projet de loi est en cours d'examen, il devrait être voté à la fin de l'année 2004, tout comme la convention collective qui devrait être étendue et entrer en vigueur également à la fin de l'année 2004.

Pour connaître les toutes dernières dispositions, vous pouvez vous connecter aux sites Internet suivants :

www.fepem.fr
www.legifrance.fr

Tous droits réservés.
© Éditions Albin Michel, 2004

Emmanuelle Favre-Ray
Etty Buzyn

La nounou, nos enfants et nous

Le guide

Albin Michel

Photocopiez ou recopiez cette fiche, complétez-la et accrochez-la à votre réfrigérateur par exemple.

Vous pouvez bien sûr ajouter d'autres coordonnées et/ou informations qu'il vous semblerait utile de communiquer à votre nounou.

Numéros d'urgence

Maman (prof.) : ....

Maman (portable) : ....

Papa (prof.) : ....

Papa (portable) : ....

Grands-parents (dom.) : ....

Grands-parents (portable) : ....

Pédiatre : Dr .... tél. : ....

adresse : ....

SAMU : ....

....

Hôpital le plus proche : ....

....

Pompiers : ....

Centre anti-poison : ....

À mes trois filles,
Et à Sylvie qui s'en occupe tendrement.

Emmanuelle FAVRE-RAY

À mes petits-enfants et à leurs parents.
À toutes les professionnelles de l'enfance à qui j'ai prodigué des conseils pour les aider dans leur délicate mission.

Etty BUZYN

Sommaire

Introduction 11
De la séparation parents/bébé 13
Recruter une nounou 23
Construire une relation de confiance 111
Se séparer de la nounou 149
Annexes 179
Bibliographie 299
Table des matières 301

Introduction

La généralisation du travail des femmes est à l'origine d'un fait de société à part entière crucial : le problème posé par la garde de leurs enfants.

Votre enfant vient de fêter ses 3 mois ou ses 2 ans, et vous allez reprendre votre activité professionnelle. Vous avez décidé de recruter une nounou. Assistante maternelle ou nounou à domicile ? Comment choisir ? Où trouver la nounou qui vous correspond et conviendra à votre enfant pour qu'il se sente en sécurité ? Il existe des critères de recrutement objectifs sur lesquels vous pourrez vous appuyer pour mener l'entretien de recrutement. Mais il ne faut pas négliger des éléments plus subjectifs.

Vous venez de passer vos jours (et une bonne partie de vos nuits…) à prendre soin de votre petit ange, et demain il faudra le confier à des bras inconnus… Bien naturellement, vous ressentez quelque anxiété et parfois de la culpabilité : comment passer le relais à une personne responsable qui va vous permettre, à vous et à votre bébé, de vivre cette étape de séparation en douceur ?

Comment définir la place de la nounou aux côtés de la famille ? Comment gérer au mieux les éventuelles difficultés et dire à la nounou ce qui ne va pas ? La nounou doit partir après un temps de coopération réussie, comment faire pour la remplacer, et que votre enfant n'en souffre pas ?

Autant de questions et de problèmes auxquels sont confrontés les parents anxieux à l'idée de devoir confier leur enfant à une nounou dont le choix est déterminant pour l'équilibre de toute la famille et plus particulièrement, pour le bon développement de l'enfant.

À l'évidence, il ne s'agit pas d'une simple relation professionnelle employeur-employé, car l'intérêt de l'enfant est central, et la part de l'affectivité en jeu ne peut être négligée.

Reste une partie importante concernant les démarches administratives et juridiques qui engagent la responsabilité des partenaires. Cet ouvrage se conçoit comme un guide pratique qui aidera les parents à faire les meilleurs choix, avec le maximum de garanties, et à dépasser certaines difficultés imprévisibles.

Il s'appuie sur des cas cliniques riches d'enseignement pour les nouveaux parents désireux de résoudre, sans heurts et en fonction de leurs priorités, les problèmes que pose la garde de leurs enfants.

De la séparation parents/bébé

Après la première séparation de l'accouchement, la maman doit se préparer à une deuxième séparation : le moment où elle va devoir confier son bébé à une inconnue. Cette idée est naturellement difficile pour elle, surtout s'il s'agit de son premier enfant.

Bientôt, il faudra se séparer de bébé...

La maman, qui vient de passer ses jours et ses nuits avec lui, dans une relation encore fusionnelle, ressent peut-être de l'anxiété et de la culpabilité de ne pas pouvoir s'occuper plus longtemps de son petit bébé. La reprise du travail alors qu'il vient à peine d'atteindre l'âge de 3 mois, parfois même 2 mois 1/2, est parfois la cause sinon d'un épisode dépressif, du moins d'un fort sentiment d'angoisse. Après l'avoir imaginé pendant neuf mois, la maman vient à peine de découvrir son enfant qu'il lui faut renoncer à cette rencontre imprégnée d'affectivité et déterminante pour la capacité du bébé à prendre confiance dans son environnement.

Ces sentiments sont légitimes : ils prouvent à la fois son attachement profond au nourrisson encore totalement dépendant, et la responsabilité qu'elle découvre à son égard. Il ne faudrait pourtant pas que cette angoisse ou cette culpabilité soit trop envahissante, et la déborde.

En fonction de sa sensibilité et de son histoire personnelle, parfois compliquée ou traumatique, chaque maman réagit différemment à l'idée de cette séparation. Certaines, plus fragiles ou plus sensibles, auront une plus grande difficulté à se séparer, pour des raisons variées qui renvoient à leur propre histoire infantile, ou à des expériences antérieures et douloureuses avec leurs premiers enfants (maladie ou perte d'un premier bébé, par exemple). Si la mère est trop anxieuse, on peut supposer qu'elle a des raisons légitimes d'éprouver des difficultés à se détacher de son enfant.

LE CAS DE LA MAMAN DE BENNY

Mme R. vient consulter pour son fils de 2 ans, Benny, dont le sommeil est plus que précaire. En outre, Mme R. explique qu'elle est incapable de se séparer de lui. Les tentatives d'adaptation à la crèche se sont soldées par des échecs. Pour elle, l'idée même de déposer son fils dans un milieu étranger et en collectivité est source d'une angoisse qu'elle ne peut surmonter.

L'enfance de Mme R. a été marquée par la maladie de sa petite sœur. À l'âge de deux semaines, le bébé avait fait une méningite. Il s'en était suivi un an d'anxiété pour les parents. Alors que sa petite sœur était transportée à l'hôpital en urgence, Mme R. s'était retrouvée chez des voisins sans en connaître le motif. Ce qui la renvoie à un autre incident : en effet, deux mois avant la naissance de sa petite sœur, Mme R. avait été déposée dans sa nouvelle école sans en avoir été prévenue. Elle était restée prostrée dans la cour jusqu'au retour de sa mère. Mme R., lucide, prend conscience d'être la cause directe de l'échec du mode de garde qu'elle a pourtant choisi pour son fils : « Je ne peux pas faire autrement, dit-elle, je n'arrive pas à le lâcher, c'est plus fort que moi. »

En réalité, Mme R. ressent comme un besoin compulsif de s'identifier à sa propre mère qui, sans doute soucieuse des suites de la méningite, ne quittait plus la petite sœur, et la surprotégeait.

Petit à petit, Mme R. comprend la nécessité de veiller à ne plus projeter sur Benny les traumatismes de sa petite enfance à elle.

Après la première séance de psychothérapie mère-enfant, Benny fait des nuits de onze heures d'affilée, ce que Mme R. interprète ainsi : « Benny est enfin libéré de moi, ou plutôt c'est moi qui accepte de me séparer de lui. »

Sa phrase semble parfaitement représentative de la problématique d'extrême dépendance mère-enfant révélée par cette situation, où le plus dépendant n'est pas celui qu'on croit...

Comme souvent dans une relation fusionnelle, et contrairement aux apparences, c'est la mère qui n'est pas en mesure de se sevrer de son enfant, car il lui est devenu indispensable pour régler les questions qui ont été laissées en suspens depuis sa propre enfance.

À des degrés divers, la naissance d'un bébé offre l'opportunité pour une maman qui se pose des questions, de faire un retour sur sa propre histoire, et peut-être de mieux la comprendre pour s'en libérer. Elle pourra alors mieux gérer l'anxiété ou la culpabilité qui l'envahit, et éviter alors d'y entraîner son bébé. En effet, le tout-petit n'a pas encore les moyens de se défendre et pourrait se sentir coupable lui aussi de ce qu'il ressent du malaise maternel : qu'est-ce que j'ai bien pu faire de mal pour que Maman soit si triste ?

En effet, pour lui la séparation s'apparente à une rupture, et pour que cette séparation ne soit pas vécue comme une perte définitive, il est important de l'y préparer.

Un des moyens d'atténuer la souffrance inhérente à la séparation et de s'y préparer ensemble est de l'exprimer : dire à son bébé qu'on va le confier à une autre personne et ce que l'on ressent, avec des mots simples, en essayant de ne pas dramatiser : « C'est vrai que je n'ai pas envie de te quitter, mais je n'ai pas le choix, je dois reprendre mon travail. Ce n'est pas facile pour moi, et ce n'est pas facile pour toi non plus. Tu aimerais que je sois là, moi aussi, tu sais. Mais même si je m'en vais, je te garde dans ma tête et, si je ferme les yeux, je peux t'imaginer. Pour toi aussi c'est la même chose, partout où tu te trouves tu me gardes dans ta tête. »

Cela marche très bien avec le petit enfant très à l'aise dans l'imaginaire et le symbolique, et cela le soulage beaucoup.

En évoquant la problématique commune liée à la séparation, la maman permet à son bébé de mieux décoder ce qu'il éprouve et de lui rendre les choses plus faciles.

En outre, il est essentiel de ne pas prononcer des paroles maladroites qui pourraient générer un stress inutile pour l'enfant.

Il va de soi que le petit enfant a au contraire **besoin d'être rassuré :** lui dire bien sûr que l'on viendra le rechercher, en lui précisant l'heure. Et, si comme convenu, la maman ou le papa est là pour le reprendre et le ramener chez lui, cela lui donnera la certitude que ses parents ne cessent de se préoccuper de lui.

Grâce aux mots prononcés par sa maman, il reçoit confirmation de la persistance du lien entre elle et lui : « Même si tu n'es pas avec moi, **le lien entre nous est inaliénable et demeurera toujours.**»

LE CAS D'ANTOINE

Ce petit garçon pleurait tout le temps chez son assistante maternelle, toujours triste et très dépendant d'elle.

Mme S., sa maman, lui avait dit : « Tu sais, quand tu es chez ta nounou, tu ne dois plus penser à moi, et moi je ne pense plus à toi. » Le petit Antoine avait très certainement peur que sa mère ne l'oublie complètement, et ne revienne jamais le chercher. Dans la crainte de ne plus la revoir, et pour se rassurer, il restait collé à l'assistante maternelle. Mme S. avait cru bien faire, avec l'idée de le rendre autonome et de les libérer tous deux de leur dépendance mutuelle.

Sans le vouloir, Mme S. avait généré chez son petit garçon une angoisse envahissante, celle de ne plus revoir sa maman, de risquer de la perdre définitivement.

« Le bébé a toujours peur qu'on le laisse tomber, il sent sa fragilité et sait que, sans l'autre, il n'est rien. La voix peut constituer pour le petit un sentiment de sécurité équivalent au fait d'être blotti dans les bras.[1] »

Mais ce n'est pas une recette, et la parole ne résout certainement pas tout. On a trop tendance de nos jours à croire qu'il suffit de dire la vérité à son enfant pour que tout soit résolu. En réalité, cela n'évite pas une certaine souffrance des deux partenaires. Si la parole apaise l'angoisse, elle ne supprime pas l'inévitable effort qui leur est demandé, à lui tout comme à sa mère.

Certaines mères peuvent penser : « Je lui ai tout expliqué et pourtant il pleure quand même. » Mais un certain temps est nécessaire

---

[1]. L. Miller, D. Steiner, S. Reid et C. Mathelin, *Comprendre votre enfant de la naissance à 3 ans*, Éditions Albin Michel, 2001.

aux deux partenaires pour s'adapter à leur nouvelle situation. Il faut accepter de voir son bébé en colère, agité ou anxieux, en lui faisant sentir qu'on le comprend. Il aura entendu quelque chose de rassurant : des paroles empreintes d'affectivité, qui le réconfortent et contribuent à construire leur relation future.

Tant il est vrai qu'un bébé qui a passé neuf mois dans le ventre de sa mère se blottit ensuite dans ses bras, puis s'installe définitivement dans sa tête.

Et le père dans tout ça ?

Le père a son rôle à jouer. Il doit être là pour soutenir la mère, pour dédramatiser la situation. En général moins angoissé qu'elle, dans la mesure où il n'a pas porté l'enfant, il n'est pas pris dans la même fusion. Une proximité s'installera entre eux avec le temps.

La mère devrait pouvoir trouver aide et soutien auprès de son compagnon : il pourra ainsi la décharger de sa culpabilité afin qu'elle n'assume plus seule le poids de la séparation. Partager cette problématique, et la résoudre avec lui, est une façon de ne pas le tenir à l'écart mais au contraire de lui donner une chance d'être acteur dans une relation à trois.

En prenant à son compte une partie de la culpabilité de la mère, le père joue pleinement son rôle de « tiers séparateur » et soutient la fragilité momentanée de sa compagne.

Il serait, par exemple, salutaire pour tout le monde que les pères, parfois, accompagnent et reprennent les bébés chez l'assistante maternelle, ou bien attendent la nounou le matin à la maison. En effet, au début de sa vie, un bébé s'accroche davantage à sa maman car il entretient un lien encore très fusionnel avec elle, et, de ce fait, il est souhaitable que le moment de la séparation ne soit pas toujours dévolu à celle-ci.

Enfin et surtout, les difficultés de la séparation seront atténuées si parents et nounou coopèrent pour organiser une **période d'adaptation progressive**. Le processus de séparation nécessite du temps, de la patience et une confiance réciproque entre les partenaires.

De la séparation parents/bébé

> **ON DIT QU'IL N'EST PAS BON DE SE SÉPARER LORSQUE L'ENFANT A 8 MOIS ?**
>
> C'est en effet entre 7 et 12 mois que l'enfant prend conscience de son altérité, il voit dans le miroir qu'il est un autre que sa maman. Ce stade de développement de l'enfant s'accompagne généralement d'une angoisse aiguë de l'étranger, et donc de la séparation avec la mère, personne de référence pour l'enfant. Ce n'est donc pas le moment idéal pour reprendre son travail, aussi vaut-il mieux le faire avant (7 mois) ou après (autour de 1 an). Lorsque l'enfant a acquis la marche, le moment est venu d'envisager la séparation d'avec sa maman. Si c'est possible pour la mère, le fait d'atteindre cette étape du développement facilitera ce passage pour le bébé.
>
> Mais parfois les parents n'ont pas le choix, et doivent confier leur enfant autour de ses 8 mois. Il est alors souhaitable de **prévoir une période d'adaptation plus longue**, et de donner à l'enfant des photos de sa famille, ou un objet appartenant à sa maman (foulard...), objet qui la représente et le rassure, ce qui est concevable pour les enfants de tout âge mais se justifie davantage à ce stade. L'objet, le doudou ou la photo permet de réactiver et de maintenir présente l'image de la mère dans l'esprit du petit enfant.

Le doudou, le lien symbolique avec la maman

Si la maman peut imaginer, tout au long de la journée, son enfant, se le représenter et lui donner rendez-vous psychiquement (à midi, il déjeune, il prend son biberon, à 14 heures, il fait une petite sieste...), il est plus difficile pour le petit enfant d'effectuer cet exercice, et de conserver présents ses parents dans sa mémoire tout au long de la journée.

Cette difficulté justifie qu'il ait besoin d'avoir un **substitut** à sa portée, qui crée une continuité du lien pour pallier l'absence de sa maman. Le **doudou** est cet objet que l'enfant privilégie, qui représente la douceur et la chaleur de la présence maternelle. Peu importent son apparence et sa provenance. Le doudou peut prendre plusieurs formes (chiffon, mouchoir, lange, peluche, foulard, tétine, biberon...) et avoir plusieurs dénominations (doudou, bouiboui, totos, babar, mimi...).

Cet objet substitut est important dans sa vie : c'est une défense contre l'angoisse de séparation, et l'en priver de façon prématurée ou inopinée provoquerait un manque supplémentaire bien inutile. Même si le doudou a pris une apparence repoussante, il serait tout à fait maladroit de le faire disparaître pour le remplacer par le même, flambant neuf. Comme le préconisait D.W. Winnicott : « Les parents en reconnaîtront la valeur, et l'emporteront partout, même en voyage. La mère acceptera qu'il devienne sale et sente mauvais ; elle n'y touchera pas car elle sait qu'en le lavant elle introduirait une cassure qui pourrait détruire la signification et la valeur de l'objet pour l'enfant.[1] »

Quelle maman ou quel papa n'a pas couru après un bus ou un taxi, où le doudou avait été oublié ? Des sites Internet ont même prévu des rubriques spécifiques pour retrouver les doudous égarés (« Recherche doudou désespérément » sur le site www.bebe-conseil.com).

Les parents ont donc bien compris le rôle et l'importance du doudou, notamment au moment d'une séparation avec eux, lorsque l'enfant est confié à une tierce personne. Si le petit enfant n'a pas encore choisi de doudou, les parents pourront prévoir un petit album de photos (de préférence recouvert de tissu pour être plus agréable au toucher) représentant toutes les personnes qui comptent dans sa vie (parents, frères et sœurs, grand-parents...). L'enfant pourra le manipuler à certains moments de la journée où le manque se fait davantage sentir, une façon pour lui de se relier ainsi à ses proches pour se rassurer.

De même que pour le sevrage du sein maternel, le sevrage du doudou devra se faire de façon progressive, par étapes, quand cela s'avère nécessaire, notamment quand se profile le temps de la scolarisation.

---

[1]. D.W. Winnicott, *Jeu et réalité*, Gallimard, 2002.

LE CAS DE LUCAS

Alors que Lucas avait 4 ans et était scolarisé, M. et Mme C. décident qu'il est temps de lui enlever la tétine pour la sieste et la nuit.

Le soir de Noël, le petit garçon dépose sa tétine au pied du sapin, comme cadeau pour le Père Noël. Jusque-là tout se passe plutôt bien, Lucas est heureux de faire lui aussi un cadeau au Père Noël.

Au moment du coucher, Lucas réclame sa tétine, mais ses parents ne veulent pas céder. Il s'ensuit une crise de pleurs interminable, et finalement Lucas s'endort épuisé, à 1 heure du matin. Les trois jours suivants sont aussi pénibles dès lors que vient le moment de se coucher : Lucas ne veut plus dormir, et ne peut supporter de ne pas avoir sa tétine. Finalement, de guerre lasse, la maman la lui redonne.

En réalité, Lucas n'était pas prêt à se séparer de ce qui faisait encore partie de son rite d'endormissement et le sécurisait.

« Il est bon de rappeler qu'il faut du temps à l'enfant pour passer d'une étape de son développement à la suivante et que ce temps nécessaire n'est pas identique pour tous. Chaque enfant accepte à son rythme les renoncements inhérents au fait de grandir, et la nostalgie qui en découle.

Il est nécessaire de respecter sa capacité à se détacher des objets de substitution affective, au fur et à mesure qu'il s'affirme et prend confiance en lui. Cela s'établit progressivement, selon ses capacités d'intégration, et s'inscrit dans un processus de maturation propre à chaque stade de développement psychoaffectif infantile.[1] »

Rappelons également que tous les enfants n'ont pas besoin d'« objet transitionnel », et il ne faudrait pas que les parents s'en inquiètent ou créent un besoin de façon artificielle qui compense leur absence et les rassure eux-mêmes. À titre d'exemple, il est intéressant de noter que les petits Africains qui restent très longtemps dans un véritable « corps à corps » avec leur maman n'ont pas de doudou...

---

1. E. Buzyn, *Me débrouiller, oui, mais pas tout seul*, Éditions Albin Michel, 2001.

Recruter une nounou

Trouver un mode de garde qui convient, puis recruter la perle rare relève parfois du parcours du combattant pour les jeunes parents. Pour se donner toutes les chances de réussir, et d'être serein le jour où l'on confie son bébé, il est important de réfléchir en amont à ce qu'on attend du mode de garde, d'une part, et de se donner le temps et les moyens de rechercher la personne de confiance, d'autre part.

Qu'est-ce qu'un mode d'accueil de qualité ?

Que recherchent les parents ? Certainement un mode d'accueil de qualité, qui corresponde le plus à leur sensibilité, à leurs convictions et à leurs priorités.

Il n'existe pas de mode de garde idéal, l'important est d'être en accord avec son choix, et que celui-ci ne soit pas imposé uniquement par la nécessité. Même si le choix reste souvent un luxe pour bon nombre de parents, il est indéniable qu'un bébé n'a pas besoin de la collectivité dès la naissance, car il se socialise d'abord en famille ou en cercle restreint. Ce qui prime, c'est la qualité affective de la relation qui s'établit entre lui et la personne qui s'en occupe.

Sylviane Giampino [1] a déterminé les critères essentiels qui contribuent au bon développement psychologique des jeunes enfants confiés pendant que les parents travaillent.

Selon elle, un accueil de qualité est un accueil **personnalisé**, qui préserve **la sécurité affective des enfants, leur vitalité et leur dignité** :

– **Un accueil personnalisé** : la personne qui s'occupe du tout-petit est en mesure de s'adapter à ses rythmes (alimentaires, de sommeil…) et à ses besoins spécifiques.

– **Qui préserve la sécurité affective** : cela signifie continuité et stabilité. La même personne s'occupe de lui, fait référence aux parents, à la

---

[1]. S. Giampino (psychanalyste, psychologue petite enfance), *Les Mères qui travaillent sont-elles coupables ?*, Éditions Albin Michel, 2000.

fois dans son mode de faire et en les évoquant régulièrement, ce qui rassure le tout-petit.

– **Qui préserve leur vitalité :** lieux et équipements sont adaptés aux besoins de l'enfant, et évoluent en fonction de ses différents stades de développement. Les lieux d'accueil sont des lieux de **vie**, non des lieux **d'attente** ; il répondent aux besoins de repères, de calme, d'échanges, de jeux, d'expérimentation sensorielle et motrice des enfants.

– **Qui préserve leur dignité :** la dignité des tout-petits passe par leur corps, et les mots qui le touchent. Le bébé, qui ne parle pas, absorbe le sens des mots qui lui sont adressés à travers les résonances affectives dont le corps se fait l'écho. Porter atteinte à la dignité des jeunes enfants pourrait laisser des traces dans leur inconscient et produire ensuite des retards dans leur développement.

En outre, s'il n'est pas familial, l'accueil doit être **professionnel**, c'est-à-dire garanti par une formation initiale et permanente.

L'assistante maternelle

Appelées « nourrices », puis « gardiennes d'enfant », les « assistantes maternelles » ont acquis, depuis 1977 un véritable statut professionnel.

Ce statut qui leur garantit un salaire minimum, une formation continue et d'autres avantages a permis une amélioration significative de la qualité de ce mode d'accueil.

Afin de rendre ce métier plus attractif, mais aussi de répondre dans les années à venir à la demande croissante d'accueil des jeunes enfants, le gouvernement a annoncé, lors de la Conférence de la famille 2003, un certain nombre de dispositions en faveur des assistantes maternelles. Ces nouvelles mesures font l'objet d'un projet de loi qui devrait être voté fin 2004 (cf. site www.legifrance.fr).

Cette nouvelle loi poursuit un double objectif : d'une part, mettre en œuvre les conditions d'une plus grande qualité des soins apportés aux enfants par une professionnalisation des accueillants, et d'autre part améliorer leur statut en le faisant converger vers le droit commun.

En outre, la première convention collective des assistants maternels a été signée le 1er juillet 2004. Elle entrera en vigueur fin 2004, lorsque l'arrêté d'extension sera publié au Journal Officiel (cf. site www.legifrance.fr et annexe n° 31).

Les assistants maternels sont aujourd'hui plus de 420 000, dont 99 % de femmes, et **constituent le premier mode de garde organisé** en accueillant 500 000 enfants de moins de 3 ans (soit 20 % d'entre eux), auxquels s'ajoutent 240 000 enfants de 3 à 6 ans pris en charge après leur sortie d'école.

Aujourd'hui, 740 000 enfants de moins de 6 ans sont accueillis au domicile d'une assistante maternelle agréée, soit en moyenne 2 enfants par assistante maternelle.

> **À NOTER**
>
> Certaines assistantes maternelles dépendent de **crèches familiales** privées ou municipales, dont elles sont les salariées. **Les parents n'ont donc pas la qualité d'employeur.**
> L'inscription de l'enfant a lieu au sein de ces structures, qui désignent ensuite une assistante maternelle. Celle-ci accueillera le tout-petit dans les mêmes conditions, mais aura la possibilité de se rendre une ou deux fois par semaine à la crèche familiale pour rencontrer d'autres assistantes maternelles et des professionnels de la petite enfance. Pendant ce temps, le petit enfant sera accueilli par le personnel de la crèche (auxiliaires de puériculture et éducateurs de jeunes enfants...).

Pour les assistantes maternelles, il existe dans les communes des «**relais assistantes maternelles**» créés par les CAF, qui sont des lieux de rencontre, d'échanges et de partage d'expériences pour les familles et pour les assistantes maternelles.

Les avantages

On dénombre deux principaux avantages pour ce mode de garde : toute assistante maternelle doit être agréée pour exercer et ce mode de garde se situe à mi-chemin **entre la garde à domicile et la collectivité.**

■ L'activité de l'assistante maternelle « agréée ».

L'assistante maternelle « agréée » reçoit une formation et son activité fait l'objet d'un contrôle réalisé par la PMI.

AGRÉMENT

Il va de soi qu'il est hautement recommandé de s'orienter vers une assistante maternelle « agréée », qui offre une certaine garantie de sérieux, d'une part, et ouvre droit aux allocations, d'autre part : l'**Afeama** (l'Aide à la famille pour l'emploi d'une assistante maternelle agréée) pour les enfants nés avant le 1er janvier 2004, et le

Complément de libre choix du mode de garde pour les enfant nés à compter du 1er janvier 2004. Précisons qu'il existe de nombreuses assistantes maternelles non agréées qui exercent cette activité en échappant à tout contrôle. Il convient alors d'être d'autant plus vigilant sur leur recrutement.

L'assistante maternelle est dite **agréée** lorsqu'elle a reçu un agrément du conseil général qui doit être renouvelé tous les cinq ans ; il est obtenu après validation d'un certain nombre de critères objectifs (examen médical, hygiène et sécurité du lieu de garde, présence d'un environnement sain pour l'enfant…). Le projet de loi ajoute une nouvelle condition : l'évaluation des capacités éducatives des candidates **avant** d'accorder tout agrément.

Ces éléments constituent une garantie minimale de conditions d'accueil satisfaisantes pour l'enfant, et permettent de rassurer les parents qui auraient choisi ce mode de garde faute de place en crèche.

NOMBRE D'ENFANTS ACCUEILLIS À SON DOMICILE

L'agrément pour les assistantes maternelles les autorise à garder trois enfants maximum. Il s'agit désormais de trois enfants « équivalents temps plein de garde » : en étant autorisées à accueillir plus de trois enfants (par exemple, six enfants à mi-temps), les assistantes maternelles devraient améliorer leurs revenus financiers, et les parents trouver dans le même temps plus d'offres de garde disponible.

FORMATION

Toute assistante maternelle agréée doit désormais suivre **une formation de 60 heures, avant tout accueil d'enfants** alors qu'auparavant celle-ci devait être réalisée dans les cinq années suivant l'agrément.

Cette formation complète, destinée à les aider dans leurs tâches éducatives, est organisée par le conseil général et les services de la PMI.

Elle devrait porter sur **les quatre domaines** suivants :
- **Le développement, les rythmes et les besoins de l'enfant :**
    – Connaître les stades du développement jusqu'à 3 ans dans

tous ses composants (physique, relationnel, affectif...), connaître les besoins fondamentaux de l'enfant (alimentation, sommeil, hygiène...).
— Développer ses capacités d'attention à l'enfant dans toutes ses manifestations.
— Assurer sa santé et sa sécurité, tant sur le plan affectif que matériel (indications sur l'aménagement de l'environnement, la prévention des accidents domestiques, attitudes à tenir en cas de maladies soudaines ou d'incidents divers).

- **La relation parents-enfants :**
   — Établir une relation de confiance et gérer un contrat avec les parents.
   — Faciliter les transitions pour l'enfant, en particulier au moment de la séparation et des retrouvailles parents-enfants.
- **Aspects éducatifs de l'accueil de l'enfant et rôle de l'assistante maternelle :**
   — Réfléchir sur les approches éducatives favorisant l'accès à l'autonomie, la découverte et la socialisation ; les moyens pour y parvenir.
   — Favoriser l'éveil et le jeu pour l'épanouissement de l'enfant.
- **Cadre institutionnel et social de l'accueil de la petite enfance :**
   — Étude du statut des assistantes maternelles, de son évolution.
   — Connaissance du dispositif médico-psycho-social et de protection de l'enfance, de l'organisation locale des services d'urgence (SAMU) ainsi que du réseau local « petite enfance » (coordinateur petite enfance, relais assistantes maternelles, haltes-garderies, ludothèques...).

L'intégralité de cette formation est financée par le département, mais il n'est pas prévu de rémunération pour les assistantes maternelles pendant ce stage préparatoire.

La nouvelle loi devrait leur permettre également de bénéficier de la formation professionnelle continue, grâce à la création d'un fonds de formation professionnelle, avec comme objectif d'offrir à celles qui s'engagent dans ce métier des perspectives d'évolution professionnelles ultérieures. Elles auront aussi accès à certains concours de la fonction publique, et à certains métiers de la petite enfance.

CONTRÔLE DE L'ACTIVITÉ

L'assistante maternelle fait l'objet de visites régulières d'un membre d'une équipe médico-psycho-sociale (pédiatre, psychologue, assistante sociale), qui se rend à son domicile. Sans prévenir nécessairement de sa venue, il exerce un contrôle régulier de son activité et s'assure que tout est organisé et mis en place pour garantir le bien-être physique et psychologique des petits enfants.

La nouvelle loi prévoit de renforcer encore ce contrôle. Mais pour les aider à accomplir leur mission auprès des enfants, les assistantes maternelles vont bénéficier d'un encadrement et d'un soutien professionnel assuré par les départements en collaboration avec les caisses d'allocations familiales et les communes.

■ **Ce mode de garde se situe à mi-chemin entre la garde à domicile et la collectivité.**

Les enfants d'âges différents sont accueillis au domicile de **l'assistante maternelle, dans un cadre familial**. Après l'indispensable période d'adaptation, l'enfant a la possibilité de mettre en place de nouveaux repères, stables, au sein d'un environnement calme et sécurisant. Il retrouvera toujours la même personne pour s'occuper de lui : l'assistante maternelle est à même d'individualiser la relation, en faisant ce qu'elle peut pour s'adapter aux différents rythmes de chaque petit, et à ses besoins spécifiques.

En cas de petites maladies (moins fréquentes qu'en crèche où les enfants sont exposés aux bronchiolites, grippes intestinales et autres maladies infantiles...), l'assistante maternelle acceptera généralement de l'accueillir (si la maladie n'est pas contagieuse), lui prodiguera les soins nécessaires, et le petit enfant pourra se reposer en toute tranquillité. Quant aux parents, ils n'auront pas à faire face à cet imprévu.

Si le cadre reste restreint et familial, l'enfant aura néanmoins la possibilité d'élargir son univers en faisant la découverte de nouvelles personnes : l'assistante maternelle en premier lieu, sa famille, et d'autres enfants qui deviendront plus tard des camarades de jeux.

Parmi les avantages, **le coût** reste un facteur déterminant, parfois plus de moitié inférieur à celui d'une nounou à domicile.

Enfin, en cas de problème avec l'assistante maternelle, ou tout simplement parce que l'enfant va désormais à l'école, les parents qui souhaitent rompre son contrat de travail pourront exercer **leur droit de retrait** dont les modalités sont beaucoup plus souples que celles d'un **licenciement** (cf. p. 167). Mais cette particularité ne devrait pas perdurer encore longtemps car le projet de loi a aussi pour objectif de faire converger l'exercice du métier d'assistante maternelle vers les dispositions de droit commun : contrat de travail obligatoire et écrit, mise en place de congés, amélioration de la protection sociale… et aussi un meilleur encadrement de la rupture du contrat de travail.

Néanmoins, aujourd'hui encore, le statut d'employeur d'une assistante maternelle reste moins contraignant comparativement à celui d'une nounou à domicile car les parents sont aidés par les services de la PMI qui facilitent toutes les démarches (formalités d'embauche, contrat de travail, déclarations diverses, etc.), et peuvent constituer un intermédiaire en cas de difficulté avec l'assistante maternelle.

Les inconvénients

■ Cette activité n'ayant nécessité pendant longtemps aucune formation ou qualification particulière (ce qui ne devrait plus être le cas avec la nouvelle loi), de nombreuses femmes l'exercent avec comme seule motivation le complément de salaire qu'elles apportent ainsi à leur foyer, ce qui ne garantit évidemment pas un accueil de qualité.

■ Elles ne sont pas suffisamment nombreuses pour pallier le manque de places en crèche. La possibilité pour les parents de choisir l'assistante maternelle qui leur convient et qui habite près de chez eux est donc assez limitée.

■ Compte tenu du manque d'effectifs au sein des PMI et de la pénurie d'assistantes maternelles dans les grandes villes, la théorie est souvent éloignée de ce qui se passe réellement sur le terrain :
– la procédure d'agrément n'est pas assez sélective ;
– les contrôles exercés ne sont pas suffisamment fréquents, parfois une seule fois par an au lieu d'une visite trimestrielle ;
– les parents sont très dépendants de la bonne volonté de l'assistante

maternelle, de sa faculté d'adaptation à leurs priorités pour le bébé, et à leurs souhaits en règle générale (horaires, congés, accueil du bébé en cas de maladie...).

Dans la situation actuelle de pénurie, l'assistante maternelle est souvent en position de force vis-à-vis d'eux : s'ils ne sont pas contents, elle n'aura aucun mal à accueillir un autre enfant. En cas de difficulté, son emploi n'est pas mis en jeu ; à l'inverse, les parents auront plus de mal à retrouver une assistante maternelle proche de leur domicile ; et pour le bébé, c'est une rupture supplémentaire et une nouvelle adaptation à un milieu étranger, ce qui n'est jamais idéal.

Elles restent donc finalement très libres et autonomes. Aux parents, une fois de plus, d'être extrêmement attentifs et vigilants et de s'assurer des compétences et qualités essentielles de l'assistante maternelle, avant de la recruter.

La nouvelle loi devrait remédier à la grande majorité des difficultés rencontrées, en leur permettant d'accéder à une véritable qualification, garante de compétences minimales.

Pour en savoir plus sur les assistantes maternelles, lire le remarquable et très complet ouvrage de Pierre Bance, *Le Guide des assistantes maternelles* ou bien encore *L'AssMat*, la revue mensuelle d'informations professionnelles des assistantes maternelles et familles d'accueil (éditions *L'AssMat*, 2004).

La nounou à domicile

Contrairement aux conditions d'accueil de l'assistante maternelle qui exige de l'enfant qu'il s'adapte à un nouvel environnement, c'est essentiellement à la nounou à domicile que revient l'effort d'adaptation à l'enfant et à sa famille.

Les avantages

■ L'avantage majeur d'une nounou à domicile est de permettre au petit bébé (après un congé maternité, il n'a que 2 mois et quelques semaines…) de rester dans **son cadre familial**. Sa chambre, son lit, les couleurs, les odeurs, tous ses repères restent inchangés : ce qui est évidemment de nature à le rassurer. Même si sa maman le quitte pour aller travailler, sa sécurité intérieure se trouvera moins fragilisée.

Si, pour le petit bébé, sa nounou ne remplacera jamais sa maman, il est néanmoins tout à fait probable (et souhaitable) qu'ils noueront ensemble une relation affectivement riche.

■ Ce mode de garde permet également de mieux **respecter les différents rythmes** du tout-petit : pas de réveil matinal pour l'emmener chez l'assistante maternelle (l'hiver, il fait encore nuit), heure des repas, des sorties…

De façon générale, les parents auront plus de facilité à imposer leurs choix, leur mode de fonctionnement à une nounou à domicile qu'à une assistante maternelle qui a déjà ses habitudes, et doit surtout s'occuper d'autres enfants. S'ils sont soumis à des horaires décalés, variables ou à forte amplitude, ils apprécieront la souplesse que peut offrir une nounou à domicile : il est plus confortable de laisser son bébé à la maison, en évitant ainsi la course du matin et du soir. Au moment de son recrutement, ce sont les parents qui déterminent les horaires de travail de la nounou (avec son accord, et dans les limites légales) en fonction de leurs contraintes professionnelles et personnelles.

■ Si parents et nounou se sont mis d'accord sur ce point parfois épineux, celle-ci pourra, en plus de la prise en charge du bébé, réaliser des tâches ménagères (ex. : repassage pendant la sieste).

Les inconvénients

■ **Le coût** de ce mode de garde reste élevé même si différentes aides viennent l'alléger, ce qui explique qu'actuellement seulement 1 % des enfants de moins de 3 ans soient gardés par une employée de maison.

Néanmoins, les nouvelles mesures proposées par le gouvernement (la Prestation d'Accueil du Jeune Enfant), et qui concernent les enfants nés à compter du 1er janvier 2004, prévoient une augmentation de l'aide de l'État, et en conséquence une diminution du coût (cf. La rémunération de la nounou et le coût des modes de garde, p. 89).

■ La nounou à domicile ne dépend d'aucune « institution », son emploi ne requiert **aucune formation initiale**, et personne n'exerce **aucun contrôle** sur son activité à l'exception des parents eux-mêmes. Ce qui ne saurait être suffisamment rassurant pour des parents un peu anxieux. Afin de minimiser les risques, le recrutement devra être très sélectif en choisissant une personne qualifiée et expérimentée - (cf. Les critères essentiels de recrutement, p. 56) ; il sera encore possible de renforcer ses compétences grâce à des formations continues totalement prises en charge par l'Agefos-PME (cf. Le rôle de la nounou, p. 125).

■ Certains parents peuvent également ne pas accepter qu'une tierce personne vive chez eux de façon quasi permanente, ce qu'ils peuvent vivre comme une intrusion dans leur intimité. La nounou à domicile est inévitablement associée à la vie de la famille, dont elle connaîtra beaucoup de choses, ce qui est encore plus vrai si elle est logée sur place.

Cela nécessite de la part des parents une grande confiance puisqu'ils lui donnent la responsabilité de leur bébé, et parallèlement celle de leur maison.

■ Enfin, **ils sont seuls à gérer la relation employeur-employée**, ce qui est parfois contraignant, à moins d'appartenir à une association spécialisée dans le recrutement de nounou, qui pourra les aider par la suite en cas de difficultés (moyennant une cotisation annuelle), et si cette prestation supplémentaire a été prévue au contrat.

En fonction de leurs priorités et de leurs moyens financiers, les parents rechercheront et choisiront le mode de garde qui correspond le mieux à ce qu'ils sont, et souhaitent pour leur enfant. S'ils sont rassurés dans la situation choisie, il y a de fortes chances que leur enfant le soit également.

Il n'existe pas ici de règle générale et absolue. Il revient aux parents de s'assurer de la qualité de ce qu'ils offrent à leur enfant : contexte stable et sécurisant, disponibilité des adultes, compétence, et richesse du milieu en stimulations de toutes sortes.

La jeune fille au pair

Certaines familles possèdent une chambre supplémentaire, un studio. Elles ont dès lors la possibilité de les mettre à la disposition d'une jeune femme en échange d'heures de garde de leur enfant.

Une jeune fille au pair est une personne qui, en contrepartie de sa prestation de travail, bénéficie essentiellement d'avantages en nature. La loi distingue deux catégories de travailleurs au pair :

– les personnes qui exercent une activité au pair dans les conditions de droit commun (une nounou à domicile qui est logée par la famille) ;

– les stagiaires aides familiaux de **nationalité étrangère** qui séjournent en France généralement dans le but de perfectionner leurs connaissances linguistiques.

L'employée au pair de droit commun

Il s'agit d'une **nounou à domicile** dont une partie de la rémunération est versée sous forme d'avantage en nature, le logement.

Pour qu'il y ait travail au pair, il est nécessaire qu'il existe entre les parties un **contrat de travail**, c'est-à-dire : fournir un travail et une rémunération en nature, éventuellement complétée par une rémunération en espèces, et que les parties soient liées par un lien de subordination.

La valeur des avantages en nature (logement, éventuellement repas), augmentée de la rémunération en espèces, doit atteindre **au moins le minimum garanti par la convention collective**, compte tenu des heures de travail fournies. Pour connaître l'équivalence entre heures de travail et avantages en nature, il convient de contacter une agence immobilière pour savoir quelle est la valeur locative du logement ou de s'adresser à la Fepem (3615 Fepem ou consulter le site www.fepem.fr) compte tenu des disparités de loyers d'une région à l'autre.

Ces équivalences peuvent varier en fonction de la qualification de l'employée au pair. Comme pour tout salarié, elle sera déclarée à l'Urssaf ; **un contrat de travail écrit** sera établi, précisant que la nounou est logée au domicile des parents ou à telle adresse, et sa rémunération mensuelle intègre un logement en tant qu'avantage en nature à hauteur de x euros par mois. Il est essentiel de préciser qu'en cas de rupture du contrat de travail, la salariée devra quitter le logement au plus tard à l'issue du préavis.

Il est à noter que les cotisations sociales à payer sur la partie avantage en nature seront calculées sur la base de **60 € par mois.**

Les avantages

■ L'avantage principal de cette formule est bien sûr **le coût** : moins de trésorerie à prévoir et moins de charges sociales.

■ En outre, elle permet de bénéficier d'une plus **grande souplesse et disponibilité de la nounou** puisqu'elle vit au domicile des parents ou à proximité. Il n'y a donc plus de problèmes de transport, elle pourra facilement assurer quelques baby-sitting le soir (ce qui peut être prévu au contrat) et, en cas d'imprévu pour les parents, elle sera en mesure de se rendre disponible immédiatement.

Les inconvénients

■ La nounou à domicile est, de fait, **très présente et très impliquée** dans la vie familiale, ce qui peut être vécu par certains comme une intrusion trop contraignante.

■ En cas de rupture du contrat, elle se voit privée de travail **mais également de logement**. Si, à l'issue du préavis, elle ne veut pas quitter la chambre ou le studio mis à sa disposition, il sera nécessaire d'entamer une procédure d'expulsion, longue, coûteuse et très désagréable sur le plan humain.

Les employés au pair étrangers

Leur fonction et leur statut sont particuliers et différent de ceux d'une nounou à domicile. Ce mode de garde est destiné principalement aux parents dont **les enfants sont scolarisés** ou qui l'utilisent comme un mode de garde complémentaire : en effet, elle ne pourrait par définition pas garder un nourrisson **huit heures par jour**.

Ce sont de **jeunes étrangers** venus en France dans le but de perfectionner leurs connaissances linguistiques, et éventuellement professionnelles. Ils sont accueillis **temporairement** au sein d'une famille en contrepartie de certaines prestations.

Afin d'assurer à ces jeunes étrangers placés au pair une protection sociale adéquate, les États membres du Conseil de l'Europe ont signé un accord européen sur le placement au pair, qui a été ratifié par la France en février 1971.

Engager une jeune fille au pair va bien au-delà du recrutement d'une simple baby-sitter pour garder ses enfants, **c'est véritablement accueillir quelqu'un au sein de sa famille**. Elle va partager la vie familiale pendant plusieurs mois. Cela signifie proposer une chambre confortable, donner accès à sa salle de bains, partager avec elle les repas familiaux, l'emmener en vacances, s'occuper d'elle en cas de difficultés ou de maladie...

Cela nécessite de la part de la famille une certaine générosité et une véritable **volonté d'accueil, et de la part de la jeune fille une capacité d'intégration**. C'est dans ce contexte que les choses se passeront bien, qu'il n'y aura pas de déception réciproque.

> « Une jeune fille au pair n'est pas une nounou au rabais. C'est un être différent qui a des fonctions différentes. Si une nounou a mal aux dents, elle se débrouille toute seule pour aller chez le dentiste. Si une jeune fille au pair a mal aux dents, vous l'accompagnez chez le dentiste, vous lui servez d'interprète, vous la mettez au lit avec un grog. Puis vous téléphonez à son petit copain à Varsovie avant de partir chercher ses cours à la fac, et vous lui ramenez un nouveau vernis à ongles pour lui remonter le moral [1]. »

---

[1]. L. Purves, *Comment ne pas être une mère parfaite*, Éditions Odile Jacob, 1994.

OÙ RECRUTER UNE JEUNE FILLE AU PAIR ?

Il est impératif de s'adresser à un **organisme spécialisé**. Moyennant frais d'inscription (environ 60 €) et cotisation annuelle (variable selon les associations), l'organisme aura préalablement effectué les démarches administratives dans les pays partenaires, et réalisé une première sélection. Il vous mettra ensuite en contact avec des jeunes filles jusqu'à ce que vous ayez trouvé celle qui vous convient.

Voici quelques organismes sérieux susceptibles de vous aider (adresses en annexe) :
– Accueil familial des jeunes étrangers ;
– Alliance française ;
– EuroPair ;
– Association catholique des services de jeunesse féminine.

Aujourd'hui, il est à noter que ce sont principalement des jeunes filles des pays de l'Est ou d'Amérique latine qui postulent pour un placement au pair. Les anglophones sont plus rares.

QUELLES SONT LES CONDITIONS À REMPLIR ?

• Pour la famille :

– Avoir un ou plusieurs enfants de moins de 14 ans (pour les moins de 2 ans, il est obligatoire de prévoir un mode de garde complémentaire) ;
– Habiter une grande ville où sont dispensés des cours de français pour étrangers (dix heures par semaine) ;
– Mettre à sa disposition une chambre confortable ;
– Un des parents au moins doit être de nationalité française, pour permettre à la jeune fille de pratiquer le français au sein de la famille.

• Pour la jeune fille :

– Elle doit avoir **18 ans minimum et 30 ans maximum** (à titre exceptionnel, des dérogations peuvent être accordées) ;
– Être célibataire ;
– La jeune fille doit réellement venir dans le but de perfectionner

ses connaissances linguistiques, elle s'engage à suivre 10 heures de cours par semaine ;

– La durée initiale du placement doit être au moins de **3 mois et ne peut dépasser 1 an**. Cependant elle peut être prolongée de manière à permettre un séjour de **18 mois maximum**. Il s'agit de la durée maximale pour la jeune fille au pair en France et non de la durée de l'accord passé avec la famille d'accueil, ce qui exclut la possibilité d'accomplir plusieurs stages successifs dans différentes familles.

LES FORMALITÉS D'ACCUEIL

– Un **accord écrit** relatif aux conditions de travail au pair. Celui-ci doit être établi en principe avant que la jeune fille ait quitté son pays d'origine. Sinon, cette formalité doit être réalisé au cours de la première semaine de son accueil (voir modèle en annexe) ;

– Un **dossier** doit être constitué, comprenant un accord de placement au pair, un certificat d'inscription à un cours de français spécialisé pour étrangers et un certificat médical de moins de trois mois. Ce dossier sera déposé à la direction départementale du travail et de l'emploi du domicile de la famille d'accueil ;

– Une **autorisation provisoire de travail** sera délivrée sur présentation d'un titre de séjour portant la mention « étudiant » et de l'accord de placement (à noter que ne sont pas astreints à cette autorisation de travail les étrangers dont le pays a conclu un accord avec la France).

L'ensemble des démarches sont à effectuer par la famille.

LES CONDITIONS DE TRAVAIL

La jeune fille au pair est **nourrie et logée** au domicile de la famille. Elle participe aux tâches familiales courantes : il s'agit bien sûr de la garde des enfants, mais les parents pourront également lui demander de réaliser des petits travaux ménagers liés aux enfants (ménage de leur chambre, lavage et repassage de leur linge...). Elle ne peut être chargée du nettoyage de la maison du sol au plafond ! Sont donc exclus le lavage des sols, des vitres ou du linge de toute la famille...

Le temps consacré à ces occupations ne doit pas dépasser **5 heures par jour**. Elle peut assurer, en plus des **30 heures hebdomadaires**, si les parents le souhaitent, deux soirées de baby-sitting maximum. Dans tous les cas, l'aménagement de ses horaires doit lui permettre de disposer d'un temps suffisant pour suivre **des cours de langues**.

La stagiaire devra disposer une fois par semaine **d'une journée complète de repos**, dont au moins un dimanche par mois.

Les accords ne prévoient pas de **congés payés** pour les jeunes travailleurs au pair ; il est cependant d'usage de leur accorder quelques jours car l'année scolaire est longue. Les parents ont la possibilité de l'emmener en vacances avec eux si elle ne manque pas ses cours de français pendant cette période.

COMBIEN EST-ELLE PAYÉE ?

La jeune fille au pair perçoit :

– au minimum **65 € par semaine** pour **30 heures** par semaine et maximum deux soirées de baby-sitting.

– au minimum **98,93 € par semaine** pour **35 heures** par semaine et maximum deux soirées de baby-sitting (soit **426 €** par mois).

Cette somme, versée à titre d'argent de poche, ne constitue pas un salaire, mais est soumise à cotisations (**468 € par trimestre**). Elle devra être déclarée à votre centre de Sécurité sociale et à l'Urssaf.

À NOTER

L'emploi d'une jeune fille au pair ne donne droit ni à l'allocation de garde d'enfant à domicile (AGED), ni à la réduction d'impôt ; il n'est pas possible non plus d'utiliser le chèque emploi-service pour la rémunérer.

CESSATION DU TRAVAIL

S'il s'agit d'un accord à durée indéterminée, chacune des parties peut y mettre fin en respectant un préavis de deux semaines.

Dans le cas d'un accord à durée déterminée, le contrat cesse à l'arrivée de son terme.

TÉMOIGNAGE DE MARIE-ALIX, MÈRE DE TROIS ENFANTS, AMÉLIE, VALENTIN, AURÉLIEN

Depuis 8 ans, j'accueille des jeunes filles au pair étrangères. C'est pour moi la formule idéale depuis que mes enfants vont à l'école, et j'ai une chambre agréable pour la loger. Ce mode de garde plus économique qu'une nounou classique offre une grande souplesse : plus besoin d'appeler une baby-sitter le soir si on décide d'aller au cinéma.

Cela demande bien sûr un investissement important au départ : généralement, quand elle arrive, elle ne parle pas ou peu le français et ne connaît personne. Dans un premier temps, il faut l'intégrer à la famille, beaucoup l'accompagner ; puis le plus tôt possible la rendre indépendante : l'aider à créer un réseau de compatriotes déjà installés qui lui donneront des bons tuyaux dans sa langue maternelle, et avec lesquels elle pourra sortir. C'est la clef de la réussite pour qu'elle se sente bien, et ne soit pas non plus un poids pour la famille.

Les avantages

■ Ce mode de garde a un coût financier réduit, mais il permet aussi de bénéficier de la proximité géographique de la jeune fille qui est logée et intégrée au sein de la famille.

■ De plus, accueillir chez soi une jeune étrangère apporte incontestablement une ouverture supplémentaire sur un autre pays, une autre culture, et permet d'enrichir l'environnement de tous les membres de la famille.

Les inconvénients

■ La sélection se réalise sur dossier et parfois les attentes de la famille ne concordent pas avec la personnalité, le comportement de la jeune fille.

■ Le fait de devoir inéluctablement **chaque année** se réadapter à une nouvelle personne. Quand les relations et les habitudes sont installées, chacun a trouvé ses marques, des liens affectifs ont été créés avec les enfants, c'est déjà le moment de se quitter : la jeune fille doit partir...

La baby-sitter du soir

Pour sortir le soir, il est très fréquent que les parents fassent appel à une jeune, parfois très jeune fille, pour garder leur bébé ou leur enfant.

Pour la recruter, il n'y a pas de meilleur moyen que le bouche-à-oreille, concrètement demander à ses amis ou voisins de recommander quelqu'un. Il y a aussi les très nombreuses petites annonces déposées par les étudiantes chez les commerçants du quartier. Et enfin, si toutes ces sources ne donnent rien, il est toujours possible de faire appel à une association qui vous présentera quelqu'un : elles disposent en général d'un fichier important de jeunes filles, ce qui ne signifie pas pour autant une sélection plus sérieuse.

Bien évidemment, les parents auront moins d'exigence vis-à-vis d'une baby-sitter d'un soir que d'une nounou qui garde leur bébé huit heures par jour. Mais attention, le risque de faire du tort à un enfant existe tout autant en une soirée que dans la durée.

Il est donc préférable de lui faire rencontrer l'enfant auparavant et de s'assurer de son minimum de compétences, selon les priorités de la famille. Il faut pouvoir lui faire confiance, insister sur l'interdiction de recevoir des copains pendant le baby-sitting, lui demander de ne pas fumer.

Lors de l'entretien de recrutement, outre ses coordonnées et peut-être aussi celles de ses parents qu'il vaut mieux vérifier, il est utile de l'interroger sur son expérience avec les enfants :

A-t-elle déjà gardé des enfants ? Ou s'est-elle occupé de ses frères et sœurs ?

La première fois, en tout cas, il est indispensable :

– de lui dire exactement ce qu'elle doit faire, le mettre par écrit, et lui préciser les habitudes de l'enfant (bain, biberon, dîner, coucher, etc.) ;

– de lui laisser les contacts téléphoniques indispensables en cas d'urgence.

Pour la rémunérer, généralement les parents versent une somme d'argent liquide (donc non déclarée) qui varie entre 6,50 € et 8 € pour une heure de présence.
Mais il est désormais facile et recommandé de la déclarer en utilisant le **chèque emploi-service** (cf. annexe n° 13).

La garde partagée à deux couples

Cette formule est née à l'initiative de parents et s'est beaucoup développée lorsque les aides financières de l'État (taux de l'AGED et le plafond de déduction fiscale) ont été nettement réduites en 1998 : les parents à revenus moyens, ne pouvant plus assumer financièrement seuls le salaire d'une employée à domicile, ont opté pour ce mode de garde plus économique, puisque partagé.

Jusqu'à l'accord du 10 octobre 2002 signée par la Fepem et l'ensemble des syndicats d'employés de maison, cette pratique est restée sans cadre juridique. Cet accord a prévu des règles spécifiques notamment sur la conclusion du contrat de travail, ou la fixation des dates de congés payés.

Définition de la garde partagée

Les salariés qui effectuent **une garde partagée** sont embauchés pour assurer la garde simultanée d'enfants de deux familles, alternativement au domicile de l'une et de l'autre. Les activités liées aux enfants des deux familles employeurs y sont prioritaires, pour « faire vivre ensemble et en harmonie des enfants de familles différentes ».

Définition des tâches

Selon les directives des parents, la salariée contribue à la garde des enfants. Elle assure également le travail effectif lié à la présence des enfants, notamment la préparation de leurs repas, le nettoyage, l'habillement, la toilette, les promenades, les trajets, le nettoyage de leurs chambres, de la salle de bains, de la cuisine, etc.

Conformément à l'accord du 10 octobre 2002, ces deux définitions doivent figurer expressément dans le contrat de travail.

Chaque famille employeur établira un contrat de travail écrit qui inclut une clause identique précisant le lien avec l'autre famille employeur (cf. annexe n°3). La garde partagée est classée parmi les **« emplois spécifiques au niveau 2 ou au niveau 3 de la grille de classification de la convention collective »**.

La durée du travail correspond au total des heures effectuées au domicile des deux familles. Toutes les heures effectuées sont décomptées comme du temps de travail effectif ; cela signifie que, dans le cadre d'une garde partagée, **il n'est pas possible d'introduire la notion d'heures de présence responsable**. Cette disposition a des conséquences importantes en matière d'heures supplémentaires (cf. La rémunération de la nounou, p. 89).

S'agissant **du salaire**, chaque famille rémunère les heures effectuées à son domicile, selon les modalités définies par chaque contrat de travail.

Les dates des congés payés sont fixées d'un commun accord entre les deux employeurs, de façon à ce que l'employée bénéficie d'un congé réel.

Enfin, la rupture de l'un des deux contrats de travail entraîne une modification de l'autre contrat, modification qualifiée par l'accord de « substantielle ». Cette disposition permet donc à la nounou de rompre le second contrat sans pour autant perdre ses droits à une indemnité de licenciement par chacune des familles, et à une indemnisation par l'assurance chômage.

EXEMPLE

Une des deux familles déménage, et décide de rompre le contrat de la nounou. L'autre famille est prête à la garder mais toujours dans le cadre d'une garde partagée. Si elle ne trouve pas de nouvelle famille, que se passe-t-il ? La famille devra-t-elle aussi licencier et verser une indemnité de licenciement ?

Oui, à moins qu'elle ne prenne la nounou à temps plein, et qu'elle la paie en conséquence en attendant de trouver une autre famille.

Afin d'atténuer les effets d'un tel risque, les parents pourront inclure une clause au sein de chaque contrat, prévoyant un délai de prévenance de 2 mois par exemple (en dehors du préavis de licenciement) pour la nounou et l'autre famille, si l'une d'entre elles envisageait de rompre le contrat.

Assurance

Comme pour une employée à domicile classique, chaque famille souscrira auprès de son assureur une assurance spécifique pour couvrir les risques en responsabilité civile. Une question reste cependant en suspens : si la nounou cause un dommage à autrui alors qu'elle promène les deux enfants par exemple, quelle famille sera civilement responsable ?

Les assureurs interrogés répondent que, dans ce cas de figure (très rare à leur connaissance), il y aurait partage des responsabilités.

Examinons maintenant les avantages et les inconvénients de ce mode de garde.

Les avantages

■ Le coût réduit est évidemment l'avantage majeur de la garde partagée, puisque les coûts de rémunération sont presque divisés par deux (pas tout à fait car il n'y a pas de possibilité d'heures de présence responsable) par rapport à une employée de maison à temps plein (cf. La rémunération de la nounou, p. 89), surtout si les parents bénéficient de l'AGED et d'une réduction d'impôt.

■ L'enfant ne se retrouve pas seul avec la nounou, mais avec un ou plusieurs autres enfants.

■ Enfin, le couple n'est plus le seul employeur : en cas de conflit ou de difficultés, il sera plus facile d'échanger les points de vue à plusieurs, et de partager les éventuels problèmes.

> **TÉMOIGNAGE DE NATHALIE,
> MAMAN DE PAUL, 5 MOIS**
>
> J'ai choisi ce mode garde faute de place en crèche, et, grâce aux différentes aides, telles que l'allocation de garde d'enfant à domicile et la déduction fiscale, cela ne me coûte pas plus cher. Par l'intermédiaire des petites annonces du journal de notre ville, j'ai rencontré les parents d'Agathe, 12 mois, avec lesquels nous avons tout de suite sympathisé. Nous avons recruté ensemble une jeune femme qui est très appréciée des enfants, et qui nous donne entière satisfaction. Ce qui compte, c'est le bien-être de nos enfants, et aucun de nous n'est un maniaque du ménage : de fait, la nounou ne peut le faire chez nous ou chez eux qu'une semaine sur deux.
>
> La seule contrainte a été l'investissement de départ : une poussette double, un lit parapluie et un transat supplémentaire pour ne pas transporter tout ce matériel chez les uns et les autres...

Les inconvénients

■ Au début, chaque enfant doit s'adapter à un nouveau lieu de vie. Pour les parents, une semaine sur deux, il faut lever l'enfant pour l'emmener le matin et aller le chercher le soir. Ce qui diminue l'intérêt d'une nounou à domicile. Dans ce cas, pourquoi ne pas choisir l'assistante maternelle ?

■ Il est nécessaire, avec l'autre famille, de partager **la même façon de penser l'éducation**, de choisir les mêmes options éducatives. La relation à deux partenaires n'est déjà pas toujours facile, mais à trois, les sources de conflit sont encore plus nombreuses. Comme l'indique l'accord du 10 octobre 2002, la garde partagée implique **une concertation et une entente des parents**.

■ Il est absolument indispensable de se mettre d'accord en amont sur :
– le planning de l'alternance : il semble préférable de choisir la formule 1 semaine sur deux plutôt que de fragmenter la semaine (2 jours/3 jours), ce qui est plus déstabilisant pour les petits enfants qui doivent se réadapter chaque fois ;

– la date et la durée des congés : deux couples, soit quatre personnes qui doivent pouvoir négocier les mêmes dates de vacances avec leurs patrons respectifs, et enfin la nounou.

Précisons que l'alternance doit être **effective** : pour que chaque famille puisse bénéficier de l'AGED et de la réduction fiscale, la garde ne peut pas avoir lieu au sein d'un seul domicile.

TÉMOIGNAGE DE MARIANNE, MAMAN DE ROMANE, 3 ANS ET GABRIELLE, 1 AN

Pour garder Romane, j'avais opté pour ce mode de garde parce qu'il était à la fois pratique et économique. Nous avons trouvé un autre couple habitant près de chez nous, et procédé ensemble au recrutement de la nounou. Tout s'est merveilleusement bien passé jusqu'au jour où l'autre famille a déménagé et a emmené la nounou le jour même dans ses bagages ! Sans m'en parler avant, j'ai été prévenue à la dernière minute : heureusement j'ai pu trouver une assistante maternelle pour Romane dans un délai très court... Aujourd'hui, avec deux enfants, j'ai finalement choisi la solution d'une nounou à domicile, mais pour nous tout seuls !

Où trouver la « perle rare » ?

Pour recruter une assistante maternelle agréée, les parents peuvent se procurer des listes disponibles auprès des :
– mairies, en s'adressant soit au coordinateur de la petite enfance, soit à l'assistante sociale,
– centres de protection maternelle et infantile (PMI),
– relais Assistantes Maternelles des CAF.

Ces différents services sont de surcroît des **interlocuteurs privilégiés** pour conseiller les parents, et les aider dans toutes leurs démarches de recrutement et d'embauche.

Si plusieurs assistantes maternelles habitent à proximité (ce qui est assez rare), il est préférable de les rencontrer toutes, même si la première a fait bonne impression.

Pour les nounous à domicile, la meilleure source de recrutement est avant tout le **tissu relationnel**. Il faut en parler autour de soi (amis, voisins, relations de travail, commerçants du quartier, gardiennes d'immeubles à proximité...).

Idéalement, une amie se sépare de sa nounou car ses enfants entrent à l'école, ou elle déménage et sa nounou ne peut pas la suivre. Les parents obtiendront alors des informations **fiables et sincères** sur les qualités, le comportement de la nounou, et enfin des exemples de situations vécues (elle a tel type de personnalité, elle s'occupait des enfants de telle façon ou bien encore elle a eu telle attitude quand le petit dernier est tombé et s'est fait mal...).

Cela simplifie considérablement les démarches à effectuer, et constitue la meilleure recommandation qui soit.

Les associations

Si personne autour de vous n'est susceptible de vous présenter quelqu'un ou si tout simplement **vous manquez de temps**, les associations spécialisées dans le recrutement de nounous à domicile constituent une aide précieuse et professionnelle (cf. p. 261). Elles ne sont pas toutes de même qualité, ne proposent pas les mêmes prestations, et leurs coûts sont très variables. Il est préférable d'en appeler une ou deux avant d'arrêter son choix, car il faudra s'acquitter de la cotisation annuelle avant même qu'elles aient présenté une seule candidate.

Leur première démarche est de réaliser une sélection de candidates, et d'adresser aux parents celle qui répond à la majorité de leurs critères.

Il est important que vous puissiez rencontrer l'un des responsables de l'association afin de lui exposer votre demande, vos différentes contraintes, ce que vous attendez d'une nounou ; ensuite, celle-ci peut vous proposer une candidate en adéquation. C'est un gage de sérieux et de professionnalisme de la part de l'association.

TÉMOIGNAGE DE CLAIRE CHEVALIER DIRECTRICE DE L'ASSOCIATION SAPERLIPOPETTE

« Nous rencontrons toujours la famille (plus fréquemment la maman) qui recherche une nounou afin de bien cerner sa demande, et sa personnalité. C'est seulement à cette condition que nous sommes en mesure de lui proposer une personne qui réunit le maximum des critères définis par la famille, et qui a alors des chances de lui convenir.

Il y a autant de familles différentes que de nounous différentes, et notre objectif est de trouver la bonne chaussure pour le bon pied ! »

Dans un délai d'un mois environ, deux ou trois candidates seront présentées aux parents. L'association aura normalement procédé à toutes les vérifications préalables indispensables (d'identité, permis de travail, expériences professionnelles, références...).

En principe, les associations demandent que les candidates attestent d'une première expérience réussie, ou d'une formation initiale dans le domaine de la petite enfance (auxiliaire de puériculture, BEP ou CAP sanitaire et social).

Parfois l'association elle-même dispense une formation de 3 ou 4 mois afin que les candidates puissent acquérir des connaissances élémentaires (410 heures chez ABC Puériculture par exemple).

Soyez clairs sur ce que vous attendez de la future nounou pour votre enfant et vous-même, précisez l'intégralité de vos attentes en termes de ménage : en général, ces associations indiquent généralement que leurs candidates ne font que ranger la chambre de l'enfant.

Elles proposent plusieurs types de prestations qui vont au-delà du simple recrutement : la prise en charge de la gestion administrative du contrat (fiches de paie, déclarations Urssaf, demandes d'allocation à la CAF, déclaration fiscale...), ou encore une formation continue pour la nounou qui a été recrutée.

Enfin et surtout, quand la nounou est absente ou vous quitte brutalement, l'association peut assurer son remplacement quasiment immédiat, grâce à son vivier de candidates ; **ce qui constitue un des avantages majeurs de ce mode de recrutement** si cette prestation est prévue au contrat initial ou moyennant frais supplémentaires.

Ces prestations ont bien sûr un coût :
– une cotisation annuelle qui varie de 100 € à 975 € par an,
– des frais de gestion entre 40 € et 80 € par mois,
– et sur option : des frais de suivi administratif, assurance de remplacement...

Les petites annonces

JOURNAUX SPÉCIALISÉS ENFANTS ET FAMILLE

La majorité des magazines spécialisés enfants tels que *Parents, Enfants, Famili, Maman !*, incluent des pages destinées aux offres et demandes de garde, répertoriées par ville, ou par arrondissement. Les parents ont la possibilité de consulter les offres d'emploi des nounous, les demandes de garde partagée, et peuvent également faire paraître une annonce.

PRESSE QUOTIDIENNE

Comme *Le Figaro, Carrières et Emplois* les lundis et jeudis, *Libération*, etc. Ne choisissez la presse que si vous disposez de beaucoup de temps, ou si votre demande est très spécifique, car vous serez assaillis de dizaines d'appels d'intérêt très variable, et il faudra réaliser au téléphone une première sélection car vous ne pourrez pas recevoir tout le monde. Préparez quelques questions types (cf. L'entretien de recrutement, p. 69).

SITES INTERNET

Des sites Internet spécialisés ont mis en ligne une bourse à l'emploi qui met en relation parents et nounous. Généralement gratuit pour les nounous, les parents doivent en revanche verser une cotisation (très variable : de 1,70 € à 15 € pour 15 jours de consultation) donnant accès aux offres d'emploi, ou permettant de déposer une annonce. Attention, il faut s'assurer que le site est régulièrement mis à jour !

Quelques sites à consulter :

– www.annonces-bebe.com ;
– www.magicmaman.com ;
– www.cherchenounous.com
ou passer par un moteur de recherche, avec comme mot-clef « nounous ».

Les critères essentiels de recrutement

Bien sûr, tous les parents rêvent d'une « super nounou », mais comme il n'y a pas de mère ou de père idéal, il n'y a pas non plus de nounou idéale mais quelqu'un qui pourra satisfaire l'essentiel de leurs aspirations. Pour ne pas se tromper et choisir celle qui conviendra, il est préférable de déterminer au préalable ses priorités et ses propres critères de recrutement.
Nous vous proposons un certain nombre de critères non exhaustifs, indicatifs et destinés à faciliter la tâche des parents pour sélectionner leur future nounou. Chacun, chacune, fera son choix en fonction de ses contraintes **et de sa propre** sensibilité. L'important est que enfant et parents se sentent en sécurité, en confiance.
Il existe trois grands types de critères.

La situation personnelle de la candidate

ÂGE ET SITUATION FAMILIALE

Si une jeune fille sans enfants peut paraître plus disponible, elle peut aussi rencontrer l'amour, passer des examens en milieu de semaine, ou bien encore manquer d'expérience. Mais une maman avec enfants peut appeler le lundi matin, et dire qu'elle ne pourra pas venir de la semaine car son fils a 40 °C de fièvre.

Ce ne sont donc pas des critères très pertinents. Et ils sont par ailleurs **illégaux** au regard de l'article L.122-45 du Code du travail : « Aucune personne ne peut être écartée **d'une procédure de recrutement** ou de l'accès à un stage (...), licencié ou faire l'objet d'une mesure discriminatoire, directe ou indirecte, notamment en matière de rémunération, de formation (...), **en raison de son origine, de son sexe, de ses mœurs, de son orientation sexuelle, de son âge, de sa situation de** famille (...), de son appartenance ou non-appartenance vraie ou supposée vraie à une ethnie, une nation ou une race (...), de ses convictions religieuses, de son apparence physique, de son patronyme, ou sauf inaptitude constatée par le médecin du travail (...) en raison de son état de santé ou de son handicap (...). »

Il est donc préférable de vérifier **son degré de disponibilité** compte tenu de sa vie personnelle, de ses projets à moyen terme, et surtout d'envisager avec elle les alternatives d'organisation en cas d'imprévu.

NATIONALITÉ

Si la future nounou n'est pas française (certains parents souhaitent que leur fille parle russe dès 18 mois), il est essentiel de vérifier si ses papiers sont en cours de validité (carte d'identité ou passeport + carte de résident avec autorisation de travail), et elle devra vous montrer les documents originaux, avec photo, **dont il faudra impérativement faire une copie.**

Dans tous les cas, il semble important qu'elle maîtrise un minimum le français à la fois oral et écrit, ce qui ce qui peut s'avérer utile si elle doit appeler un médecin, se faire comprendre à l'école, ou lire un texte simple. Votre enfant va grandir et vous serez heureux qu'elle puisse lui lire des histoires, ou tout simplement soit capable de prendre connaissance de vos consignes.

ATTENTION !

- Si vous embauchez une nounou qui n'a pas de papiers ou qui présente ceux de sa cousine (histoire vécue), vous prenez de gros risques : les sanctions pénales s'élèvent à **2 ans d'emprisonnement et 30 000 € d'amende.**
- Ce que personne ne sait... sauf les nounous bien conseillées : ne pas déclarer une partie des heures acceptées (contre espèces sonnantes et trébuchantes : sans Urssaf pour vous et sans fisc pour elle) vous coûtera les mêmes sommes, et vous amènera à signer une grosse transaction lors de son départ.

En outre, si **son pays d'origine est très éloigné**, il n'est pas rare qu'elle ait besoin de 5 semaines **consécutives** de congés l'été pour retrouver sa famille, ou bien encore obtenir un nouveau visa : il est important de vérifier ce point qui peut être une contrainte difficile à gérer s'il n'y a pas de solution alternative à cette période-là.

OÙ HABITE LA FUTURE NOUNOU ?

Plus que la localisation géographique, c'est, dans les grandes agglomérations, le **temps de trajet**, pour rejoindre le domicile des parents qui est un critère essentiel et objectif. Il est évidemment souhaitable qu'il ne dépasse pas une heure, afin qu'elle ne prenne pas le train puis le métro avec trois changements, ce qui multiplie les risques de retards et donc d'absence. Si son domicile est très éloigné, il est à craindre qu'elle arrive en retard (évidemment le jour d'une réunion très importante, d'un rendez-vous majeur...), ou qu'elle ne puisse pas venir du tout en cas de grève des transports (ce qui arrive finalement assez souvent). En mai 2003, les grèves ont duré des semaines, et certains parents avaient prêté un vélo à leur nounou : si elle avait dû venir de très loin, c'eût été plus difficile.

S'il s'agit d'une assistante maternelle, les parents feront attention à **son cadre de vie**. L'habitation reflète bien souvent la personnalité des personnes qui y habitent. L'enfant y passe la majeure partie de sa journée. L'endroit est-il propre, clair, agréablement aménagé ? Sont bien sûr à proscrire les « capharnaüms » mais également les lieux trop bien rangés, où rien ne dépasse, pas un jouet ne traîne, ce qui pourrait attester d'une certaine rigidité, et un manque de liberté pour l'enfant.

Il convient de vérifier que le lieu est adapté à la garde de petits enfants ; lors de la première visite, l'assistante maternelle devrait montrer l'organisation des différents espaces du lieu d'accueil.

Il n'est pas difficile de voir s'ils ont été « pensés » : un lieu calme pour la sieste, un endroit pour les jeux, si tous les objets ou meubles dangereux (table basse en verre avec angles pointus par exemple, produits d'entretien, électroménager...) ont été mis à l'écart ou rangés à des endroits inaccessibles pour l'enfant.

Il est intéressant également d'observer la place de la télévision : est-elle le personnage central de la pièce ? Est-elle allumée de façon permanente quand l'assistante vous reçoit ? N'hésitez pas à lui demander comment elle envisage son utilisation quand les enfants sont présents.

QUI PARTAGE SA VIE ?

Garde-t-elle d'autres enfants ? A-t-elle un mari ou un compagnon ? Ses propres enfants sont-ils encore chez elle ? Quel est leur âge ? En effet, vous devez savoir qui partagera le quotidien du bébé. Une assistante maternelle agréée ne peut garder simultanément plus de 3 enfants (y compris les siens s'ils sont en bas âge). **Si ses propres enfants sont adolescents, elle ne doit en aucun cas confier le bébé à sa fille de 14 ans pour aller faire une petite course !** Il est impératif de le lui préciser au moment du recrutement et de l'**écrire dans le contrat de travail**.

Enfin, y a-t-il des animaux ? Pour les nourrissons, il vaut mieux être vigilant avec les chats, et quand les enfants grandissent avec les gros chiens. Cette question dépend bien sûr de la sensibilité et de l'attirance des parents pour les petites et les grosses bêtes !

HISTOIRE VÉCUE

Dans la loge d'immeuble d'une assistante maternelle, l'espace attribué à deux petites filles de 2 ans, Marie et Valentine, était de 1 m², sur un tapis au fond du séjour. Elles n'avaient pas le droit d'en sortir alors que le chat avait accès à tout l'espace, et pouvait se balader partout, même sur la table du repas.

PERMIS DE CONDUIRE ET VÉHICULE PERSONNEL

Elle devra peut-être emmener l'enfant à une activité le mercredi après-midi, ou à rendez vous de médecin. Dans ce cas, n'oubliez pas de prévoir une assurance spécifique et de lui verser une indemnité correspondant aux frais engagés (essence et indemnités kilométriques, cf. annexe n° 12).

Les compétences professionnelles

Celles-ci regroupent **les savoir-faire et les savoir-être**. Il est possible de les déterminer en répondant à la question « Est-elle capable de...? Sait-elle... » ? L'ensemble de ces compétences doit concourir à assurer le bien-être physique et psychologique de votre enfant. Elles ont été acquises grâce à des études validées par un diplôme ou bien encore grâce à **l'expérience**, que rien ne remplace dans ce domaine.

FORMATION

Il n'est pas rare de rencontrer des femmes très simples, et très peu instruites, qui s'occupent merveilleusement bien des tout-petits et leur apportent un grand épanouissement.

Néanmoins, tous les acteurs sociaux spécialistes de la petite enfance, ainsi que la majorité des psychologues, s'accordent à penser que ces métiers, surtout lorsqu'ils sont exercés hors du cadre collectif, c'est-à-dire par des nounous à domicile ou des assistantes maternelles, **doivent se professionnaliser**, et permettre ainsi une meilleure prise en charge des tout-petits.

Il existe un certain nombre de formations qui préparent aux métiers de la petite enfance. Majoritairement, les personnes qui choisissent ces formations se destinent à exercer en collectivité (crèches, halte-garderies, écoles maternelles, maternités, hôpitaux...), ce qui leur offre le plus souvent un statut de fonctionnaire et des possibilités d'évolution, à condition de passer les concours de l'administration. Cependant, il n'est pas impossible que l'une d'entre elles décide de travailler pour un particulier ou s'installe en tant qu'assistante maternelle.

Précisons que, pour exercer le métier d'assistante maternelle, il n'y avait aucune formation initiale prérequise, mais, désormais, l'assistante maternelle **agréée** devra impérativement suivre une formation spécifique de **60 heures, avant l'accueil de tout enfant**.

FORMATIONS AUX MÉTIERS DE LA PETITE ENFANCE

Diplôme/métier	Niveau d'études pré-requis	Nombre d'années	Matières enseignées Stages	Débouchés
CAP Petite enfance	Classe de 3e	2 ans	– Maths, français, économie sociale et familiale, techniques sanitaires et sociales...; – Stage de 12 semaines.	Préparation aux concours : – auxiliaire de puériculture ; – agent territorial spécialisé des écoles maternelles (ATSEM).
BEP Carrières sanitaires et sociales	Classe de 3e	2 ans	– Biologie, nutrition, alimentation, sciences médico-sociales ; – Stage de 8 semaines en crèche ou à l'hôpital.	Préparation aux métiers : – auxiliaire de puériculture ; – aide-soignant ; – aide à domicile.
Auxiliaire de puériculture	CAP/BEP	1 an	– Soins, hygiène, relation communication, santé publique ; – Notions de pédiatrie.	– Maternités ; – Crèches de PMI ; – Crèches, halte-garderies.
Éducateur de jeunes enfants	Bac ou examen	2 ans et 3 mois	– Stage de 9 mois.	– Crèche ; – Services sociaux PMI ; – Hôpital.
Puéricultrice (infirmière ou sage-femme auparavant)	Bac scientifique	4 ans	Stages à l'hôpital.	Fonctions polyvalentes en milieu hospitalier ou PMI.

EXPÉRIENCE

Le parcours professionnel permet d'acquérir une bonne connaissance des enfants en général, peut-être des nouveau-nés en particulier, et de développer un certain nombre de compétences.

Combien d'enfants a-t-elle gardés ? De quel âge ? Dans quel contexte ? Pendant combien de temps ?

•• Soins du nouveau-né

Sait-elle donner un biberon ? Changer un bébé ? Sait-elle lui donner un bain ou plus généralement faire sa toilette ? Connaît-elle les rythmes physiologiques d'un bébé ?

Là encore, il convient de ne pas être trop rigide : si la candidate a l'habitude des nouveau-nés, c'est un atout ; mais si ce n'est pas le cas, ce n'est pas rédhibitoire, elle peut apprendre. Ce qui compte est son désir et sa bonne volonté, sa capacité à être affectueuse, attentive et vigilante.

•• S'il s'agit d'un enfant plus grand

A-t-elle quelque idée sur les étapes du développement d'un enfant ? Comment organise-t-elle la journée ? Sait-elle occuper un enfant de 1 an sans le mettre des heures devant la télé ? Aime-t-elle se promener ? Préfère-t-elle rester à la maison ? Est-ce une contrainte pour elle d'aller passer 2 heures au parc ? Elle devra en effet sortir le bébé quotidiennement sauf avis de tempête...

•• Repas

A-t-elle quelques notions en matière d'hygiène alimentaire ? Qu'est-ce qu'un repas équilibré pour un enfant de 8 mois ? De 2 ans ? Quelles sont ses habitudes alimentaires ? Aime-t-elle cuisiner ?

Il n'est pas rare que l'assistante maternelle transmette aux parents le lundi les différents menus de la semaine. En règle générale, elle devra pouvoir s'adapter aux habitudes des parents (bio, restrictions liées à une religion...) ou au régime particulier du bébé (problème de digestion, allergies, etc).

•• Jeux

Est-elle capable de passer un moment sur le tapis d'éveil, à empiler les cubes ?

Est-ce un problème pour elle de faire de la pâte à modeler ? Organiser un atelier de peinture ou de pâte à sel ?

Si vous êtes chez l'assistante maternelle, demandez-lui si elle possède des jeux adaptés aux différents âges, ou s'il faudra que vous les apportiez ?

•• Ménage-repassage

Il serait hypocrite de ne pas aborder la question du ménage et du repassage car, pour bon nombre de parents, la nounou à domicile devra également se charger de ces tâches fastidieuses.

Il est rare qu'une nounou d'enfants accepte de bonne grâce ce type de tâches qui vous simplifieraient pourtant grandement la vie et pourraient être faites pendant la sieste du bébé. Si vous avez fait appel à une association pour le recrutement d'une nounou, l'association vous précisera certainement que la future nounou ne fera que le ménage **du bébé** (rangement de la chambre et éventuellement nettoyage et repassage de son petit linge), mais pas le ménage général de la maison. Malgré ce principe annoncé, vous pourrez peut-être le négocier avec la candidate.

Quant à l'assistante maternelle, elle est censée effectuer son ménage en dehors des heures de garde de votre enfant (en théorie).

Mais dans tous les cas, soyez très clair sur ce point au moment du recrutement afin d'éviter les problèmes ultérieurs.

Si la candidate n'a ni formation particulière, ni expérience professionnelle avec les enfants, elle a pu cependant être amenée à s'occuper de ses petits frères et sœurs... Sa candidature n'est donc pas à rejeter pour autant car elle peut posséder un certain nombre d'aptitudes et de qualités personnelles qui en feront une excellente nounou.

Si elle vous plaît malgré son manque d'expérience, et que vous souhaitez être confortée, proposez-lui de venir passer quelques demi-journées avec votre bébé (vous vous ferez alors discrète). C'est un bon moyen d'observer son comportement, sa façon de s'y prendre et d'évaluer sa capacité relationnelle à l'enfant.

NB : Ce conseil ne s'adresse pas aux mères très anxieuses qui seront bien sûr sécurisées par une solide formation et/ou une longue expérience des petits enfants. Mais s'il s'agit d'une nounou expérimentée, ses exigences en matière de rémunération seront plus élevées...

Les aptitudes et qualités personnelles

Au-delà des compétences professionnelles évidemment utiles, mais qui, par définition, peuvent s'acquérir dans le cadre d'une formation ou par l'expérience, garder un enfant qui n'est pas le sien requiert des aptitudes et surtout des qualités personnelles qui ne s'apprennent pas dans les livres.

DES QUALITÉS OBJECTIVES

•• Attention et patience

S'occuper d'un enfant entre 8 et 10 heures par jour nécessite beaucoup d'attention et de patience, surtout lorsqu'il grandit.

Dès qu'il commence à se déplacer, même à quatre pattes, le petit enfant veut découvrir le monde, touche à tout ce qu'il trouve, le met dans sa bouche, et il est impossible de relâcher son attention ne serait-ce qu'une minute, même en dehors du bain.

Puis, en grandissant, il s'affirme et refuse alors d'obéir au doigt et à l'œil ! Cela demande beaucoup de patience de la part de la nounou, qui devra répéter les mêmes choses, ramasser de multiples fois un objet jeté par terre, et cela sans s'énerver, tout en gérant la situation et en posant des limites...

•• Vigilance vis-à-vis de la sécurité

Est-elle consciente des différents dangers évolutifs avec l'âge, et votre sensibilité : ne jamais laisser le bébé sans surveillance, ne pas répondre au téléphone si l'enfant est dans son bain, veiller à ce qu'il ne joue pas avec les produits d'entretien (et surtout les placer hors d'atteinte), bien l'attacher dans sa poussette, donner la main pour traverser, etc.

Si elle a déjà une expérience de garde d'enfant, demandez-lui si elle a déjà vécu une situation difficile et comment elle a réagi. Vous pensez que c'est évident, mais malheureusement des histoires vécues démontrent le contraire.

HISTOIRE VÉCUE

Sophie rentre un soir d'été chez elle. Alors que sa fille Zoé n'a que 18 mois, la fenêtre de la chambre est grande ouverte, la petite est en train de sauter à pieds joints sur son lit, et la nounou passe l'aspirateur à l'autre bout de l'appartement. Celle-ci était jusque-là irréprochable, mais elle avait manqué ponctuellement d'une élémentaire vigilance. Cet épisode a donné lieu à une sévère mise au point. La nounou était très affectée ; elle a bien compris la gravité de sa négligence et par conséquent la colère de la maman. Mme L. a finalement pardonné car c'était la première fois que la relation de confiance, construite depuis plus d'une année, était entachée par un tel incident.

Tout ce qui concerne la sécurité physique de l'enfant est évidemment primordial, il faut insister sur ce point dès le recrutement mais également tout au long de la collaboration avec la nounou, d'autant que les risques évoluent avec l'âge.

> Il sera utile de lui remettre dès le premier jour une fiche indiquant tous les numéros d'urgence, ainsi que les gestes qui sauvent (cf. annexe n°20).

•• Autorité

Sait-elle poser les interdits ? A-t-elle une autorité naturelle ou vous paraît-elle timide voire timorée ? Sait-elle s'exprimer avec suffisamment d'assurance, se faire respecter sans se mettre en colère ni faire preuve de violence, ce qui est inacceptable ?

Sera-t-elle capable de vigilance à propos des conflits de votre enfant avec les autres ? Au square, par exemple, il n'est pas rare qu'un autre petit s'empare du jouet favori, lance du sable ou bien encore tape sur la tête d'un autre enfant, comment réagira-t-elle ?

En fonction de l'âge de l'enfant, bien sûr, **soyez clairs sur vos principes d'éducation,** et vérifiez que vous êtes en accord avec la nounou ou l'assistante maternelle, en tout cas sur l'essentiel. Car dans le temps, il ne sera pas possible, ni pour vous ni pour elle, d'aller contre ses propres convictions.

•• Fiabilité et ponctualité

Il faut qu'elle puisse tenir ses engagements. Sauf cas de force majeure, il est absolument indispensable qu'elle arrive à l'heure : il conviendra de le vérifier dès les premiers jours de la période d'essai : c'est en effet un bon baromètre de son sérieux et de sa fiabilité.

Si elle accepte de vous dépanner un mercredi ou un samedi matin, il ne faudrait pas qu'elle appelle une heure avant pour vous dire qu'elle ne pourra finalement pas venir.

•• Bon sens, réactivité et sens de l'initiative

La candidate est-elle ancrée dans la réalité ? À la lumière de son parcours professionnel et personnel, a-t-elle déterminé ses choix ou s'est-elle laissé porter par les évènements ?

A-t-elle de bons réflexes en cas de difficultés ? Dans quel cas doit-elle vous prévenir ? On ne peut évidemment pas prévoir toutes les situations. Quelle est sa capacité à réagir : votre enfant se fait mal en tombant, il a des symptômes soudains (fièvre, vomissements...) : que fait-elle dans l'instant ? Qui appelle-t-elle ?

•• Cigarette

Fume-t-elle ? Cela peut être rédhibitoire pour vous. En tout cas, sera-t-elle capable ne pas fumer dans la maison ?

DES QUALITÉS PLUS SUBJECTIVES

•• Douceur et tendresse

Il est difficile de tester sa douceur et sa tendresse par des questions précises. En revanche, dans sa façon de s'exprimer, de parler des enfants ou d'elle-même, vous pourrez peut-être déceler ces précieuses qualités. Vous pourrez également lui présenter votre bébé et voir comment se passe le premier contact.

•• Gaieté, capacité à communiquer

Il est important pour votre bébé d'avoir quelqu'un qui lui parle. Comme disait F. Dolto : « Nous n'existons que parce que nous sommes reliés aux autres par la parole. Les bébés vivent des mots, ils ne les comprennent pas. Ils vivent autant du sens qui leur est communiqué que des sonorités et du ton de la voix avec lequel il leur est parlé.[1] »

Pour un enfant, il n'y a rien de pire que d'être isolé, de ne pas participer à ce qui se passe. Est-elle à l'aise dans sa communication ? Répond-elle facilement à vos questions ? Comment s'adresse-t-elle à l'enfant quand vous le lui présentez ?

HISTOIRE VÉCUE

M. et Mme G. avaient embauché Malika, une jeune Algérienne, pour s'occuper de leur fille Anna qui avait presque 1 an, et qui était donc en phase d'acquisition du langage. Malika maîtrisait mal la langue française et n'osait pas s'exprimer, de peur de faire des erreurs. Mme G. s'est aperçue que Malika ne parlait pas du tout à la petite Anna, ce qui créait une ambiance tendue, et un silence angoissant pour les deux partenaires. Mme G. comprenant la situation, et soucieuse du bien-être de sa fille, a demandé à Malika de lui parler en arabe. Du jour au lendemain, la situation s'est détendue, la petite fille et la nounou ont alors construit une relation affectueuse et de connivence.

Vous pourrez également demander à la candidate si elle aime chanter, si elle connaît des berceuses ou des chansons enfantines. Et essayez tout simplement de déceler si elle respire la joie de vivre ou si elle porte tout le poids du monde sur ses épaules – point n'est besoin qu'elle le transmette à votre bébé.

Attention, par exemple, si elle évoque avec trop d'insistance ses problèmes personnels passés ou actuels. Évitez mélancoliques, dépressives qui risquent de prendre la famille comme soutien thérapeutique, et de poser des problèmes de sécurité à votre enfant.

•• Adaptabilité, souplesse

Est-elle stricte sur l'organisation ? Est-elle pointilleuse sur les horaires ou au contraire souple et adaptable ? S'il peut vous arriver un soir d'arriver trente minutes plus tard, est-ce un problème (ce dépassement sera bien sûr récupéré ou payé) ?

---

1. F. Dolto et D.M. Levy, *Entretiens de décembre 1978, Parler juste aux enfants*, Éditions Mercure de France, 2002.

Comment vit-elle les changements ? Comment vit-elle l'arrivée inopinée des grands-parents à la maison ? Pourra-t-elle partir une semaine avec vous ou la mamie pendant les vacances scolaires ?

Pour l'assistante maternelle, assurez-vous de sa souplesse en matière d'horaires. Acceptera-t-elle le bébé avec 38 °C de fièvre ?

Pour résumer, il est souhaitable que la personnalité de la future nounou vous corresponde : si vous êtes laxiste et « folklo », ça ne pourra pas marcher avec une nounou stricte et rigide, et inversement.

Il arrive que la candidate ait une lettre de recommandation ou bien encore les références d'un ou plusieurs employeurs ; il faut à l'évidence les contacter : il est toujours utile de recueillir des témoignages, cela peut vous rassurer si vous avez un doute.

S'appuyer sur des critères objectifs, factuels, va vous permettre tout d'abord d'effectuer une première sélection, mais en dernier lieu, c'est votre **intuition** qui vous déterminera. N'hésitez pas à impliquer le papa pour recueillir ses propres impressions.

Un conseil, écoutez cette petite voix intérieure qui vous fera réaliser le bon choix… Il faudra néanmoins prévoir une période d'essai car il faut surtout que l'enfant l'apprécie, et il est difficile de demander son avis à un bébé de 3 mois…

Comment mener l'entretien de recrutement ?

L'entretien de recrutement n'est ni une conversation de salon, ni un interrogatoire de police ! Vous poursuivez un objectif précis : en une petite heure, savoir si la candidate présélectionnée a les compétences requises, les savoir-faire et les savoir-être pour s'occuper de votre enfant, si elle répond à la majorité de vos attentes.

La qualité de cet entretien dépendra de la qualité de sa préparation : il convient de réfléchir auparavant à tête reposée aux critères qui sont essentiels à vos yeux, impératifs, et ceux sur lesquels vous pourriez négocier. Il est préférable de les écrire afin de n'en oublier aucun lors de l'entretien, et vous aider à pousser plus avant votre réflexion (cf. Les critères essentiels de recrutement, p. 56). Donnez-vous le temps : fixez le rendez-vous à un moment calme de votre journée, ne vous stressez pas en prenant un autre rendez-vous immédiatement après. Il est préférable de recevoir les candidates avec le père de l'enfant, car il est important de partager les premières impressions (qui sont généralement les bonnes), et d'en parler ensuite ensemble : vous éviterez un éventuel conflit, si finalement la nounou ne convenait pas à l'un ou à l'autre.

Les assistantes maternelles sont plus habituées à recevoir des parents et à leur expliquer leur façon de procéder ; les candidates pour un emploi à domicile sont quant à elles souvent intimidées car peu rompues à ce type d'exercice.

Votre rôle est de les mettre à l'aise, dans un climat accueillant, favorable et propice au dialogue. C'est seulement dans ces conditions que vous obtiendrez les réponses les plus sincères et les plus riches. La candidate sera alors plus à même de se livrer, de révéler sa personnalité.

Vous pouvez commencer par une brève présentation de votre famille, de vous-mêmes, et lui dire (si elle ne le sait déjà) pourquoi vous recherchez quelqu'un, pour quel type de tâches, et dans quelles conditions. Il n'est pas vraiment utile d'attendre une heure pour apprendre finalement qu'elle ne pourra rester chez vous au-delà de 17 h 30 alors que vous ne rentrez jamais avant 19 h, ou qu'elle souhaite une rémunération nette de tel montant, ce qui ne correspond pas du tout à ce que vous pouvez lui offrir (cf. La rémunération, p. 89). De la même façon, ne poursuivez pas l'entretien si vous ne sentez aucune connivence, et qu'elle ne fait manifestement pas l'affaire.

Il convient d'insister sur la qualité de ce premier contact, dont dépendra la qualité de l'entretien lui-même et de la relation future. Rien ne sert de provoquer stress et angoisse chez l'intéressée, ce qui pourrait engendrer soit de l'inhibition soit de l'agressivité. Construisez l'entretien de façon interactive, pour que la personne ne se sente pas jugée en permanence, ou en situation de faiblesse.

Proposez-lui de dire qui elle est, de parler de son parcours professionnel, de ce qu'elle a fait jusqu'ici, de sa formation ou bien encore de son expérience. Laissez-la parler d'elle, puis, pour approfondir ses qualités personnelles, posez-lui des questions « **ouvertes** ».

À titre d'exemple : « Pourquoi avez-vous choisi ce métier ? Quelles sont vos motivations ? », plutôt que « Aimez-vous les enfants ? », question « **fermée** » à laquelle elle ne pourra répondre que oui.

Au-delà de la rémunération, une femme ne choisit pas ce métier par hasard, mais parce qu'elle aime les enfants, et parce qu'elle a une capacité naturelle à les accueillir. Sa réponse devrait faire ressortir cette qualité, cette forme d'altruisme. L'assistante maternelle a souvent comme motivation la possibilité d'élever ses propres enfants, d'être plus disponible pour eux. Ce n'est pas une mauvaise motivation, elle pourra alors mieux comprendre ce que vous ressentez par rapport à la séparation. Ce n'est pas un problème qu'elle ait des enfants petits, si possible d'âge différent du vôtre, ce qui évite les comparaisons possibles, et les rivalités.

D'autres questions ouvertes peuvent vous éclairer :

– Pouvez-vous me décrire une journée type avec un bébé ?
– Quelles sont les difficultés que vous avez rencontrées dans vos différentes expériences avec les enfants, comment les avez-vous surmontées ?
– Que faites-vous si mon bébé se met à pleurer ?
– Quels types de repas avez-vous l'habitude de préparer ?

– Si l'enfant est plus grand : que faites-vous pour le distraire ?
– Comment envisagez-vous votre rôle ? Quelles sont vos priorités ?
– Comment voyez-vous votre relation avec un nouveau-né ?
– Quelles sont les qualités fondamentales pour qu'un bébé se sente bien ?

Vous pouvez vous reporter également au chapitre sur les critères de recrutement (p. 56), qui vous donne d'autres exemples de questions.

N'oubliez surtout pas, si le contact est bon, de lui présenter votre enfant : il est toujours intéressant d'observer comment la future nounou ou l'assistante maternelle se comporte avec lui, si elle a d'emblée un intérêt pour lui : c'est bon signe si elle a envie de le prendre dans ses bras, si elle lui parle, si elle lui donne de l'importance. Vous ressentirez tout de suite sa capacité d'empathie et sa spontanéité, ou bien si à l'inverse son attitude est plaquée, forcée : c'est parfois simplement une façon de poser son regard sur l'enfant. Chez l'assistante maternelle, si d'autres enfants sont là, regardez également si elle est attentive et vigilante aux autres tout en vous parlant.

S'il y a des questions types pour cet entretien, il n'y a pas, en revanche, de réponses types car il serait dangereux d'enfermer la personne dans un discours ou un profil standardisé. En effet, si les mères ont des attentes communes vis-à-vis de la personne à qui elles confient leur progéniture (respect de la sécurité, des rythmes de sommeil et de repas...), chacune a sa propre sensibilité et sa propre conception de ce qui convient à son enfant. Ainsi, la mère ou le père puisera dans la réponse de la candidate ce qui collera ou ne collera pas à sa réalité, à ses priorités, à ses aspirations.

L'entretien de recrutement est un moment d'échange : la candidate devrait tout naturellement vous interroger, sur l'enfant, la famille, ce que vous attendez d'elle. Si elle ne le fait pas, n'en déduisez pas tout de suite qu'elle ne s'y intéresse pas : peut-être est-ce par timidité et manque d'assurance. L'assistante maternelle, quant à elle, devrait pouvoir vous questionner plus facilement et vous interroger sur votre contexte familial, votre façon de voir les choses, vos priorités et vos souhaits. Ne terminez jamais un entretien sans lui demander si elle souhaite vous poser d'autres questions, si tout est bien clair.

Si vous recevez plusieurs candidates, dès que l'entretien est terminé (la candidate est partie), écrivez directement sur son curriculum vitae (qu'elle vous aura nécessairement apporté avec ses indispensables références), ou sur le guide d'entretien (cf. ci-après) **un résumé de l'entretien**, vos impressions, les points forts et points faibles, tout ce qui est apparu important à vos yeux, et dont vous devrez vous souvenir ; ce petit mémo vous aidera ensuite à vous rafraîchir la mémoire après de nombreux entretiens, et à vous déterminer pour telle ou telle candidate. Si jamais vous hésitez entre deux d'entre elles, reprenez pour les départager les quatre ou cinq critères essentiels à vos yeux, et pour chaque candidate donnez une évaluation de 1 à 10 points à chacun des critères, et enfin, faites le total. Vous choisirez évidemment celle qui a acquis le maximum de points.

S'il n'est pas rare de devoir donner une réponse très rapidement – la perle rare n'attend pas –, prenez toujours le temps de la réflexion pour en parler avec votre conjoint ou avec votre enfant (s'il en a l'âge), à moins bien sûr qu'elle n'ait un défaut rédhibitoire ou une contrainte incompatible avec les vôtres. Dans ce dernier cas, rien ne sert de la laisser attendre et espérer. En règle générale, **un délai de 24 heures** paraît raisonnable, d'autant que les personnes de qualité, si rares, risquent de vous échapper si vous tardez trop.

GUIDE D'ENTRETIEN

Date : ....
Nom : ....Âge : ....
Prénom : ....Situation familiale : ....
Adresse : ....Nationalité : ....
Permis de travail en cours de validité : ....
Moyen de transport utilisé : ....
Temps de trajet estimé : ....
Permis de conduire : OUI - NON / Véhicule personnel : OUI - NON
Disponibilités : ....
Matin au plus tôt : ....Soir au plus tard : ....
Contraintes horaires particulières : ....

FORMATION ....
....

EXPERIENCES PROFESSIONNELLES *(Dates, lieu, durée, nombre d'enfants gardés)*
....
....

Nom et n° de téléphone des personnes qui recommandent : ....
....

Points forts : ....
....
....

Points faibles : ....
....
....

AUTRES REMARQUES
....
....

BILAN   **+ + +**   **+ +**   **+**   **- - -**   **- -**   **-**

Le contrat de travail de la nounou à domicile

Enfin, vous avez trouvé la nounou de vos rêves !

Il convient dès maintenant de la déclarer à **l'Urssaf et à la CAF** : en plus du salaire net, il faudra acquitter des charges sociales importantes (part salariale + part patronale = environ 63 % du salaire net), mais vous bénéficierez peut-être :
– de l'allocation de garde d'enfant à domicile (AGED) ou de l'aide familiale pour l'emploi d'une assistante maternelle agréée (Afeama) pour les enfants nés avant le 1er janvier 2004 ;
– de la prestation d'accueil du jeune enfant (Paje) pour les enfants nés à partir du 1er janvier 2004.

Ces allocations, auxquelles s'ajoutera une éventuelle déduction fiscale, allégeront de façon très significative le coût final.

Il est ensuite essentiel de signer un **contrat de travail avec la future nounou ou l'assistante maternelle**, au plus tard le premier jour de son embauche. Enfin, elle devra passer une visite médicale d'embauche.

Déclarations

À l'Urssaf

Dans un premier temps, il suffit d'écrire à l'Urssaf du département, afin de leur indiquer son intention d'embaucher Mme X (cf. annexe n°1).

L'Urssaf vous adressera un numéro d'employeur qui figurera désormais sur tous les documents administratifs (fiches de paie, déclarations trimestrielles, certificats, lettres...). En outre, elle vous proposera des bulletins de paie préétablis, sur lesquels figurent déjà les taux de cotisations (répondez évidemment par l'affirmative : une paperasse administrative de moins !).

Il est possible de réaliser cette démarche en se connectant directement sur **le site www.urssaf.fr**, qui permet d'éditer immédiatement les fiches de paie de l'employée.

S'il s'agit d'une assistante maternelle, l'Urssaf vous adressera un formulaire de demande pour bénéficier du complément de libre choix du mode de garde ou de l'Afeama, qu'il conviendra de retourner complétée à la CAF.

À la CAF

Vous pouvez peut-être bénéficier de certaines allocations qui sont destinées à prendre en charge une partie des coûts liés aux gardes d'enfant, telles que la Paje, l'AGED ou l'Afeama (cf. La rémunération, p. 89). Dans ce cas, c'est la CAF qui prendra en charge tout ou une partie des charges sociales dues à l'Urssaf.

De la même façon, il suffit d'adresser un courrier à votre caisse, en lui indiquant l'identité de la nounou, ainsi que la demande d'allocation. La CAF vous enverra un formulaire à remplir et une liste de pièces justificatives à lui retourner (fiches de paie des parents...).

L'immatriculation à la CAF permet aussi de bénéficier du carnet « Pajemploi » (cf. Les obligations administratives, p. 106).

Le site www.caf.fr fournit également toutes les informations utiles sur vos droits, et permet de consulter votre dossier ou encore de transmettre des demandes spécifiques.

Le contrat de travail de la nounou

Qu'il s'agisse d'une assistante maternelle ou d'une nounou à domicile, il est impératif de rédiger et signer un contrat de travail.

Le contrat concrétise l'accord conclu entre les parties : les parents et l'assistante maternelle ou la nounou. Au-delà des clauses obligatoires (salaire, qualification, durée du travail...), il sera utile de préciser **les futures conditions de travail** dans le cadre de clauses spécifiques. Il est très important de bien réfléchir à ce que vous souhaitez y voir figurer car vous y serez alors tenus tout au long de votre collaboration, et toute modification ne pourra s'effectuer qu'avec l'accord exprès des deux partenaires, en réalité de la nounou qui peut toujours demander le *statu quo*. Ce contrat « fera loi entre les parties ». Sa précision et sa clarté éviteront de futurs malentendus, suivis d'un éventuel contentieux devant les juridictions compétentes.

Contrat à durée déterminée ou indéterminée ?

Pour « démarrer », la tentation est forte de signer un contrat à durée déterminée, en pensant : je ne m'engage pas à long terme, je vais tester Mme....

Mais la loi a encadré de façon très stricte l'utilisation du contrat à durée déterminée et ne prévoit que quatre cas de recours :
– remplacement d'un salarié absent ;
– variation exceptionnelle d'activité ;
– activités saisonnières ;
– incitation à l'embauche (réinsertion de chômeurs de longue durée).

À l'exception du remplacement de votre future nounou (en cas de longue maladie par exemple, cf. p. 144), vous ne serez dans aucun des quatre cas précités. Et, contrairement aux idées reçues, le contrat à durée déterminée (dont la durée ne peut par ailleurs excéder 18 mois) est beaucoup plus contraignant à gérer dans la durée, et plus difficile à rompre, qu'un contrat à durée indéterminée puisqu'il faudra évoquer la force majeure, la faute grave, ou bien encore se mettre d'accord pour cesser la collaboration.

EXEMPLE

Les parents ont signé un contrat à durée déterminée de douze mois. Au bout de deux mois, ils ne sont pas satisfaits de la nounou : les enfants ne l'apprécient pas beaucoup, la maison n'est pas en ordre... Rien de très grave, mais un certain nombre de petites choses qu'ils ne supportent plus. Ils le lui ont dit à plusieurs reprises mais rien ne change. Parallèlement, une amie proche quitte la France, et leur propose sa nounou qui est extraordinaire avec les enfants.

Ils ne pourront cependant pas rompre le contrat à durée déterminée avant l'échéance (dans dix mois, sauf si elle le souhaite elle aussi), à moins d'invoquer et de pouvoir prouver une faute grave de sa part, mais la maison mal rangée ne peut à elle seule la constituer. Il faudra soit se résigner et attendre la fin de son contrat, soit lui verser intégralement son salaire jusqu'à l'échéance prévue, ainsi que les congés payés (+10 %) et la prime de précarité (+10 %).

Les clauses du contrat de travail

Qu'il soit à durée déterminée ou indéterminée, **le contrat doit être écrit**, et comporte des clauses obligatoires ; auxquelles vous pourrez ajouter des clauses utiles qui peuvent être essentielles car elles précisent les futures conditions de travail de la nounou.

LES CLAUSES OBLIGATOIRES

•• La nature de l'emploi et classification
La nounou occupe un emploi à caractère familial.

– Si elle ne s'occupe que des enfants, elle est « employée familiale » ou encore « garde d'enfants » ;

– Si elle s'occupe des enfants mais également du ménage et du repassage, il est préférable d'indiquer « employée de maison ».

Cette clause est en effet destinée à préciser les tâches effectuées, par exemple de la façon suivante : « Mme.... sera chargée de s'occuper de ... [prénom(s) de l'(des) enfant(s)], de veiller à son bien-être physique et psychologique : lui donner ses repas à midi et le soir, un bain chaque soir... En outre, Mme... amènera et ira rechercher [prénom(s) de l'(des) enfant(s)] à l'école, le matin à 8 h 30 et l'après-midi à 16 h 30. » Et le cas échéant : « Pendant la sieste de [prénom(s) de l'(des) enfant(s)], Mme ... effectuera le ménage de l'appartement ainsi que le repassage, à raison de 2 heures par jour. »

•• Rémunération

Pour déterminer son salaire, il est utile de distinguer **au préalable** les heures de « travail effectif » et les heures de « présence responsable » :

– Les heures de travail effectif sont rémunérées au tarif de la convention collective, qui varie en fonction du niveau de qualification et de l'ancienneté (cf. annexe n° 11) ;

– Les heures de présence responsable sont des « heures de garde à caractère familial auprès d'une personne physique sans travail effectif » durant lesquelles le salarié peut utiliser son temps pour lui-même, tout en restant vigilant pour intervenir si nécessaire (pendant la sieste du bébé, elle pourra lire un magazine, regarder la télé, préparer un examen : pendant ce temps précis, elle n'effectuera donc ni ménage, ni repassage). Celles-ci sont rémunérées aux deux tiers des heures de travail effectif (3 heures de présence responsables = 2 heures de travail effectif).

Les heures de présence responsable doivent être précisées clairement dans le contrat de travail et déterminées à partir de la réalité de la journée de la nounou : on ne pourrait prévoir 5 heures de présence responsable par jour dans le seul but de faire baisser la rémunération de l'employée. Précisons qu'en cas de garde partagée, il n'y a pas d'heures de présence responsable, toutes les heures effectuées sont comptées comme travail effectif.

EXEMPLE

La nounou est présente au domicile du lundi au vendredi de 9 h 00 à 18 h 00, soit 9 heures par jour = **45 heures hebdomadaires**.
Si le contrat prévoit 3 heures de présence responsable par jour, soit 3x5 = 15 heures par semaine, ces 15 heures auxquelles s'applique un cœfficient de 2/3 sont équivalentes à **10 heures de travail effectif**.
40 heures de travail effectif seront payées à la nounou, qui a été présente 45 heures.

Le contrat indique le salaire horaire ou mensuel brut bien que la négociation ait lieu généralement sur une rémunération nette. Dans ce cas, il convient de calculer l'équivalent en brut (cf. le site www.urssaf.fr qui permet d'effectuer ce calcul très rapidement).

> **EXEMPLE**
>
> Pour un salaire mensuel net de 915 € pour un temps plein (40 heures par semaine), il faudra ajouter environ 29 % de charges sociales pour obtenir le brut mensuel, soit 1 188 €.

Le salaire brut horaire ou mensuel de travail effectif ne pourra être inférieur au SMIC (**soit un montant horaire brut de 7,61 € au 1er juillet 2004**). En outre, la convention collective fixe des salaires minimaux en fonction du niveau de qualification et de l'ancienneté (cf. annexe n° 11).

•• Majoration pour conduite automobile

Si la nounou doit emmener votre enfant à une activité de façon régulière, il faudra lui verser une indemnité qui sera fixée entre vous en fonction de l'importance du service demandé. En outre, s'il s'agit de son propre véhicule, il conviendra de lui payer une indemnité kilométrique qui, sauf accord particulier, sera celle des fonctionnaires (cf. barème en annexe n°12), et de vérifier la conformité du contrat d'assurance du véhicule utilisé.

•• Frais de transport

Le remboursement des frais de transport n'a lieu que dans le cas où la salariée utilise effectivement les transports en commun. Le montant du remboursement n'est pas soumis aux charges sociales. Il doit être ajouté au salaire net.

Dans la région parisienne, les employées de maison ont droit à la prise en charge à 50 % de leurs frais de transport en commun, en 2e classe (SNCF), à condition que la salariée réalise au moins 20 heures de travail par semaine.

En province, il n'y a aucune obligation ; les parents et la nounou pourront néanmoins se mettre de d'accord sur une prime de transport, exonérée de cotisations.

•• Durée du travail

Malgré la mise en place des 35 heures pour beaucoup de catégories de personnel, la **durée conventionnelle hebdomadaire de travail des employées de maison** reste fixée à **40 heures**, avec un maximum de

48 heures de travail consécutives par semaine : il faudra alors payer les majorations pour heures supplémentaires seulement à partir de la 41e heure (cf. article 15 b) de la convention collective).

Le contrat de travail devra préciser la durée de travail hebdomadaire de la nounou mais également la **répartition des heures dans la semaine** : « Mme ... sera présente à mon domicile 40 heures hebdomadaires réparties de la façon suivante : du lundi au vendredi de 9 h 00 à 17 h 00 ; ou les lundis, mardis, jeudis, vendredis, de 9 h 00 à 18 h 00 et les mercredi de 9 h 00 à 13 h 00. Ces horaires comprenant 2 heures de présence responsable par jour, la durée hebdomadaire de travail effectif sera de ... »

•• **Jours de repos**

Le contrat devra indiquer le jour de repos hebdomadaire, qui doit avoir une durée minimale de **24 heures consécutives**, et être donné de préférence la journée entière du dimanche. À ces 24 heures consécutives, s'ajoutera au minimum une demi-journée dans le cadre de l'aménagement du temps de travail. Le travail un jour habituel de repos hebdomadaire ne peut être qu'exceptionnel, et sera alors rémunéré avec un majoration de 25 % ou récupéré par un repos équivalent, et majoré dans les mêmes proportions.

Plus concrètement, cela signifie que vous pouvez demander à la nounou de travailler le samedi (dans ce cas, elle ne travaillera pas le mercredi après-midi par exemple). Le contrat précisera donc : « Le jour de repos hebdomadaire de Mme ... sera le dimanche, auquel s'ajoutera le samedi, ou le mercredi après-midi... »

•• **Le lieu de travail**

Où travaillera-t-elle habituellement ? Il est préférable de ne pas contractualiser précisément votre adresse actuelle (si vous déménagez un jour, ce sera plus simple), précisez cependant la ville : « Mme ... travaillera à notre domicile actuel, à Paris, à Marseille... »

En outre, si tous les mercredis elle doit se rendre au domicile de votre mère pour y garder votre enfant, il est préférable de le préciser : « ... à l'exception des mercredis, où Mme ... se rendra avec (prénom(s) de l'/des enfant(s)) au domicile de Mme ..., sa (leur) grand-mère, situé également à Marseille. »

•• Convention collective

Préciser : « Le présent contrat est régi par la convention collective nationale des salariés du particulier employeur, en date du 24 novembre 1999. »

•• Retraite et prévoyance

Préciser : « Mme ... sera affiliée à l'Ircem », qui est la caisse de retraite complémentaire des employés de maison (Ircem : 261, avenue des Nations-Unies, 59672 Roubaix cedex).

DES CLAUSES ACCESSOIRES MAIS TRÈS OPPORTUNES

•• Période d'essai

Elle est indispensable. D'une durée de **1 mois maximum pour un contrat à durée indéterminée**, elle permet de vérifier si la nounou a véritablement les compétences et les qualités requises pour s'occuper de l'enfant.

L'essai ne se présume pas : sa durée et l'éventuel renouvellement doivent être précisés dans le contrat et elle pourra être renouvelée une fois, sous réserve que la nounou ait été avertie **par écrit** avant l'expiration de la première période. Dans cette limite, chacun pourra reprendre sa liberté sans procédure, ni préavis, ni indemnité, à l'exception des congés payés.

Il est préférable de ne pas motiver la lettre de rupture (la loi ne vous y obligeant pas), ce qui évitera de longues discussions inutiles, et un éventuel contentieux si la nounou était procédurière (cf. annexe n° 4, paragraphe sur la résiliation du contrat de travail pendant la période d'essai).

•• Préavis en cas de rupture

En cas de **démission** de Mme ..., la durée du préavis est fixée à :
- 1 semaine (moins de 6 mois d'ancienneté),
- 2 semaines (plus de 6 mois et moins de 2 ans d'ancienneté),
- 1 mois (plus de 2 ans d'ancienneté).

En cas de **licenciement**, la durée du préavis est fixée à :
- 1 semaine (moins de 6 mois d'ancienneté),
- 1 mois (plus de 6 mois et moins de 2 ans d'ancienneté),
- 2 mois (plus de 2 ans d'ancienneté).

•• Congés payés

Préciser : « Mme ... bénéficie de 5 semaines de congés payés. Il est entendu que Mme ... prendra 4 semaines l'été, de préférence au mois d'août, et la 5e semaine sera prise en hiver, de préférence en fin d'année. En outre, les dates de congés seront déterminées d'un commun accord avec un délai de prévenance de 2 mois (comme le prévoit la convention collective, art. 16). »

•• Vacances

Éventuellement, vous pourrez prévoir que la nounou vous accompagne sur votre lieu de vacances : « Pendant les vacances de la Toussaint (de février...), soit 1 semaine complète, Mme ... partira avec la famille en Bretagne (en Alsace...). À ce titre, Mme ... percevra une prime exceptionnelle de x € bruts. »

•• Logement

Attention ! Si vous avez choisi de mettre à la disposition de votre nounou un logement en échange d'heures de garde de votre enfant, vous aurez désormais une double casquette, souvent difficile à gérer, surtout quand ça tourne mal : propriétaire et employeur.

En cas de rupture du contrat de travail, bien qu'il soit légalement prévu que la nounou quitte le logement à l'issue du préavis, il existe un risque non négligeable qu'elle reste quand même ; vous aurez des difficultés à la faire partir et c'est le droit du logement qui s'appliquera.

En tous cas, il doit être précisé dans le contrat de travail. À vous de déterminer dans un premier temps la valeur locative du studio ou de la chambre que vous avez mis à sa disposition, et ensuite de calculer l'équivalence en heures de travail, en tenant compte des minima conventionnels. Cet avantage en nature sera soumis à charges sociales sur la base de 60 € par mois.

Lorsque parents et nounou se sont mis d'accord sur les clauses du contrat de travail, il devra être établi en double exemplaire et signé par les deux parties. Il reste enfin une dernière formalité : la visite médicale d'embauche.

La visite médicale d'embauche

Elle est obligatoire si vous employez une nounou à domicile **à temps complet**. Dans les 15 jours au plus tard qui suivent son embauche, la nounou devra passer une visite médicale destinée à déterminer son aptitude physique à occuper son emploi.

En cas de garde partagée, cette visite est également obligatoire si la durée globale équivaut à un temps plein, et est à la charge des deux employeurs.

En outre, la loi vous oblige à lui faire passer une visite médicale annuelle, ainsi qu'une visite de reprise après un congé maternité ou une absence pour maladie d'au moins 3 semaines.

Vous devez en conséquence vous affilier à un service de médecine du travail, dont la liste est disponible auprès de chaque direction départementale du travail et de l'emploi (cf. annexe n° 28, adresses dans chaque région) ou de la Fepem. Le coût de cette adhésion varie entre 80 € et 85 € par an.

Le contrat de travail de l'assistante maternelle

Jusqu'à très récemment, la rédaction d'un contrat de travail n'était pas obligatoire ; elle le devient dans le projet de loi destiné à améliorer les relations entre les assistantes maternelles et leurs employeurs, ce que confirme la convention collective des salariés du particulier employeur (cf. annexe n° 30).

Généralement, les centres de PMI fournissent aux parents qui le souhaitent un modèle de contrat de travail. En plus des clauses classiques telles que les horaires, la rémunération…, le contrat précise également les conditions d'accueil du tout-petit (cf. annexe n°5).

Si vous avez choisi une assistante maternelle **agréée** (ce qui est **très vivement recommandé**), il conviendra d'indiquer le numéro d'agrément de l'assistante maternelle, sa date de renouvellement, et les coordonnées de l'assurance en responsabilité civile qu'elle aura souscrite.

Établi en double exemplaire, daté et signé par les parents et l'assistante maternelle, le contrat de travail permet de préciser les conditions d'emploi de l'assistante maternelle, et les modalités d'accueil du petit enfant.

Ainsi, seront renseignés les éléments suivants :
– la durée de la période d'essai (elle est de 3 mois maximum),
– les horaires,
– la rémunération, constituée d'un salaire journalier et d'une indemnité d'entretien.

Les clauses de contrat de travail

•• Montant du salaire journalier
Il ne peut être inférieur à 2,25 x le SMIC horaire soit 17,12 € pour 1 journée de **8 à 10 heures de garde**. Il s'agit d'un minimum, et, dans les grandes villes, le salaire journalier est plus proche de 30 €.

Par ailleurs, pour bénéficier des aides de la CAF, il ne peut dépasser 5 x le SMIC horaire, soit **38,05 €**.

La nouvelle convention collective prévoit de mensualiser le salaire de base, le paiement étant effectué à date fixe. Même si l'accueil s'effectue sur une année incomplète ou de façon irrégulière, la rémunération est « lissée ». En outre, la salariée a droit à des heures supplémentaires à partir de la 46e heure, le taux de majoration du salaire étant toutefois laissé à la négociation des parties (cf. annexe n° 31).

•• Temps de travail

Pour un accueil hebdomadaire, la durée conventionnelle est de 45 heures par semaine. Pour un accueil journalier, la durée habituelle de la journée est de 9 heures. La salariée bénéficie d'un repos quotidien de 11 heures consécutives minimum (cf. annexe n° 31).

•• Indemnité d'entretien

Elle est déterminée entre les parents et l'assistante maternelle pour couvrir les frais d'entretien de l'enfant (ce sont les investissements de matériel, et la part de consommation d'eau, d'électricité, de chauffage...). La nouvelle convention collective prévoit un minimum de 2,65 € par journée d'accueil, mais en général, elle correspond à 1 heure de SMIC brut par jour et par enfant, soit **7,61 €** par jour depuis le **1er juillet 2004**.

L'indemnité d'entretien n'est versée que les jours où l'enfant est présent chez l'assistante maternelle.

ATTENTION !

Les dispositions concernant la rémunération risquent d'être modifiées par la nouvelle loi relative aux assistantes maternelles : il est prudent de se renseigner auprès de la PMI.

•• Nourriture

Il est important de préciser dans le contrat qui fournit les repas, le lait maternisé, etc.

•• Autres fournitures

Il en est de même des couches, produits de toilette, et accessoires de puériculture comme le lit, la poussette...

•• Indemnité compensatrice en cas d'absence de l'enfant

– L'absence de l'enfant non justifiée dans les 48 heures par un certificat médical pendant les jours où il aurait été accueilli est rémunérée normalement ;
– L'absence pour cause de maladie est rémunérée à 6,75 € nets par jour jusqu'à la mise en vigueur de la convention collective qui prévoit de nouvelles dispositions (cf. annexe n° 31).

•• Repos hebdomadaire

Le jour habituel de repos hebdomadaire est prévu au contrat. Il est donné de préférence le dimanche, mais un autre jour peut être choisi par accord entre l'employeur et le salarié.

•• Congés payés

L'assistante maternelle bénéficie de **5 semaines de congés payés** (30 jours ouvrables), dont les dates seront fixées d'un commun accord avec les parents. C'est souvent un point de désaccord entre parents et assistante maternelle. Il est donc souhaitable d'anticiper ensemble les congés annuels et de se mettre d'accord sur leur mode d'indemnisation :

– soit chaque mois sous la forme d'indemnité compensatrice de congés payés (dans ce cas, la rémunération mensuelle est majorée de 11 %), et, lorsque l'assistante maternelle prend des congés, les parents n'ont alors aucun salaire à verser ;
– soit au moment de la prise des congés (cf. annexe n° 5 et dispositions de la convention collective, article 12, en annexe n° 31).

Comme tout salarié, l'assistante maternelle a également droit à des congés particuliers...

•• Congés pour événement familial

– mariage de la salariée : 4 jours ouvrables,
– décès du conjoint : 2 jours ouvrables,
– mariage d'un enfant : 1 jour ouvrable,
– décès du père ou de la mère : 1 jour ouvrable,
– naissance ou adoption : 3 jours ouvrables.

Ces jours d'absence donnent droit au paiement du salaire (indemnité d'entretien et de nourriture non comprise). Ils sont assimilés à des jours de travail pour le calcul des congés payés (cf. convention collective en annexe n° 31).

•• Jours fériés

Le 1er mai est un jour férié, chômé et doit être payé s'il correspond à un jour où l'assistante maternelle accueille habituellement l'enfant (versement du salaire de base intégral, loi du 3 janvier 1985).

Si l'enfant est présent ce jour-là, il y aura une majoration de 100 % du salaire journalier (Code du travail – article L 773-2 et 11).

La rémunération des autres jours fériés est à négocier entre les parents et l'assistante maternelle (cf. précisions de la convention collective en annexe n° 31).

•• Absences pour formation

La loi du 12 juillet 1992 avait fait obligation à chaque assistante maternelle de suivre une formation de minimum 60 heures dans les 5 années suivant son agrément. Le projet de loi prévoit désormais que cette formation précède tout accueil d'enfants. En outre, ce stage préparatoire pourra être complété par une formation en cours d'emploi.

Pendant les journées de formation continue, la rémunération reste due par l'employeur (sauf l'indemnité d'entretien et de nourriture). L'assis-tante maternelle ne peut prétendre à leur rémunération habituelle que si les journées de formation coïncident avec des journées d'accueil habituel de l'enfant.

Les assistantes maternelles qui ont fait le choix de se former le samedi bénéficient d'une allocation de 2 heures 15 de SMIC par journée de formation, à condition qu'elles n'accueillent pas d'enfant à leur domicile habituellement ce jour-là. Cette allocation est versée directement à l'assistante maternelle par le conseil général.

•• Règles de sécurité

Il est impératif de préciser dans le contrat que **l'enfant ne sera jamais laissé seul**. En outre, le matériel et les objets utilisés (lit, couette, jouets...) doivent être aux normes de sécurité de la communauté européenne et/ou françaises NF ; et les attaches, sangles, couettes, oreillers sont interdits dans les lits (circulaire n° 200 du 30 juin 1966).

L'assistante maternelle peut-elle **confier l'enfant à son conjoint ou à ses enfants adolescents ?** Il est **absolument impératif de répondre** par la négative à cette question, l'assistante maternelle étant seule responsable de la garde de l'enfant. Ce n'est qu'en cas d'**extrême urgence** qu'elle pourra confier l'enfant à une autre personne, dont le nom devra figurer au contrat, **et en ayant prévenu la PMI**.

•• **Santé de l'enfant**
Il est tout à fait utile de déposer une copie du carnet de santé chez l'assistante maternelle et de préciser que les médicaments ne seront donnés qu'avec une ordonnance de médecin : « En cas d'accident ou de maladie, Mme... appellera le docteur... au numéro... ou emmènera (prénom(s) de l'/des enfant(s)) à l'hôpital ... à l'adresse suivante : ... » (cf. annexe n° 27, Les gestes qui sauvent et la liste des numéros d'urgence).

> Tout comme pour la nounou à domicile, il est important que les parents réfléchissent bien en amont aux modalités de garde qu'ils souhaitent pour leur enfant avant de les fixer dans le contrat de travail.

Rappel : modèle de contrat de travail d'une assistante maternelle, annexe n° 31

La rémunération de la nounou et le coût des modes de garde

La rémunération et le coût d'une assistante maternelle sont très nettement inférieurs à ceux d'une nounou à domicile. Cependant, les dispositions de la nouvelle prestation d'accueil du jeune enfant (la Paje) réduisent cet écart et devraient permettre notamment aux parents à revenus moyens de choisir plus librement leur mode de garde. En effet, les aides de l'État sont augmentées : entre **20 € et 150 €** de plus par mois pour un enfant confié à une assistante maternelle, et de **180 € à 210 €** par mois pour l'emploi d'une nounou à domicile.

Ces mesures ne concernent que les enfants nés à compter du 1er janvier 2004. Pour les enfants nés avant cette date, les anciens dispositifs demeurent.

La rémunération de l'assistante maternelle agréée

En l'état actuel des textes, elle se décompose de la façon suivante :

•• **Un salaire journalier**
Il ne peut être inférieur à 2,25 x le SMIC horaire, soit 2,25 x 7,61 € = **17,12 € bruts, soit 13,48 € nets**, pour 1 journée complète de garde de **8 à 10 heures**. Son salaire mensuel minimum, qui est donc de **292 € nets**, est versé à la fin de chaque mois. Si l'enfant est présent moins de 8 heures ou plus de 10 heures par jour, le tarif horaire minimum brut est de **2,14 €**, soit **1,60 € nets**.

Ce salaire minimum est peu pratiqué : il peut varier en fonction du nombre d'enfants gardés, du quartier et plus généralement de l'offre et de la demande. En outre, pour bénéficier des aides de l'État, la rémunération journalière ne devra pas dépasser 5 x le SMIC, soit 38,05 € bruts (29,96 € nets).

Il doit être désormais mensualisé et lissé sur l'année si l'enfant n'est pas présent tous les jours (cf. annexe n° 30, extraits de la convention collective).

•• Une indemnité d'entretien

Elle est destinée à couvrir les frais d'investissements en matériel et de consommation d'eau, d'électricité, de chauffage... Son montant se négocie, mais elle s'élève en général à 7,61 € par jour, soit 164 € par mois. La convention collective a prévu néammoins un minimum de 2,65 € par jour.

Ainsi, pour un temps complet (entre 8 h et 10 h de garde par jour et pendant 5 jours), **au minimum et par enfant**, sa rémunération mensuelle nette s'élève à **456 €**, soit (13,48 € + 7,61 €) x 5 jours x 52 semaines : 12 mois (si l'enfant n'a pas été absent).

•• Une indemnité d'absence

Elle sera versée en cas d'absence de l'enfant, pour les jours où il aurait été normalement gardé, sauf si l'absence est due à :
– l'assistante maternelle agréée,
– une maladie de l'enfant,
– un imprévu dans la vie quotidienne des parents considéré comme circonstance contraignante : accident, décès dans la famille...

Cette indemnité ne peut être inférieure à 1,125 x le SMIC horaire, soit 8,56 € bruts (6,75 € nets).

ATTENTION !

Ces dispositions concernant la rémunération risquent d'être modifiées par la nouvelle loi relative aux assistantes maternelles : il est prudent de se renseigner auprès de la PMI.

•• Congés payés

Deux possibilités pour leur règlement :
– Payer l'assistante maternelle tous les mois, y compris pendant les 5 semaines de congés auxquels elle a droit ;
– Majorer son salaire de 11 % et ne pas la payer les jours ou semaines de vacances (toujours dans la limite maximale de 5 semaines).

•• Jours fériés

– Le 1er mai, seul jour chômé et payé : si l'enfant lui est confié, l'assistante maternelle percevra, en plus du salaire, une majoration de 100 % ;
– Les autres jours fériés sont traités comme n'importe quel autre jour de la semaine : si elle garde l'enfant, elle percevra son salaire habituel.

Il est bien sûr préférable de s'entendre à l'avance sur l'organisation des jours fériés afin de ne pas créer un conflit inutile la veille du jour J.

Le coût d'une assistante maternelle

Il n'est pas très élevé car les cotisations sociales sont prises en charge par la CAF, et en plus les parents reçoivent une allocation dont le montant varie avec les ressources du foyer et l'âge de l'enfant.

En effet, les parents peuvent bénéficier :
– Du complément de libre choix du mode de garde, pour les enfants nés à compter du 1er janvier 2004 ;
– Ou de l'aide à la famille pour l'emploi d'une assistante maternelle agréée (Afeama).

Chacune de ces prestations couvre les charges sociales dues sur les salaires de l'assistante maternelle. **C'est la CAF qui les versera directement à l'Urssaf.**

Le complément de libre choix du mode de garde

Il est versé sous certaines conditions :

• Avoir un enfant de moins de 6 ans gardé par une assistante maternelle agréée, dont le salaire brut journalier ne doit pas dépasser 5 x le SMIC horaire brut, soit 38,05 € ;
• Avoir une activité professionnelle minimum :
    – si vous êtes salarié, cette activité doit vous procurer un revenu minimum de 353,59 € si vous vivez seul et 707,18 € si vous vivez en couple,

– si vous êtes non-salarié, vous devez être à jour de vos cotisations sociales d'assurance vieillesse.

Il n'est pas besoin de justifier d'une activité minimum si vous êtes :
• Bénéficiaire de l'allocation aux adultes handicapés (AAH) ;
• Au chômage et bénéficiaire de l'allocation d'insertion ou de l'allocation spécifique ;
• Bénéficiaire du RMI ou de l'allocation de parent isolé et :
   – titulaire d'un contrat de travail ou d'insertion,
   – inscrit comme demandeur d'emploi à l'ANPE,
   – en formation rémunérée,
• Étudiant (si vous vivez en couple, vous devez être tous les deux étudiants).

LES MONTANTS (VALABLES JUSQU'AU 30 JUIN 2005)

• Les cotisations sociales sont prises en charge en totalité par la CAF et versées directement à l'Urssaf si le salaire journalier ne dépasse pas 38,05 € ;

• En plus de cela, la CAF accorde une aide complémentaire destinée à prendre en charge partiellement la rémunération de l'assistante maternelle. Son montant varie en fonction de l'âge de l'enfant et des revenus du foyer :

Revenus 2003*

Nombre d'enfants à charge	Inférieurs à	Ne dépassant pas	Supérieurs à
1 enfant	14 622 €	32 493 €	32 493 €
2 enfants	16 521 €	36 713 €	36 713 €
Par enfant en plus	2 606 €	5 791 €	5 791 €

* Revenus nets catégoriels = revenu net imposable - abattements

Montant mensuel de l'aide (par enfant)

Âge de l'enfant			
Moins de 3 ans	354,19 €	253 €	151,78 €
De 3 à 6 ans	177,11 €	126,52 €	75,89 €

Précisons que ces différentes aides de la CAF sont versées chaque trimestre. En conséquence, les parents devront prévoir la trésorerie nécessaire pour payer l'assistante maternelle à la fin de chaque mois, si tel est le cas.

RÉDUCTION D'IMPÔT

Après décompte du complément de libre choix du mode de garde, les dépenses restant à la charge des parents ouvrent droit **l'année suivante** à une réduction d'impôt de 25 % au titre des frais de garde des enfants de moins de 7 ans ; 2 300 € peuvent être pris en compte par an et par enfant (soit une réduction d'impôt maximale de 575 €).

EXEMPLE

Un couple avec 2 enfants à charge, dont 1 enfant scolarisé et 1 bébé de 6 mois gardé par une assistante maternelle agréée, et dont les revenus 2003 s'élèvent à 35 000 €.

Salaire de l'assistante maternelle (négocié au-dessus du minimum) :
1,5 x SMIC x 2,25 = 25,68 € bruts par jour (20,22 € nets)
Indemnité d'entretien : 7,61 € nets par jour
(27,83 € x 5 x 52) : 12 = 602 €
soit un coût mensuel de 602 € nets (trésorerie à prévoir).
Montant du complément de libre choix du mode de garde : 253 € mensuels, soit un coût mensuel après déduction du complément de :
602 € - 253 € = 349 €.

Montant de la réduction d'impôt : 25 % de 2 300 € = 575 €, soit 48 € par mois (celle-ci n'étant effective que l'année suivante),
soit 349 € - 48 € = 301 €.

COÛT TOTAL FINAL : 301 € mensuels

L'Afeama

Pour les enfants nés avant le 1er janvier 2004, c'est toujours l'Aide à la famille pour l'emploi d'une assistante maternelle agréée qui vient réduire de façon significative le coût de ce mode de garde.

Elle est également versée sous certaines conditions :
• Faire garder son enfant de moins de 6 ans par une assistante maternelle agréée dont les parents sont employeurs ;

- Déclarer son embauche à l'Urssaf ;
- Lui verser un salaire ne dépassant pas, par jour de garde, 5 x le SMIC horaire, soit au maximum 38,05 €.

LES MONTANTS (VALABLES JUSQU'AU 30 JUIN 2005)

Tout comme le complément de libre choix du mode garde, l'Afeama prend en charge la totalité des cotisations sociales, qui seront versées par la CAF directement à l'Urssaf.

En plus, les parents pourront percevoir une allocation complémentaire dont le montant varie en fonction des ressources annuelles du foyer :

Revenus 2003*

Nombre d'enfants à charge	Inférieurs à	Ne dépassant pas	Supérieurs à
1 enfant	13 381 €	18 399 €	18 399 €
2 enfants	16 469 €	22 645 €	22 645 €
Par enfant en plus	3 088 €	4 246 €	4 246 €

* Revenus nets catégoriels = revenu net imposable - abattements

Montant mensuel de l'aide

Âge de l'enfant			
Moins de 3 ans	206,63 €	163,39 €	135,38 €
De 3 à 6 ans	103,34 €	81,69 €	67,69 €

Cette allocation complémentaire est versée chaque trimestre. Précisons que ce montant ne peut pas dépasser 85 % du salaire versé à l'assistante maternelle.

Les allocations municipales

Certaines mairies proposent une aide complémentaire pour l'emploi d'une assistante maternelle dès lors que les parents bénéficient de l'Afeama.

L'allocation est versée sous certaines conditions (âge de l'enfant, durée de vie dans la commune, montant de ressources). À Paris, son montant varie entre **39 € et 382 € par mois.**

Il est bien sûr conseillé de se renseigner auprès de sa mairie pour savoir si cette allocation existe (pour Paris, consulter le site www.paris.fr/fr/solidarites/petite_enfance_et_familles/).

RÉDUCTION D'IMPÔT

Après décompte de ces différentes aides, les dépenses restant à la charge des parents ouvrent droit à une réduction d'impôt de 25 % au titre des frais de garde des enfants de moins de 7 ans ; 2 300 € peuvent être pris en compte par an et par enfant (soit une réduction d'impôt de 575 €).

Chaque mois, sur la base d'un temps complet, et si l'enfant n'a pas été absent, les parents verseront un minimum de 456 € à leur assistante maternelle, mais au total, en déduisant les différentes aides et la réduction d'impôt, le coût final pour les parents variera entre 165 € et 300 € par mois et par enfant.

REPRENONS L'EXEMPLE INITIAL

Un couple avec 2 enfants à charge, dont 1 enfant scolarisé et 1 bébé de 6 mois gardé par une assistante maternelle agréée, et dont les revenus 2003 s'élèvent à 35 000 €.

Salaire de l'assistante maternelle (négocié au-dessus du minimum) :
1,5 x SMIC x 2,25 = 25,68 € bruts par jour (20,22 € nets)

Indemnité d'entretien : 7,61 € nets par jour
(27,83 € x 5 x 52) : 12 = 602 €
soit un coût mensuel de 602 € nets (trésorerie à prévoir).
Montant de l'allocation complémentaire : 135,38 € mensuels,
soit un coût mensuel après déduction de l'allocation complémentaire
de : 602 € - 135,38 € = 466 €.

Montant de la réduction d'impôt : 25 % de 2 300 € = 575 €, soit 48 € par mois (celle-ci n'étant effective que l'année suivante),
soit 466 € - 48 € = 418 €.

COÛT TOTAL FINAL : 418 € mensuels*
soit 117 € de plus que dans le cas où les parents bénéficient du complément de libre choix du mode de garde.)

*sur la base d'un mois pendant lequel l'enfant n'a pas été absent.

La rémunération de la nounou à domicile

La rémunération d'une garde d'enfant à domicile varie en fonction de sa qualification, de son expérience et enfin des missions que les parents ont décidé de lui confier.

Pour le niveau 2 de la convention collective, qui correspond au niveau **minimum de qualification à partir duquel les parents peuvent confier un enfant sans être présents**, le salaire minimum horaire sans ancienneté est de 7,61 € bruts (5,86 € nets). Il conviendra donc de lui verser un salaire minimum brut mensuel de 1 324 € pour 9 heures de présence par jour (cf. exemple ci-après et annexe n° 11).

Précisons que ce salaire minimum est revalorisé chaque année et doit être majoré de 3 % après 3 ans d'ancienneté. En outre, si la nounou est une perle et donne entière satisfaction depuis deux ans, votre intérêt est bien sûr de la fidéliser en lui donnant une rémunération supérieure au minimum conventionnel.

Pour connaître les salaires conventionnels en vigueur, il est possible de consulter le site de l'Urssaf (www.urssaf.fr) ou celui de la Fédération des particuliers employeurs (www.fepem.fr).

COMMENT CALCULER SA RÉMUNÉRATION ?

Il faut tout d'abord déterminer son temps de travail effectif :
9 heures de présence par jour = 45 heures par semaine
Sur ces 45 heures, considérons 15 heures de présence responsable ; ces 15 heures sont équivalentes à 10 heures de travail effectif (2/3 x 15 = 10).
Son temps de travail effectif est de 30 h + 10 h = 40 h hebdomadaires
soit (40 x 52 semaines) : 12 mois = 174 heures/ mois
174 heures x 7,61 € = 1 324 € bruts mensuels
soit : 1 002,24 € nets.

À cette rémunération, il convient souvent d'ajouter une indemnité correspondant à la moitié des frais de transport (par exemple, en région parisienne, la moitié du coût d'une carte orange zones 1 et 2 à 50,40 € par mois), soit 25,20 € par mois.

Soit une rémunération **minimale nette** pour la nounou de 1 034,37 € + 25,20 € = 1 059,57 €.

Le coût de la nounou à domicile

Les charges sociales (salariales + patronales) sont très importantes, elles s'élèvent à 801,43 € par mois pour un salaire de 1 034,37 €. Soit un **coût mensuel de 1 034,37 € + 25,20 € + 827,12 € = 1 887 € mensuels.**

Fort heureusement, les parents pourront bénéficier de plusieurs aides de l'État :
– le complément de libre choix du mode de garde pour les enfants nés à partir du 1er janvier 2004, **ou** l'allocation de garde d'enfant à domicile (AGED) pour les enfants nés avant le 1er janvier 2004. Ces deux allocations sont versées par la CAF et destinées à couvrir une partie des charges sociales ;
– éventuellement, une allocation complémentaire versée par certaines municipalités (ex : Paris Petit Enfant) ;
– enfin, une réduction d'impôt.

Le complément de libre choix du mode de garde

Les conditions d'accès à cette prestation sont les mêmes que pour l'emploi d'une assistante maternelle agréée (cf. p. 91).

LES MONTANTS (VALABLES JUSQU'AU 30 JUIN 2005)

• Les cotisations sociales sont prises en charge partiellement par la CAF et versées directement à l'Urssaf quel que soit le nombre d'enfant gardés, dans la limite de :
– 382 € par mois jusqu'au 3e anniversaire de l'enfant,
– 191 € par mois pour un enfant de 3 à 6 ans.
• La rémunération de la garde d'enfant à domicile est prise en charge partiellement et varie en fonction de l'âge de l'enfant et des revenus du foyer.

REVENUS 2003*

Nombre d'enfants à charge	Inférieurs à	Ne dépassant pas	Supérieurs à
1 enfant	14 622 €	32 493 €	32 493 €
2 enfants	16 521 €	36 713 €	36 713 €
Par enfant en plus	2 606 €	5 791 €	5 791 €

*Revenus nets catégoriels = revenu net imposable - abattements

MONTANT MENSUEL DE L'AIDE (PAR ENFANT)

Âge de l'enfant			
Moins de 3 ans	354,19 €	253 €	151,78 €
De 3 à 6 ans	177,11 €	126,52 €	75,89 €

LA RÉDUCTION D'IMPÔT

Enfin, les parents pourront déduire de leur imposition **50 %** des dépenses dans la limite de **10 000 € par an**, soit une déduction maximale de **5 000 €**.

EXEMPLE

Un couple avec 2 enfants, (1 enfant scolarisé et 1 enfant de 22 mois gardé à la maison), dont les revenus 2003 s'élèvent à 35.000 €. Leur nounou perçoit un salaire mensuel net de 1 034,37 € + 25,20 € (indemnité de transport) = 1 059,57 €.
En tenant compte des charges sociales (827 €), le coût pour les parents est de 1 887 €.
Ils bénéficieront du complément de libre choix du mode de garde soit :
– la prise en charge partielle des cotisations sociales : 382 €
– la prise en charge partielle de la rémunération de la nounou : 253 €
soit 1 887 € - 382 € - 253 € = 1 252 €
À cette allocation de la CAF s'ajoute une réduction d'impôt :
5 000 € : 12 = 416 €
Soit un coût total final de 836 € par mois (1 252 € - 416 € = 836 €).

Précisons là aussi que les aides de la CAF sont versées chaque trimestre, et que la réduction d'impôt est effective l'année suivante. Les parents doivent en conséquence prévoir de verser 1 059,57 € à leur nounou chaque mois. Et ils devront verser, tous les trimestres, 445 € au titre des charges sociales (827 € - 382 €).

L'Allocation pour la garde d'enfant à domicile (AGED)

QUELLES SONT LES CONDITIONS POUR EN BÉNÉFICIER ?
– Les deux parents doivent travailler ;
– Pour les salariés, cette activité doit procurer un revenu minimum de 1 060, 77 € par trimestre (depuis le 1er janvier 2004) ;
– Pour les non-salariés, l'affiliation au régime de retraite de la profession est nécessaire.
Pour bénéficier de cette allocation, les parents doivent en faire la demande à la CAF, qui leur adressera un formulaire d'allocation. Ils devront ensuite le retourner complété et accompagné de la déclaration d'embauche qui avait été faite auprès de l'Urssaf. Le droit à l'AGED est ouvert à compter du premier jour du trimestre civil au cours duquel la CAF a reçu la demande.

LES MONTANTS (VALABLES JUSQU'AU 30 JUIN 2005)
Ils varient en fonction des revenus du foyer et de l'âge de l'enfant :

REVENUS 2003

Âge de l'enfant	Inférieurs à 36 006 €	Égaux ou Supérieurs à 36 006 €
Moins de 3 ans	75 % des cotisations dans la limite de 1 604 € par trimestre	50 % des cotisations dans la limite de 1 070 € par trimestre

QUELS QUE SOIENT LES REVENUS

De 3 à 6 ans	50 % des cotisations dans la limite de 535 € par trimestre
Quel que soit l'âge de l'enfant	50 % des cotisations dans la limite de 535 € par trimestre, si l'un des parents perçoit l'allocation parentale d'éducation à taux partiel.

Le montant de l'AGED est versé directement à l'Urssaf, qui informera chaque trimestre les parents du solde des cotisations à payer.

Les allocations municipales

Certaines mairies accordent une aide financière cumulable avec les avantages de l'AGED (Paris, Rueil-Malmaison, Issy-les-Moulineaux...) Il est donc vivement recommandé de s'informer auprès de la mairie de sa commune.

À Paris, l'allocation Paris Petit Enfant permet d'alléger le coût d'une garde à domicile. Pour obtenir cette aide, il convient de remplir les conditions suivantes :
– Habiter Paris depuis 3 ans minimum (1 an dans le cadre d'une mutation) ;
– Avoir au moins 2 enfants à charge, dont 1 de moins de 3 ans ;
– Bénéficier de l'AGED.

LES MONTANTS

Le montant de l'allocation varie en fonction du taux de prise en charge de l'AGED :

	AGED 75 % des cotisations	AGED 50 % des cotisations
Allocation Paris Petit Enfant	382 € par mois	260 € par mois

L'allocation est versée mensuellement à l'issue du trimestre de cotisation, et après présentation de l'avis d'échéance de l'Urssaf.

Pour les enfants nés après le 1er janvier 2004 et bénéficiaires de la Paje, il est préférable de se renseigner auprès de sa mairie.

LA RÉDUCTION D'IMPÔT

Enfin, les parents pourront déduire de leur imposition **50 % des dépenses dans la limite de 10 000 € par an.**

DEUX EXEMPLES POUR UN ENFANT NÉ APRÈS LE 1er JANVIER 2004

Un couple, avec **1 bébé de 6 mois**, dont les revenus 2003 s'élevaient à **30 000 €** :

Salaire net	1 034,37 €
Carte orange	25,20 €
Net à payer	**1 059,57 €**
Charges sociales	827,12 €
Total 1	**1 887 €**

À déduire :

Complément de libre choix, participation à :

– cotisations sociales	382 €
– rémunération	253 €
Déduction fiscale	416 €
Total 2	**836 €**

Reprenons la **même famille** mais avec des revenus 2003 s'élevant à **50 000 €** :

Salaire net	1 034,37 €
Carte orange	25,20 €
Net à payer	**1 059,57 €**
Charges sociales	827,12 €
Total 1	**1 887 €**

À déduire :

Complément de libre choix, participation à :

– cotisations sociales	382 €
– rémunération	151 €
Déduction fiscale	416 €
Total 2	**938 €**

DEUX EXEMPLES POUR UN ENFANT NÉ AVANT LE 1er JANVIER 2004

Un couple, avec **1 enfant de 2 ans**, dont les revenus 2003 s'élevaient à **30 000 €** :

Salaire net	1 034,37 €
Carte orange	25,20 €
Net à payer	1 059,57 €
Charges sociales	827,12 €
Total 1	**1 887 €**
À déduire :	
AGED 75 %	620 €
Déduction fiscale	416 €
Total 1	**851 €**
Allocation Paris Petit Enfant	382 €
Total 2	**469 €**

Reprenons la **même famille** mais avec des revenus 2003 s'élevant à **50 000 €** :

Salaire net	1 034,37 €
Carte orange	25,20 €
Net à payer	1 059,57 €
Charges sociales	827,12 €
Total 1	**1 887 €**
À déduire :	
AGED 50 %	413 €
Déduction fiscale	416 €
Total 1	**1 058 €**
Allocation Paris Petit Enfant	260 €
Total 2	**798 €**

Le coût de la garde partagée pour chaque famille

Dans le cadre de la garde partagée, **il n'y a pas de possibilité d'intégrer des heures de présence responsable**, toutes les heures sont considérées comme du temps de travail effectif. Le coût horaire est donc plus élevé et il y a une majoration de 25 % pour 2 heures par jour (1 heure supplémentaire est à la charge de chaque famille).

Sur la base de 10 heures par jour, soit 5 heures à la charge de chaque famille.

Pour 10 heures de présence par jour, chaque famille va payer 5 heures dont une heure majorée à 25 % :
– soit 4 heures à 7,61 € + 1 heure à 9,51 € = 39,95 € bruts par jour (30,24 € nets),
– soit [(31,21 € x 5 jours) x 52 semaines] : 12 = **676 € par famille et par mois**.

DEUX EXEMPLES POUR UN ENFANT NÉ AVANT LE 1er JANVIER 2004, EN GARDE PARTAGÉE

Une famille avec un enfant de 2 ans, dont les revenus 2003 s'élevaient à **30 000 €** :

Salaire net	676 €
Carte orange	13 €
Net à payer	**689 €**
Charges sociales	403 €
Total 1	**1 092 €**
À déduire :	
AGED 75 %	302 €
Déduction fiscale	388 €
Total 2	**402 €**

Reprenons la **même famille** avec des revenus 2003 s'élevant à **50 000 €** :

Salaire net	676 €
Carte orange	13 €
Net à payer	**689 €**
Charges sociales	403 €
Total 1	**1 092 €**
À déduire :	
AGED 50 %	201 €
Déduction fiscale	416 €
Total 2	**475 €**

Il faudra vérifier les conditions d'accès aux allocations municipales dans le cadre de la garde partagée.

Précisons là encore que les parents devront bien prévoir (en trésorerie) de verser 689 € nets par mois à la nounou, les aides étant versées chaque trimestre et la déduction fiscale n'étant effective que l'année suivante.

DEUX EXEMPLES POUR UN ENFANT NÉ APRÈS LE 1ᵉʳ JANVIER 2004, EN GARDE PARTAGÉE

Une famille avec un bébé de 6 mois, dont les revenus 2003 s'élevaient à **30 000 €** :

Salaire net	676 €
Carte orange	13 €
Net à payer	**689 €**
Charges sociales	403 €
Total 1	**1 092 €**
À déduire :	
Complément de libre choix du mode de garde	
– cotisations sociales	201 €
– rémunération	253 €
Déduction fiscale	312 €
Total 2	**326 €**

Reprenons la **même famille** avec des revenus 2003 s'élevant à **50 000 €** :

Salaire net	676 €
Carte orange	13 €
Net à payer	**689 €**
Charges sociales	403 €
Total 1	**1 092 €**
À déduire :	
Complément de libre choix du mode de garde	
– cotisations sociales	201 €
– rémunération	151 €
Déduction fiscale	363 €
Total 2	**377 €**

Obligations administratives

À échéance régulière, tous les trimestres, il est nécessaire de procéder à un certain nombre de déclarations pour s'acquitter des charges dues sur les salaires ou afin de pouvoir bénéficier des aides de l'État.

L'Urssaf

Chaque trimestre, l'Urssaf du département fait parvenir aux parents-employeurs une « **déclaration trimestrielle simplifiée** ». Il convient de la retourner dûment complétée en indiquant pour la salariée concernée :
– le nombre d'heures effectuées dans le trimestre,
– le salaire horaire net,
– l'option retenue pour le calcul des cotisations (salaire réel ou base forfaitaire).

• Si l'on choisit le **salaire réel**, les charges seront calculées sur le salaire effectivement versé à la nounou, salaire supérieur au SMIC pour le niveau de II de la convention collective ;

• Si l'on choisit l'option **base forfaitaire**, les charges seront calculées sur la base d'un SMIC horaire, ce qui va évidemment diminuer le montant des charges à payer, mais, en contrepartie, la salariée bénéficiera d'une couverture sociale inférieure. En cas de maladie ou de maternité, son indemnisation sera calculée comme si elle avait perçu le SMIC. De la même façon, les points de retraite seront acquis sur la base d'un SMIC.

Sur la première déclaration, il est **impératif d'indiquer que l'on bénéficie du complément de libre choix du mode de garde ou de l'AGED** (si c'est le cas), versée par la CAF. Dans ce cas, ces deux administrations se mettront en contact, et la CAF versera directement à l'Urssaf une partie des charges. La mise en route n'est pas toujours immédiate, il convient alors d'appeler l'Urssaf ou de leur écrire pour leur indiquer que vous êtes bien bénéficiaire du complément de libre choix du mode de garde ou de l'AGED.

Rappelons également que, pour une assistante maternelle, **la totalité des charges sociales sont prises en charge**, les parents n'auront donc rien à verser, à condition que son salaire journalier ne soit pas supérieur à 5 x le SMIC horaire brut, soit 38,05 € (en général, l'assistante maternelle perçoit 17,12 € bruts, soit 2,25 x le SMIC).

Grâce aux informations transmises, l'Urssaf adressera chaque trimestre **un avis d'échéance des cotisations**, indiquant le montant des charges à payer, déduction faite des allocations prises en charge par la CAF.

La CAF

Afin de vérifier que la situation familiale, professionnelle ou financière n'a pas changé, la CAF demandera **chaque année** aux parents de remplir :
– une fiche de renseignements,
– la « **déclaration de ressources** » (conforme à leur déclaration de revenus),
– et d'adresser une copie des **6 derniers bulletins de paie** pour chacun des parents.

Grâce à ces informations, la CAF reconduira les allocations destinées à prendre en charge partiellement les cotisations sociales et la rémunération de l'assistante maternelle ou de la nounou à domicile.

Le Trésor public

Les sommes versées à une tierce personne pour la garde de son enfant sont déductibles de l'impôt sur le revenu des personnes physiques :
• Nounou à domicile :
50 % des sommes versées, dans la limite de **10 000 €** par an (soit une réduction maximale de **5 000 €** par an).
• Assistante maternelle :
25 % des sommes versées, dans la limite de **2 300 €** par an et par enfant (soit une réduction maximale de **575 €** par an).

Chaque année, l'Urssaf vous fait parvenir une **attestation fiscale** avec le montant des sommes qui sont à transmettre à l'administration fiscale. Il convient de les reporter sur la déclaration fiscale du foyer à la rubrique 7, « Charges ouvrant droit à réduction ou à crédit d'impôt ».

Les services petite enfance des municipalités

Certaines mairies prévoient une allocation complémentaire à l'AGED (Paris, Rueil-Malmaison, Issy-les-Moulineaux, Montrouge...), dans la plupart des cas sans condition de ressources. Chaque trimestre, il est nécessaire de leur adresser une copie de la « Déclaration nominative trimestrielle simplifiée » ainsi que l'avis d'échéance de cotisations.

RÉCAPITULATIFS DES DOCUMENTS À FOURNIR

Documents à fournir	Mois	Trimestre	Année
Nounou/Assistante maternelle	Bulletin de salaire		
Urssaf		Déclaration nominative trimestrielle simplifiée	
Mairie		– Déclaration Urssaf – Avis d'échéance des côtisations	
CAF			– Fiche de renseignements – Bulletins de salaire des parents – Déclaration de ressources
Trésor Public			Déclaration de revenus des parents

NOUVEAU : LE CARNET PAJEMPLOI

Ce dispositif de déclaration facilite la vie des parents qui font garder leur(s) enfant(s).

Pour les enfants nés après le 1er janvier 2004, dès l'immatriculation à la CAF, les parents reçoivent le carnet Pajemploi, qui leur permet de déclarer mensuellement la rémunération versée à leur garde d'enfant.

Le calcul du montant des cotisations est effectué directement par le centre de traitement Pajemploi, qui indiquera la part restant à la charge des parents. **C'est également le centre qui se charge de l'envoi de l'attestation d'emploi à la salariée, et celle-ci vaut bulletin de salaire.**

Attention !

– le carnet Pajemploi ne sert pas à rémunérer la salariée. Son salaire peut lui être versé par chèque, par virement ou en espèces dans la limite de 1 500 € par mois.

– il n'est pas possible d'utiliser le chèque emploi-service dans le cadre de la Paje.

Déduction fiscale

Le centre Pajemploi enverra chaque année un récapitulatif fiscal pour permettre aux parents de compléter leur déclaration d'impôts.

Construire une relation de confiance

Le temps est bientôt venu de laisser son petit bébé à des bras inconnus. Afin que cette étape se passe le mieux possible, pour lui et pour sa maman, il est nécessaire d'aménager une période d'adaptation. Celle-ci est absolument indispensable, et permettra aux partenaires d'être rassurés, et mis en confiance.

Comment préparer la séparation : la nécessaire adaptation

Il s'agit, en réalité, d'une double adaptation : adaptation à la séparation mutuelle mère-enfant ; mais aussi adaptation à une nouvelle personne, celle qui prendra en charge l'enfant. Et, de toute évidence, il sera plus difficile de se séparer si pendant 3 mois la maman n'a jamais quitté son bébé, ne serait-ce qu'une heure ou deux.

L'adaptation à la séparation doit donc se mettre en place bien avant que la maman ne reprenne le travail, avant de confier son bébé à une nounou qui est pour lui une personne inconnue.

Dès les premiers mois, la maman peut envisager de s'échapper une petite heure, en laissant son tout-petit à un membre de la famille, le père bien sûr, mais également la grand-mère, la tante... en tout cas une personne en qui elle aura toute confiance. Avec les proches, c'est une façon de préparer les choses en douceur. D'ores et déjà, le bébé, qui a de grandes facultés d'adaptation, pourra s'habituer à d'autres bras, une autre odeur, une autre voix...

Il est bien sûr souhaitable de procéder progressivement, par petites périodes, et de ne pas commencer en le laissant une journée entière, voire un week-end chez les grands-parents. À l'échelle d'un petit bébé, ces temps sont trop longs et comparables à l'éternité. Ensuite, viendra le moment d'envisager des séparations plus longues, et de le confier alors à celle qui s'occupera quotidiennement de lui : la nounou ou l'assistante maternelle choisie par les parents.

Deux semaines paraissent un minimum pour que le bébé puisse faire connaissance, puis qu'il s'habitue à une nouvelle personne et à un nouvel environnement. La maman ou le papa prendront le temps de rester avec lui, pendant quelques jours, afin qu'il intègre de nouveaux repères et se familiarise avec son nouvel univers. La maman pourra ensuite le laisser seul, une heure, puis deux, et enfin une courte journée, en lui laissant des objets familiers (jouets, peluches, petites boîtes à musique, hochets, ou encore un foulard imprégné de son odeur... des objets qui font le lien entre la maison et le nouveau lieu de garde. Peu à peu, le bébé pourra se sentir en confiance dans son nouveau cadre de vie, et avec sa nounou.

En outre, il serait préférable que la maman ne décide pas de sevrer son bébé de l'allaitement dans les jours qui précèdent, afin de ne pas le déstabiliser davantage en créant une rupture supplémentaire : elle pourra tout à fait conserver une tétée le matin et le soir. Chaque mère vivra bien sûr le moment de la séparation en fonction de sa propre histoire. À ceux qui l'entourent (nounou, assistante maternelle et proches) d'en tenir compte.

Il reste, que pour cette première grande séparation, il est important d'accompagner son enfant en mettant des mots sur ce qu'il va vivre. Ne pas le prévenir serait source d'angoisse, et il est donc souhaitable de lui dire que l'on va reprendre son travail, puis de lui parler de la personne qui va s'occuper de lui, de les présenter l'un à l'autre, de faire visiter les lieux (chez l'assistante maternelle) en les évoquant : « Voilà où tu dormiras, où tu déjeuneras... » Expliquer ce qui va se passer en présence de la nounou permet de lui rendre la séparation plus accessible : il se sentira autorisé par ses parents à s'ouvrir à un autre univers. Dans son esprit, si la mère a fait le lien, si elle a en quelque sorte passé le témoin en douceur et avec sérénité, ce nouvel environnement sera associé à sa mère, et, même en son absence, il la portera en lui.

Cette adaptation progressive donnera au bébé l'assurance que la séparation n'est que temporaire, et que sa maman reviendra toujours le chercher.

Si cette période est indispensable pour le bébé, elle l'est aussi pour la mère, qui est souvent partagée entre le plaisir de retrouver quelques moments de liberté et la culpabilité de laisser son tout-petit.

Les partenaires sociaux ont bien compris l'absolue nécessité de cette période d'adaptation qu'ils ont expressément prévue au cours de la période d'essai (article 5 de la convention collective des assistants maternels, annexe n° 31).

En faisant l'apprentissage de la séparation, mère et enfant seront rassurés et prendront confiance en la nouvelle personne. Ce sera aussi un moment privilégié pour observer la nounou, son mode de fonctionnement, et lui dire, le cas échéant, ce qu'on attend d'elle. Quant à la nounou ou l'assistante maternelle, elle aussi a besoin d'un temps pour s'adapter aux habitudes de ce petit bébé (qui a déjà son histoire, ses préférences), ainsi qu'aux aspirations de ses parents.

Comment vivre les phases essentielles de transition du soir et du matin ?

Chaque matin, les parents passent le relais à une personne en qui ils ont confiance et qui va s'occuper de leur bébé de façon maternelle. Afin de réduire les difficultés de cette séparation quotidienne, la mère, le père et le bébé s'y sont préparés en mettant des mots sur ce qui allait se passer. Pendant plusieurs semaines, plusieurs mois peut-être, chaque matin, la maman ou le papa qui accompagne son enfant chez l'assistante maternelle ou quitte le domicile familial, préviendra le bébé de son départ : « Au revoir, je vais travailler, je reviens te chercher cet après-midi, c'est Odile qui va s'occuper de toi... ». Dire des mots simples, tendrement, sans prolonger les adieux pour ne pas rendre les choses plus difficiles.

TÉMOIGNAGE

Isabelle, éducatrice de jeunes enfants, raconte que Mme T. amenait Jules chaque matin au jardin d'enfants, et qu'elle avait de grandes difficultés à se séparer de son petit garçon de 2 ans 1/2. Elle arrivait avec un biberon de chocolat, s'installait sur les coussins, le prenait dans les bras comme un nourrisson, et ne pouvait se résoudre à partir. Isabelle devait intervenir pour démarrer les activités de la matinée. La transition étant chaque fois plus que difficile, Sylvie devait enlever l'enfant des bras de sa mère, puis le garder près d'elle pendant un long moment avant qu'il ne réussisse à se calmer.

En disant au revoir à son enfant dans des termes rassurants et affectueux sans s'éterniser, la maman (ou le papa) l'aidera à vivre ce moment tranquillement, surtout si elle lui parle du lieu où elle se rend, et évoque l'heure de son retour. Il est souhaitable que la maman puisse afficher dans ces moments-là calme et sérénité, ce qui facilitera la séparation pour le bébé, qui est très sensible au ressenti de ses parents.

Il est maladroit de s'esquiver en espérant que l'enfant ne s'en rendra pas compte. Une telle attitude ne peut que très provisoirement seulement soulager la mère, en lui évitant sur le moment de provoquer la colère de son bébé. À long terme, fuir la confrontation de la séparation de manière répétée risque d'entamer sa confiance et son sentiment de sécurité. La crainte d'être abandonné peut le rendre encore plus dépendant de sa mère, et faire de son départ une véritable épreuve.

Rappelons en effet qu'il est sain et légitime qu'un enfant proteste quand sa mère s'absente : c'est une façon de dire qu'elle compte pour lui. Chaque enfant l'exprime à sa manière. Attention cependant à ne pas confondre indépendance et une indifférence prolongée qui, elle, doit interpeller les parents.

Il arrive parfois que l'enfant affiche une certaine froideur à l'égard de sa mère lors de son retour. Ayant le sentiment d'avoir été exclu de sa vie, c'est comme s'il la rejetait à son tour et se trouvait soudain submergé par ces affects. Comme le décrit bien le célèbre pédiatre américain T. Berry Brazelton : « Dans ce moment chargé d'émotions, pour protester, le tout-petit peut se détourner de façon délibérée, comme pour surmonter l'intensité de ses sentiments au moment de retrouvailles si attendues ».

Ensuite, il explose : les sentiments de toute une journée ont été gardés à l'intention de l'être privilégié. Ce sont ces réactions intenses qui déroutent les mères et rendent les retrouvailles momentanément chaotiques mais émotionnellement riches.

Françoise Dolto a aussi observé ce moment des retrouvailles entre les mères et leurs bébés. Elle note : « Il faut que les mères tiennent le coup en arrivant. Tous les enfants hurlent en voyant arriver leur mère parce qu'ils sont affolés d'être des biberons dévorés. Ils ont été lâchés avec des baisers d'adieux affolés, ils se sont retrouvés avec des baisers ardents de mère frustrée une journée entière sans eux. Ils n'ont pas le temps de l'avoir reconnue que déjà elle est en train de les dévorer. Tout change s'ils entendent la voix de leur mère, s'ils perçoivent son rythme pour les habiller, si elle fait le relais avec la maternante : " Ça s'est bien passé la journée ? ", et à l'enfant : " On va retourner à la maison, on va voir ton frère… " Quand c'est fini, avant de le remettre dans la poussette, oui ! Qu'elle l'embrasse à ce moment-là. Ou alors à la maison, la fricassée de museaux, pourquoi pas ? Mais pas dès qu'elle arrive ! [1] »

---

1. F. Dolto, *Tout est langage*, Gallimard, 2002.

La juste place de la nounou aux côtés de la famille

L'assistante maternelle ou la nounou assure un relais avec la mère, elle s'inscrit dans la continuité de la relation mère-enfant en respectant l'histoire familiale du tout-petit. Le fait de confier son enfant à autrui ne doit pas être une rupture avec la famille : l'assistante maternelle qui prend en charge un nourrisson ou un jeune enfant, occupe une fonction maternante tout en n'étant pas la mère, c'est-à-dire en l'accueillant comme **le fils ou la fille de M. et Mme X**.

Elle va aider l'enfant à tisser d'autres liens que ceux qu'il a mis en place chez lui, au sein de sa famille ; mais toujours en veillant à favoriser tout ce qui peut établir une continuité avec son environnement familial, afin d'éviter que la vie de l'enfant ne se réduise à « des rondelles de vie juxtaposées » comme disait Françoise Dolto. Cela est d'autant plus important lorsque le tout-petit est confié à une assistante maternelle, donc éloigné provisoirement de son environnement familial (sa maison, sa chambre...).

De l'importance des échanges

C'est pourquoi, afin de protéger son « sentiment continu d'exister », il convient de créer des passerelles entre les deux lieux de vie. Préserver une continuité avec ceux qui l'aiment peut se faire notamment en s'ajustant aux habitudes de l'enfant, à ce que ses parents transmettent de ses comportements, de ses désirs ou de ses préférences (nourriture, rites d'endormissement...). En même temps que l'enfant découvre un nouvel environnement, il apprend à se passer de ses parents pour s'adapter à un autre cadre de vie, à de nouveaux visages, à de nouvelles sensations (odeurs, bruits...), auxquels il s'attachera vite si tout va bien.

Cela suppose que, dans les premiers temps, les parents communiquent fréquemment avec la nounou au sujet de l'enfant, et en sa présence. Ces échanges à propos du tout-petit ont pour effets bénéfiques de rassurer les parents et de sécuriser l'enfant lui-même. Quant à l'assistante maternelle ou la nounou, elle recueille des informations utiles qui l'aident à s'adapter au nourrisson et aux souhaits des parents. C'est en effet grâce à ces informations qu'il pourra être accueilli au plus près de ce qu'il est, et tisser des liens d'attachement à son nouvel environnement. Les conditions sont alors réunies pour permettre à l'enfant d'élargir « son ailleurs », hors du paysage familial, et d'y trouver un enrichissement dans le respect de ses origines.

Il convient d'insister sur la nécessité à laquelle le très jeune enfant se trouve confronté de s'épanouir, de se relier, de se situer dans son histoire et d'intérioriser ses parents, pour les garder présents à l'intérieur de lui-même pendant leur absence. Car le bébé qui se trouve éloigné un certain temps de sa famille doit effectuer un travail psychique très intense pour conserver vivants ses parents dans sa mémoire. Or plus il est petit, plus il a du mal à prolonger longtemps cet effort. **Et pour cela, il a besoin que la personne qui s'occupe de lui fasse référence à ses parents, ses frères et ses sœurs de façon répétée** ; et qu'en tout cas, ses parents, ses frères et ses sœurs ne soient pas exclus de sa vie quotidienne lorsqu'il est hors de chez lui. Il est nécessaire que la nounou préserve et même s'appuie sur le lien de l'enfant avec sa famille biologique, en l'évoquant à certains moments de la journée.

À titre d'exemple, l'assistante maternelle ou la nounou peut lui dire : « Ta maman travaille en ce moment mais elle pense à toi ; ton grand frère est à l'école, tu seras content de le retrouver à 4 heures **après ta sieste** ; c'est ton papa qui viendra te chercher ce soir **après ton bain**, ta maman aimerait bien que... » Le petit enfant a beaucoup de mal à se situer dans le temps, et à s'imaginer que dans quelques heures sa maman viendra le chercher. Pour l'aider à trouver ses repères temporels, la nounou peut découper la journée en évoquant les différents « temps » : repas, promenade, sieste, bain... tous rituels qui rythment son quotidien et qu'il finit par pouvoir anticiper.

> **CHEZ MARIE, ASSISTANTE MATERNELLE**
>
> Pour représenter les différents « temps forts » de la journée, j'ai dessiné un petit train avec des wagons, chaque wagon représentant un moment de la journée (petit goûter du matin, promenade, déjeuner, sieste, square...), et enfin le wagon représentant le retour de maman ou papa. Dès qu'un temps est achevé, le repas par exemple, j'accroche une jolie fleur adhésive sur le wagon. Ainsi, de façon visuelle, l'enfant peut se situer dans la journée, et mieux ressentir le temps qui passe : « Il ne reste plus qu'un wagon à remplir avant l'arrivée de maman... », et le voilà rassuré.

Ma fille l'appelle maman : la nounou serait-elle une rivale ?

Parfois, un tout-petit appelle l'assistante maternelle ou sa nounou « maman ». Cela peut se produire par exemple lorsque l'assistante maternelle a des enfants présents au foyer qui l'appellent « maman », ce que le bébé aura tendance à faire aussi, par mimétisme. Il n'y a pourtant pas lieu de s'inquiéter. Même si la nounou assume une fonction maternante auprès du tout-petit, cela ne veut pas dire que l'enfant la prend pour sa mère. Ce n'est pas parce qu'il l'appelle « maman », qu'il y a confusion. Pour lui, le lien qui existe avec sa mère est inaliénable et il sait très bien qui est sa mère. C'est à la nounou ou à l'assistante maternelle de rectifier en lui disant qu'elle n'est pas sa maman, mais sa tatie, sa nanie...

La nounou ne peut et ne doit pas prendre possession de l'enfant, et par conséquent la place de la mère. Elle doit admettre que l'enfant appartient pour toujours à ses parents.

S'il arrive parfois qu'une nounou ou assistante maternelle (qui ne peut pas avoir d'enfant, ou qui n'a plus d'enfant à domicile) investisse trop le bébé, il peut y avoir illusion et fantasme d'appropriation de sa part. D'autres encore, assistantes maternelles ou nounous, fort expérimentées, pourraient avoir tendance à disqualifier les jeunes mamans, leur dire sans cesse ce qu'il faut faire, comment, et cela devant l'enfant. Une telle attitude serait plus que maladroite, et la mère se doit d'être vigilante à ne pas l'accepter. À elle de tenir son rôle, et de marquer son territoire. Elle ne doit pas se laisser envahir, ni déposséder de son enfant. À ce propos, il en va de même avec les grands-parents, qui doivent veiller à rester à leur place et à ne pas interférer dans la relation établie entre les parents et la nounou, tout en se rendant disponibles en cas de besoin.

En outre, la mère doit pouvoir demander à la nounou ou à l'assistante maternelle de ne pas l'informer quand son enfant a fait pour la première fois quelque chose de nouveau (premiers mots, premiers pas, propreté...), sinon la mère risque de le vivre comme une étape qui lui échappe, et parfois même comme une blessure.

En effet, si l'enfant a fait ses premiers pas avec la nounou ou chez l'assistante maternelle, il va de soi qu'il remarchera avec ses parents et que pour eux ce sera la première fois. Ce n'est pas parce que les assistantes maternelles ou les nounous expérimentées sont des « professionnelles de la petite enfance » aux compétences reconnues, qu'elles doivent usurper par maladresse la place des parents. Comme l'a écrit D. W. Winnicott : « La mère est une spécialiste qui a l'aptitude de mieux comprendre son enfant que quelqu'un d'autre. »[1]

Cela n'exclut évidemment pas les échanges à propos de l'enfant dans le respect de la place de chacun. Aussi, les parents doivent accepter cette coopération très bénéfique pour leur enfant, et admettre que celui-ci soit bien avec l'assistante maternelle ou la nounou. C'est la preuve qu'il aura su s'adapter et créer d'autres liens (qui ne sont pas de même nature) avec celle qui l'accueille, et il est très rassurant et sécurisant de savoir son bébé heureux même lorsqu'on n'est pas là...

En référence à la place de chacun, en particulier à la place de la nounou au sein de la famille, il est important que la nounou ne prenne pas des initiatives qui dépassent son rôle, son champ d'action.

---

1. D. W. Winnicott, *L'enfant et sa famille*, Payot, 2002.

> ## LE CAS DE SOPHIE, 2 ANS
>
> Elle avait été placée chez une assistante maternelle à proximité de chez ses parents. Avec le temps, la relation entre la maman et la nounou s'était détériorée, était devenue complexe, difficile, et de plus en plus conflictuelle. En effet, la nounou, non contente de donner moult conseils, avait pris l'habitude ou le travers d'habiller Sophie, tous les jours, avec les vêtements de sa propre fille qui avait grandi.
>
> Quand la maman l'amenait le matin, la petite était habillée et coiffée d'une certaine façon et quand elle la retrouvait le soir, elle était totalement différente. Elle avait par exemple des élastiques dans les cheveux, ce dont la maman avait horreur.
>
> Malgré plusieurs tentatives, la mère n'avait jamais pu obtenir de changement de comportement : invariablement, elle retrouvait sa fille habillée et coiffée différemment. La nounou résistait avec force aux demandes de la mère.
>
> Plus tard, elle a su que d'autres mères s'en étaient plaintes également. Car il semble bien que c'était un problème de personnalité, le comportement d'une femme autoritaire et castratrice, qui prenait possession des enfants au détriment de leurs parents.
>
> Confrontés à l'impossibilité de lui faire admettre le bien-fondé de leur demande, les parents ont été contraints de retirer l'enfant.

Cette histoire peut paraître un peu caricaturale, il est rare de rencontrer de tels extrêmes. Mais il n'empêche que, sur des détails (qui, pour les parents, n'en sont pas), il arrive assez souvent que le mode de faire de la nounou prenne le pas sur le leur.

Pour des choses sans grande importance, il est préférable de dédramatiser pour ne pas entrer en conflit. Cependant, pour des faits ou gestes qui se répètent et qui marquent trop l'enfant de l'empreinte de la nounou, il devient légitime de ne pas l'accepter.

Dans tous les cas, il faut lui dire, simplement et sans l'accabler, que l'on souhaite qu'elle agisse différemment. Si elle a un ou plusieurs enfants elle-même, lui montrer la situation renversée : que penseriez-vous et comment le ressentiriez-vous si je coupais les cheveux de votre fils, ou si je lui mettais tous les matins les vêtements du mien, etc. Vous pouvez aussi essayer de comprendre avec elle pourquoi elle agit ainsi. Elle croit peut-être bien faire, faire plaisir...

Mais si, malgré vos motivations, elle persiste à ne pas modifier son comportement, alors il sera très difficile d'obtenir un changement car cela atteste un manque de souplesse d'une personnalité particulièrement rigide. Ce sont des femmes qui se comportent généralement de la même manière avec leurs proches.

Cela est d'autant plus vrai pour l'assistante maternelle, qui travaille sur le territoire où elle vit. De ce fait, elle peut avoir tendance à ne pas changer spontanément son comportement pour s'adapter aux parents des enfants qu'elle accueille.

En revanche, chez soi, à domicile, il est plus facile d'imposer son mode de faire, notamment par le cadre de vie lui-même, alors qu'on ne peut que difficilement modifier celui de l'assistante maternelle : d'où des situations plus complexes.

Le rôle de la nounou : ce que les parents attendent d'elle

La nounou à domicile ou l'assistante maternelle exerce **un rôle parental,** dans la mesure où les parents lui confient **de façon temporaire la responsabilité de leur enfant**, et lui demandent d'assurer son bien-être physique et psychologique. Bien qu'elle ne soit pas un substitut maternel à proprement parler, son attitude, son comportement ou encore son mode de faire avec l'enfant devrait **idéalement** être en phase et cohérent avec celui des parents.

Dans cette optique et **dès le début de la relation**, il est primordial que la mère et le père soient très explicites avec la nounou ou l'assistante maternelle sur ce qu'ils attendent exactement d'elle. Au-delà du contrat et des règles juridiques qui définissent ses conditions de travail, il est bon d'établir avec elle une sorte de « **contrat moral** » quant à la manière de s'occuper du bébé d'une part, et au mode de relation qui doit s'établir entre la nounou et les parents d'autre part.

La prise en charge de l'enfant

De toute évidence, il sera plus facile de demander à une nounou à domicile de s'adapter aux choix parentaux, à leur mode de vie. À l'inverse, l'assistante maternelle accueille d'autres enfants chez elle dans un contexte préexistant : elle a de ce fait, et depuis longtemps, mis en place une organisation, avec ses habitudes, qu'il sera plus difficile de modifier ou de contrarier. L'enfant aura certainement à respecter des règles différentes de celles de ses parents.

Pourtant, une certaine continuité entre l'éducation des parents et celle de l'assistante maternelle doit être préservée : elle respectera les priorités des parents, et la prise en charge pourra s'établir dans la complémentarité.

Il est nécessaire de lui transmettre précisément les grandes lignes des choix éducatifs spécifiques des parents, afin qu'elle soit en mesure de s'y référer. Les deux mondes dans lesquels le tout-petit va vivre alternativement seront ainsi rendus plus cohérents et compréhensibles pour lui.

Tout en gardant sa propre sensibilité et sa personnalité (qu'elle ne peut et ne pourrait de toute évidence renier, même si elle le voulait), la nounou ou l'assistante maternelle sera alors en mesure de respecter l'essentiel des options éducatives des parents.

Pour chacune des grandes fonctions qui suivent notamment, il est utile qu'elle ait recueilli un certain nombre d'informations précises.

ALIMENTATION

Quelles sont les habitudes et les préférences du bébé ? Quelles quantités de lait et quel rythme pour les biberons ? Mange-t-il des petits pots ou des légumes moulinés ? Y a-t-il des restrictions ? L'enfant a-t-il des allergies à certains aliments ou composants ? À quel moment la nounou devra-t-elle introduire des légumes, des fruits...? Devra-t-il finir son repas ? Devra-t-elle insister ?

SOMMEIL

À quel moment le couchera-t-elle ? Dans quelle position ? (aujourd'hui, **il est fortement conseillé de coucher les bébés sur le dos ou sur le côté**, et non plus sur le ventre : des études ont démontré que le nombre de morts subites du nourrisson avait diminué de façon significative depuis que les bébés ne dorment plus couchés ainsi.)

Le laissera-t-elle pleurer quelques minutes avant de s'endormir ? A-t-il un rituel d'endormissement (une chanson, une berceuse favorite...) ? Laissera-t-elle une petite veilleuse allumée ?

PROPRETÉ

Quand et avec qui prendra-t-il son bain ? Y a-t-il des soins particuliers à dispenser ? Quels apprentissages pour la propreté, à partir de quel âge ?

ACTIVITÉS D'ÉVEIL

À ces trois grandes fonctions, s'ajoutent les loisirs, les jeux, essentiels à tous les stades du développement de l'enfant. L'assistante maternelle ou la nounou à domicile doit être une présence active, son rôle ne se borne pas à du « gardiennage », ou à un rôle passif : les parents veilleront à ce qu'elle mette en place une véritable communication avec le bébé.

Et en fonction de son âge : quels jeux d'éveil peut-elle lui proposer pour développer, stimuler sa créativité et sa curiosité ? À quels moments de la journée et dans quelle proportion ? Sans enchaîner non plus activités sur activités et lui laisser des espaces temps pour rêver...

Un rôle évolutif

Quand l'enfant est un bébé, le rôle de la nounou peut se définir comme du « maternage ». F. Dolto appelait d'ailleurs les personnes chargées des bébés les « maternantes ». Puis, quand l'enfant grandit, son rôle devient plus éducatif.

À partir de 1 an environ et progressivement, apparaissent de nouvelles règles sur lesquelles il faut se mettre d'accord avec la nounou : ne pas toujours satisfaire tous les désirs de l'enfant, savoir lui dire non, lui apprendre à prêter ses jouets, respecter les autres enfants, etc. Devra-t-elle être ferme sur certains comportements, lesquels en priorité ?

Il est alors préférable de recruter une nounou qui partage le point de vue des parents, leurs options éducatives (cf. Les critères essentiels de recrutement, p. 56), afin d'éviter des malentendus ou des discussions superflues. Si les parents sont très laxistes, il vaut mieux ne pas recruter quelqu'un de trop rigide qui, dans la durée, ne pourra adopter leurs choix, l'inverse étant également vrai.

En leur absence, les parents demandent à la nounou de jouer en partie leur rôle, et à ce titre elle les représente : il serait alors regrettable qu'elle se laisse aller à une **relation de séduction** avec l'enfant (par complaisance, pour se faire aimer) : autoriser quelque chose que les parents auraient interdit. À titre d'exemples non exhaustifs : manger des sucreries, regarder la télé... en imposant à l'enfant : « C'est un secret entre nous, ne le dis pas à tes parents... » En effet, rien ne devrait être de l'ordre du secret imposé vis-à-vis de ses parents (à moins de préparer une surprise pour la Fête des mères ou l'anniversaire de papa...). Aux parents d'être vigilants et de pressentir qu'il y a problème.

DES FORMATIONS POUR S'ADAPTER

Afin d'aider la nounou à remplir son rôle et d'accroître ses compétences en matière de soins et d'éveil de l'enfant, les parents ont la possibilité de lui faire suivre des formations qui sont prises en charge par l'Agefos-PME (cf. annexe n° 14), organisme paritaire collecteur désigné par la branche professionnelle des salariés du particulier employeur.

Des stages sont proposés dans chaque région par 120 organismes de formation labellisés. Ils correspondent aux besoins le plus souvent exprimés par les particuliers employeurs et les salariés.

QUELQUES EXEMPLES DE STAGES PROPOSÉS

– Sécurité et prévention (16 heures),
– Garde d'enfants de moins de 3 ans (40 heures),
– Garde d'enfants de 3 à 10 ans (20 heures),
– Relation, communication (20 heures),
– Garde d'enfants : activités périscolaires loisirs (20 heures).

Pour en bénéficier :
– La demande doit émaner de l'employeur,
– Aucune ancienneté dans l'emploi n'est requise pour l'accès à la formation,
– Chaque salarié a droit à 40 heures de formation par an,
– L'employeur rémunère son salarié pendant le temps de formation et se fait rembourser les salaires et charges sociales auprès de l'organisme lui-même à l'issue du stage.

Au-delà de l'acquisition de compétences techniques bénéfiques pour votre enfant, le fait de proposer une formation professionnelle à votre nounou constituera sûrement à ses yeux une forme de reconnaissance ou une marque d'attention, qui ne peut être que positive à votre égard.

Bonne attitude, bonne distance avec la nounou

La nounou n'est ni une amie ni un membre de la famille, mais il est pourtant difficile de rester dans de strictes relations employeur-employée, car confier son enfant n'est pas un geste neutre et ne relève pas du seul contrat de travail entre un patron et un salarié.

Si dans votre vie professionnelle, vous êtes sans conteste un vrai manager avec vos collaborateurs, avec l'assistante maternelle ou la nounou, vous aurez plus de difficultés à gérer la relation quotidienne et d'éventuels conflits, notamment par peur de vous l'aliéner. Vous n'oserez peut-être pas dire ce qui déplaît par crainte de discrètes mesures de rétorsion vis-à-vis de votre enfant.

En outre, une part d'affectivité plus ou moins grande s'introduit dans la relation car on éprouve de la reconnaissance à la voir s'occuper de son enfant avec des gestes affectueux. Néanmoins, il ne faudrait pas créer de relations trop proches, ni en faire une amie. Il est préférable de garder la bonne distance.

HISTOIRE VÉCUE

Mme V. avait créé une relation très étroite avec l'assistante maternelle de sa petite fille Marion. Elle s'installait le soir une heure pour discuter, lui racontant sa vie, lui demandant moult conseils sur la façon de procéder avec Marion. Peu à peu, Mme V. a pris conscience qu'elle était dépossédée, que tout passait par l'assistante maternelle, qui lui donnait les directives ; il y avait inversion et prise de pouvoir. L'assistante maternelle les prenait toutes les deux pour ses filles. La maman avait besoin d'être maternée, protégée par l'assistante maternelle qui, compte tenu de son âge, aurait pu être sa mère.

L'assistante maternelle avait une emprise très forte sur la vie, les décisions de Mme V. Se sentant exclu du trio, et voyant son épouse trop dépendante de cette femme, le mari de Mme V. est alors intervenu, tant il estimait que la situation était devenue trop ambiguë et dangereuse pour l'équilibre du couple.

Construire une relation de confiance

Certaines mères, encore immatures, prennent la nounou comme mère de substitution pour elles-mêmes. Elles arrivent chez elle, s'installent, prennent un café, parfois même la tutoient. De fait, elles ont besoin d'être rassurées.

Ces relations quasi « mère-fille » sont à éviter, car cette intimité peut s'avérer dangereuse et perverse. La mère doit apprendre à endosser sa part de responsabilité, et à ne pas se situer à égalité avec l'enfant face à la nounou. Cela arrive parfois quand la mère est très jeune ou a eu une mère instable ou défaillante. Si elle ressent à ce point la nécessité d'être maternée, qu'elle se pose alors la question : si j'ai tellement besoin de la nounou, qu'est-ce que cela veut dire par rapport à mon histoire à moi ?

Pour l'enfant, il n'est pas sécurisant de sentir sa maman fragile et sous l'emprise de la nounou, qui déborde alors le cadre de sa mission : elle est là pour l'enfant, non pour la mère.

Si des difficultés ou des problèmes surviennent plus tard, les relations risquent de ne plus être claires, et les parents de ne plus se sentir aussi libres pour agir. Rester vigilant et ne pas créer d'ambiguïté qui déstabiliserait et créerait une confusion quant au rôle et à la place de chacun.

HISTOIRE VÉCUE

Sophie, alors jeune auxiliaire de puériculture, est recrutée par Mme P., pour s'occuper nuit et jour, week-end compris, de ses deux enfants Paul et Caroline qui avaient respectivement 5 jours et 18 mois.

Sophie raconte : « À son retour de la maternité, Mme P. m'a tendu le petit Paul comme un paquet : « Tenez ! », comme si elle me le donnait. J'ai dit au bébé qui avait 5 jours : « Tu sais, je ne suis pas ta maman, mais je crois que nous allons passer beaucoup de temps ensemble. »

M. et Mme P. étaient tous les deux très occupés par leur travail et avaient totalement délégué leur rôle de parents. Mme P., beaucoup plus jeune que son mari, était restée enfantine dans ses comportements.

Sophie vivait dans un appartement en dessous de celui des parents et avait l'entière responsabilité des enfants. Quand les enfants étaient malades, c'est Sophie qui les emmenait chez le pédiatre, et la nuit le petit bébé appelait Sophie, et non pas sa maman...

Sophie a tenu un an ; puis a préféré partir. Malgré son attachement aux enfants, elle a pourtant senti que la situation était « anormale », dangereuse pour les enfants et pour elle-même.

Mme P. n'avait pas pris, pas su ou pas voulu prendre sa place de mère. Au-delà de l'aspect illégal de la situation (on ne peut faire travailler quiconque 7 jours sur 7 et 24 heures sur 24, quelle que soit la rémunération offerte), il est extrêmement perturbant pour l'enfant que sa mère ait totalement abandonné sa place et ses responsabilités à quelqu'un d'autre.

Par ailleurs, s'il est bon de mettre en place une certaine convivialité avec la nounou, et de s'intéresser un minimum à elle (l'enfant ne pourra que bénéficier de ce climat de confiance). Tout comme il n'est pas souhaitable de lui déléguer toutes les responsabilités. Aussi vaudrait-il mieux éviter de créer des liens, en lui racontant sa vie intime ou en essayant de connaître la sienne.

Inutile de trop s'attarder quand on accompagne son enfant le matin ou quand on vient le chercher le soir. Il suffit de transmettre les informations essentielles (il a bien dormi, ou au contraire, il n'a fait qu'une toute petite sieste, il a de la fièvre, il n'a rien voulu manger...), rendre compte de ce qui s'est passé dans la journée ou dans la nuit, ou bien encore l'écrire sur un petit cahier de liaison, quand le temps presse. En tout cas, l'assistante maternelle qui accueille 3 enfants ne peut décemment pas disposer de beaucoup de temps avec chaque maman.

En revanche, si un événement de votre vie privée a des conséquences importantes et directes pour votre enfant (séparation, maladie ou décès d'un proche...) qui pourraient justifier un comportement différent ou le déstabiliser, alors il est primordial d'en informer la nounou pour qu'elle comprenne ce qui se passe, et qu'elle suive vos consignes. Sinon, la nounou risque de ne pas pouvoir interpréter les symptômes que l'enfant manifeste (troubles du sommeil, refus de manger ou de jouer, tristesse...).

De la même façon, s'il y a un malaise avec la nounou, si quelque chose déplaît ponctuellement dans son mode de faire avec l'enfant, il est nécessaire de pouvoir exprimer ce qui ne va pas, lui dire ou redire ce que vous attendez d'elle. Il est du reste préférable de ne pas attendre que les choses s'installent ou se détériorent, car il s'avère plus difficile de revenir sur ce qui est désormais établi. Rester avec un ressentiment ou une inquiétude risque de grever la confiance et la relation elle-même. Le tout-petit va le ressentir, et être déstabilisé par le conflit latent.

Convenir d'un rendez-vous avec la nounou, prendre le temps, pour mettre en place les conditions d'un échange constructif. Dans tous les cas, cette entrevue **doit se dérouler en dehors de la présence de l'enfant**, afin qu'il ne soit pas pris dans un conflit de loyauté : d'avoir à choisir entre sa maman et sa nounou.

Si les parents souhaitent qu'elle modifie tel ou tel comportement sans remettre en question sa collaboration, il est important de commencer par ce qui est positif, de ne pas la dévaloriser, pour éviter d'être d'emblée dans la critique et la confrontation. Il est préférable de confirmer l'assistante maternelle ou la nounou dans son rôle positif, et de verbaliser l'estime éprouvée à son égard. Réaffirmer sa confiance en le lui disant. « Vous vous occupez bien de Romane, je vous garde ma confiance, mais je préférerais que... ». C'est la base de toute relation. Alors, dans un second temps seulement, pourront être évoqués les difficultés, les problèmes rencontrés, et de son côté, elle sera mieux disposée pour les entendre.

Essayer de comprendre avec elle ce qui ne va pas et pourquoi, la laisser parler, lui permettront d'exprimer ses propres difficultés, et de pouvoir dire que vos attentes n'ont pas été suffisamment claires.

Il n'y a jamais rien à gagner d'humilier quelqu'un qui vous rend service, surtout lorsque l'équilibre de votre enfant est en jeu.

Comment construire une relation harmonieuse et durable ?

Construire une relation de confiance est un processus qui ne peut s'inscrire que dans la durée, et il paraît illusoire de vouloir l'établir immédiatement. En effet, dans un attentisme prudent, il est normal que la maman se pose des questions sur ce que son enfant vit au quotidien avec la nounou afin de pouvoir se rassurer. Si accorder sa confiance s'avère nécessaire, une confiance illimitée dès le début n'est pas de bon aloi. Cela pourrait s'interpréter comme une façon de ne pas se soucier suffisamment de son enfant.

Dans les premiers temps, il serait légitime d'effectuer des visites inopinées, visites souvent révélatrices du comportement de la nounou en l'absence des parents. L'entourage proche est également un bon indicateur (autres mamans, grands-parents, voisins...), car ils côtoient parfois fréquemment la nounou accompagnée du bébé.

A contrario, éviter de tomber dans l'excès inverse qui consisterait à la surveiller de façon permanente, et d'être dans la suspicion, ce qui ne permettrait pas de mettre en place une relation harmonieuse.

Dans tous les cas, pour construire cette relation de confiance, chacun des partenaires devra à l'évidence respecter ses engagements contractuels. Mais ici comme ailleurs, la vie quotidienne ne se résume pas aux règles juridiques et il est bon que chacun tienne son rôle dans un climat de respect mutuel.

Le respect des engagements contractuels

Afin de démarrer sur de bonnes bases, le comportement des parents et celui de la nounou se devront d'être en adéquation avec le contenu du contrat. En principe, celui-ci est le reflet d'un accord : les dispositions particulières dont sont convenues les parties.

À titre d'exemple, cela veut dire respecter de part et d'autre les horaires indiqués le matin et le soir.

Pour la nounou, garder un enfant n'est pas une activité bénévole et ludique, mais un travail pour lequel elle attend une rémunération. Il serait donc inacceptable que les parents ne lui versent pas son salaire à la fin du mois, mais le 10 du mois suivant... sans oublier bien sûr les éventuelles heures supplémentaires. Elle aussi doit faire face à ses propres échéances : loyer, prêts, etc.

À moins d'un événement imprévisible, chacun des partenaires préviendra l'autre de façon anticipée en cas d'absence ou de congés, afin qu'il puisse s'organiser en conséquence.

Ce minimum de respect mutuel évitera certainement des petites ou grandes tensions entre parents et nounou, tensions évidemment nuisibles aux bonnes relations et surtout au développement épanoui de l'enfant.

Un véritable partenariat

Au-delà des règles contractuelles, les parents partagent idéalement avec la nounou un objectif commun : le bien-être physique et psychologique de leur enfant. À l'évidence, des relations humaines et conviviales participeront à la mise en place d'un climat serein, favorable à l'épanouissement du bébé.

Nous ne sommes plus au XVIIIe siècle : traiter la nounou comme une domestique serait plus que maladroit. Les parents l'ont choisie pour s'occuper de ce qu'ils ont de plus précieux : leur enfant. Aussi convient-il de la considérer comme une personne à qui l'on fait raisonnablement confiance, et à laquelle on s'intéresse en tant qu'individu (à ce qu'elle vit au-dehors, tout en restant discret). Une telle attitude ne peut que favoriser une bonne entente et un respect mutuel. Sans pour autant se laisser aller à une trop grande proximité, chacun jouant son rôle et gardant sa place, en référence à ce qui a été évoqué dans les précédents chapitres.

Le rôle de la nounou, à côté de celui des parents, s'apparente à celui d'une **partenaire.** Afin de rendre ce « partenariat » le plus efficace possible, il est primordial, comme dans toute relation, de favoriser la communication et la transparence.

Parents et nounou se transmettront toutes les informations utiles sur son bien-être : sa santé, ses acquisitions, ses difficultés ponctuelles, tout ce qui a une conséquence directe sur le bien-être et la garde du bébé. Le carnet de liaison évoqué plus haut peut utilement recueillir tous ces éléments, ainsi que des instructions précises en cas de problème : qui préviendra-t-elle si le bébé est malade ou présente des symptômes ? Les numéros de téléphone indispensables (pédiatre, numéros d'urgence…, cf. annexe n° 27.) pourront être fixés sur le réfrigérateur. Cet échange mutuel d'informations utiles favorisera la communication dès les premières semaines, pendant lesquelles chacun apprend à se connaître, et pourra ainsi aisément se poursuivre.

Il sera bon d'inciter la nounou à exprimer les difficultés qu'elle rencontre, de partager avec elle les questions qui se posent au fur et à mesure à propos de l'enfant. Pour l'aider à enrichir ses connaissances et développer de nouvelles compétences, les parents pourront la faire bénéficier d'une formation professionnelle continue, totalement prise en charge par l'Agefos-PME (cf. annexe n° 14). C'est aussi une façon de lui montrer que les parents investissent à moyen terme sur elle.

Par ailleurs, pour rendre la vie quotidienne plus facile, il est utile de préciser quelles seront les règles à observer en cas d'absence des parents ou de la nounou (rendez-vous extérieurs, congés payés…). Autrement dit, penser à avertir l'autre de son absence dans un délai raisonnable. Ces petits incidents quotidiens et inévitables, s'ils ne sont pas anticipés, peuvent devenir une des principales sources de conflits entre parents et nounou.

Enfin, s'il s'agit d'une nounou à domicile, et pour éviter toute contestation ultérieure, elle saura précisément quelles sont les tâches à effectuer (ménage, repassage ou cuisine pour la famille…) en dehors de la garde du bébé.

L'ensemble de ces attitudes communes devrait contribuer à construire une relation de confiance mutuelle.

> Il serait hypocrite de ne pas évoquer ici les différences culturelles, d'un pays, ou d'un continent à l'autre : il convient de mesurer leur impact sur la relation des femmes avec un nourrisson ou un petit enfant. Sans décrire des stéréotypes, on ne peut ignorer que le rapport à l'enfant, à l'éducation, au temps, ne sera pas le même pour une nounou arrivant d'un pays d'Europe de l'Est ou une nounou originaire d'Afrique, d'Amérique latine ou d'Asie.
>
> Il est donc nécessaire que les parents prennent en compte ces différences culturelles lors du recrutement : car s'ils n'ont pas intégré cette dimension, ils ne comprendront peut-être pas certaines réactions ou façons de procéder, et il sera trop tard pour demander l'impossible.
>
> Il faut veiller à faire preuve de diplomatie, pour ne pas blesser certaines susceptibilités.

Mais il convient d'être réaliste : tout comme il n'y a pas de parent idéal, il n'existe pas de nounou idéale ; de sorte qu'il reste aux parents à définir leurs priorités, ce qui, pour eux, est absolument essentiel, et à l'inverse, ce qui peut se négocier.

Cela exige souplesse et flexibilité des partenaires afin de ne pas se mettre en position de conflit latent ou répété, et de préserver ainsi une certaine cohérence éducative pour l'enfant.

Les 10 commandements
pour construire une relation de confiance

Les 10 commandements des parents	Les 10 commandements de la nounou
Faire confiance	Induire la confiance, se montrer responsable
Indiquer clairement ce qu'elle aura à faire, fixer les priorités pour l'enfant, mais ne pas demander l'impossible	Suivre les consignes des parents et savoir s'adapter à l'enfant
Être prévisible, ne pas abuser de sa bonne volonté en demandant des flexibilités excessives, en tirant sur la ficelle des horaires	Respecter les horaires, montrer un minimum de souplesse et de flexibilité : pouvoir s'adapter aux changements, aux impondérables des parents
Verser le salaire de façon régulière et à l'échéance (payer les heures supplémentaires, les congés, les jours fériés...)	Ne pas demander de façon excessive des avances sur salaire ou des jours de congés en dehors des dates prévues
Anticiper et prévenir pour les congés afin qu'elle puisse s'organiser	Savoir anticiper ses absences, ses congés pour permettre aux parents de s'organiser
Être conciliant et reconnaissant : ne pas décompter l'unique jour de maladie, l'augmenter régulièrement si elle donne satisfaction	Ne pas s'arrêter de travailler au moindre signe de fatigue
Ne pas la déranger en l'appelant sans raison valable	Ne joindre les parents qu'en cas d'urgence, pouvoir joindre le pédiatre s'il y a un problème
Ne pas l'épier (mais pouvoir vérifier ce qu'elle fait avec l'enfant)	Transmettre aux parents toutes les informations utiles concernant l'enfant, raconter la journée
Garder la bonne distance et la bonne attitude (ce n'est pas une amie mais le servage a été aboli...)	Garder la bonne distance avec les parents, ce ne sont pas des copains, ni des enfants (ne pas les infantiliser)
Ne pas laisser les griefs s'accumuler, en parler avec diplomatie	Dire simplement aux parents les éventuels problèmes rencontrés

La modification du contrat de travail

Au fil du temps, il est probable que la situation des parents ou celle de la nounou évolue : l'un d'entre eux déménage, la nounou se marie, les parents doivent faire face à une baisse de revenus suite à une perte d'emploi, l'enfant va désormais à l'école, ou bien encore les parents se séparent... Autant de raisons pour lesquelles les parents ou la nounou souhaiteraient modifier le contrat de travail initial.

La demande de modification du contrat émane de la nounou

Elle a déménagé, habite désormais plus loin et souhaite modifier ses horaires ou son temps de travail, une autre famille lui propose un salaire plus élevé, elle demande alors une augmentation. **En tant qu'employeur**, les parents sont alors en droit d'accepter ou de refuser cette proposition, et qui ne dit mot **ne consent pas**.

Dans le premier cas, il conviendra d'établir un avenant au contrat de travail, en double exemplaire daté, signé par les deux parties et fixant les nouvelles dispositions (cf. annexe n° 9), et aucun retour en arrière ne sera alors possible, sans accord des deux partenaires.

En cas de refus, il suffit de le lui dire mais attention, car vous prenez le risque de la voir démissionner, tout dépend du rapport de forces entre les deux : sans solution de remplacement et si la nounou donne totale satisfaction, il vaut mieux réfléchir avant de dire non...

La demande de modification du contrat émane des parents

La famille déménage, tous les enfants sont désormais à l'école, la maman a décidé d'arrêter de travailler pour s'occuper de son enfant... Juridiquement, il convient de se poser la question : s'agit-il d'une modification du contrat de travail que la nounou serait donc en droit de refuser, ou d'une simple modification des conditions de travail à laquelle elle devra se plier au nom du respect du lien de subordination ?

Toute modification d'un élément essentiel du contrat de travail doit être expressément et préalablement accepté par la nounou

Quels sont les éléments essentiels du contrat de travail ?

•• La rémunération

S'il est rare qu'un salarié refuse une augmentation de sa rémunération, en revanche la nounou est bien sûr en droit de refuser une baisse de sa rémunération : les parents ne pourraient donc l'imposer sans son accord exprès (même si la cause est légitime : une baisse de revenus de la famille car l'un des parents a perdu son emploi) ;

•• La qualification

Si elle a été recrutée en tant que garde d'enfant, et non en tant qu'employée de maison, la nounou peut tout à fait refuser d'exécuter des tâches ménagères, à moins que celles-ci soient prévues dans le contrat de travail (petit ménage de la chambre de l'enfant par exemple) ;

•• La durée du travail

C'est un élément essentiel du contrat : les parents ne peuvent pas non plus modifier la durée du travail sans son accord, par exemple lui imposer un passage à temps partiel quand l'enfant a 3 ans et est scolarisé. Mais il reste toujours possible de le lui proposer (annexe n° 8).

Un simple changement des conditions de travail n'est pas une modification du contrat

Même si certains éléments ont été déterminants pour la nounou au moment de son embauche, ils ne sont pas toujours considérés comme essentiels, et à ce titre peuvent être modifiés par les parents :

•• Le lieu de travail

En cas de déménagement, les parents peuvent demander à la nounou de les suivre, et elle est en droit de refuser si le nouveau lieu de travail est inaccessible pour elle (par exemple de Lyon à Marseille).

Ou si le contrat stipule que le travail s'effectuera exclusivement dans tel lieu, il conviendra alors de recueillir son accord.

En revanche, s'il s'agit du même secteur géographique, de la même région, de la même ville, ce n'est alors qu'une modification des conditions de travail qui s'impose à elle, car la mention du lieu de travail dans le contrat a seulement valeur d'information.

•• Les horaires

Si la durée du travail est toujours essentielle (l'amplitude horaire : 10 heures par jour), la répartition des horaires, quant à elle, ne l'est pas : les parents pourront demander à la nounou de modifier ses horaires : 8 h 30 – 18 h 30 au lieu de 9 h 00 - 19 h 00 par exemple.

Pour formaliser la demande des parents employeurs :

– En cas de modification du contrat de travail : il est nécessaire de lui adresser en recommandé avec accusé de réception **une proposition de modification de contrat** (cf. annexe n° 8) lui précisant les nouvelles conditions de travail. Elle dispose d'un délai de **un mois** à compter de la réception du courrier pour faire connaître sa réponse. Passé ce délai, si elle n'a pas répondu, cela signifie qu'elle accepte la modification du contrat de travail ; si elle accepte, elle signera un avenant à son contrat de travail, précisant les nouvelles conditions d'emploi (annexe n° 9).

– En cas d'un seul changement de ses conditions de travail, une simple lettre lui indiquera qu'à compter de telle date, telles seront les nouvelles dispositions qui s'appliqueront.

Quelles sont les conséquences du refus de la nounou ?

CAS N°1

La nounou refuse une modification d'une **clause essentielle** de son contrat de travail, par exemple modifier son temps de travail :

– soit les parents acceptent de laisser le contrat en l'état,

– soit ils licencient la nounou pour motif économique (voir chap. infra) **dès lors qu'il y avait un motif légitime pour demander une telle modification du contrat de travail**. Il serait en effet trop facile de lui demander **sans raison valable** de diminuer son temps de travail pour prendre acte de son refus et la licencier ensuite.

A contrario, il est légitime, quand l'enfant va à l'école, de lui proposer de revoir sa durée du travail car la situation a véritablement changé : il n'y a plus lieu de garder l'enfant 8 heures par jour au domicile des parents.

CAS N°2

La nounou refuse un simple changement des conditions de travail, par exemple modifier ses horaires de travail :

– soit les parents acceptent de laisser le contrat en l'état,

– soit ils prennent acte de son refus, et doivent alors la licencier pour cause réelle et sérieuse, avec toujours comme préalable **un motif légitime pour demander une telle modification des conditions de travail**.

> **ATTENTION !**
>
> Si votre enfant est épanoui et heureux avec sa nounou, qu'ils ont noué ensemble des liens affectifs forts, à moins d'avoir une bonne raison de le faire ou un cas de force majeure, il est toujours délicat et perturbant pour l'enfant de changer de nounou.
>
> Son sentiment de sécurité peut être fragilisé. S'il n'y a véritablement pas de solution alternative, il sera nécessaire de réaliser ce changement de la façon la plus douce possible (cf. Comment gérer un changement de nounou, p. 173).

Que faire en cas de séparation du couple ?

L'enfant est inévitablement fragilisé, perturbé par la séparation de ses parents : ce dont il a besoin, c'est d'une description la plus précise possible des changements que cela implique, mais aussi d'être rassuré sur le fait que ses parents continuent à l'aimer.

Dans la mesure du possible, la séparation des parents ne devrait pas, en plus, s'accompagner d'un changement de nounou ou d'assistante maternelle. Garantir la stabilité de la garde devrait être une de leurs priorités : car il est souhaitable pour l'enfant de préserver ce repère qui fait lien avec la situation ancienne, et qui lui permet d'être sécurisé malgré les vagues de la séparation. Changer tous ses repères au même moment serait une source d'angoisse supplémentaire.

Pour éviter toute confusion, il est souhaitable que l'assistante maternelle, et bien sûr l'enfant, soient informés au préalable de l'alternance définie par les parents pour venir le chercher chez la nounou.

Du côté de la nounou, il serait regrettable qu'elle doive prendre parti pour l'un ou l'autre des parents, là où, trop souvent, l'enfant devient un enjeu de pouvoir pour les parents. Mais il leur faut éviter à tout prix de mêler la nounou à leur histoire : ce serait la mettre en situation de conflit de loyauté. La nounou, quant à elle, doit veiller à rester neutre tout en sécurisant l'enfant : elle devient un pôle d'équilibre pour lui sans toutefois en profiter pour prendre le pouvoir. Il est indispensable qu'elle continue à faire référence aux parents : même si le couple se sépare, pour l'enfant les parents restent de façon immuable **ses parents**.

Que faire en cas d'arrêt de travail de la nounou ?

La nounou est malade

Il est 7 h 30 du matin, la nounou ou l'assistante maternelle vous appelle pour vous prévenir qu'elle ne pourra garder votre enfant aujourd'hui, elle a une grippe terrible, le dos coincé : elle ne sait pas quand elle reviendra, elle attend le médecin... Cela s'appelle le grain de sable : celui qui enraye toute la machine, l'organisation si bien huilée depuis des semaines et des mois !

Pour la journée à venir, il n'y a que le système D qui puisse marcher : appeler son patron, annuler tous ses rendez-vous et rester auprès du chérubin, demander au père de le garder ou faire appel aux grands-parents, amies très proches, mamans voisines, etc., à moins de faire partie d'une association ayant effectué le recrutement de votre nounou et qui se charge de son remplacement en cas d'absence. Cette solution certes pratique n'est cependant pas la panacée : il ne sera pas facile de confier, le jour même, et sans aucune adaptation, votre bébé à une inconnue.

Si la maladie de la nounou ne dure que quelques jours, les parents pourront trouver une solution provisoire ; mais si les symptômes persistent, et qu'elle ne peut dire quand elle reprendra son activité, les choses se compliquent car il faudra la remplacer par une nouvelle nounou ou un autre mode de garde.

En premier lieu, il convient de réaliser un nouveau recrutement, temporaire cette fois (dans le cadre d'un contrat à durée déterminée : cf. annexe n° 6), le temps de la maladie. Après avoir activé son réseau familial, amical et professionnel, il est possible de passer une petite annonce dans le journal de la ville, d'en déposer une à la mairie, dans les halte-garderies avoisinantes.

Outre la difficulté de ce recrutement qui ne peut être que temporaire, les parents et le bébé devront faire face au changement :

s'adapter à une nouvelle personne, un autre mode de fonctionnement, une autre façon de procéder. De la même façon que pour le recrutement initial, il sera absolument indispensable d'effectuer une nouvelle adaptation pour l'enfant, qui devra faire connaissance avec la nouvelle personne, acquérir de nouveaux repères.

Dans tous les cas, la nounou ou l'assistante maternelle devra envoyer un certificat médical précisant les dates d'arrêt de travail, dans un délai de 2 jours ouvrables.

Sur le plan financier, comme le dit l'adage « *Pas de travail, pas de salaire* ». Vous ne lui devez rien et le contrat de travail de la nounou est suspendu du fait de la maladie : en conséquence, les parents suspendent le paiement du salaire. Après 3 jours de carence (sans aucune indemnisation), la nounou sera prise en charge par la Sécurité sociale à hauteur de 50 % de son salaire brut et dans la limite du plafond de la Sécurité sociale, **soit 2 476 € au 1er janvier 2004**. Mais, si elle a plus de 6 mois d'ancienneté, et que son arrêt de travail est supérieur à 10 jours, elle percevra un complément de salaire venant s'ajouter aux indemnités journalières de Sécurité sociale. Ce complément est versé par l'Ircem[1], l'organisme de prévoyance des employés de maison auquel cotisent les particuliers employeurs, et qui peut donner sur simple appel toutes les informations utiles. À noter que ce régime de prévoyance, qui n'existait pas encore pour les assistantes maternelles, vient d'être créé par la nouvelle convention collective, qui devrait entrer en vigueur fin 2004 (cf. annexe n°31).

Si la nounou, qui vous donne entière satisfaction, est absente une journée ou deux, de façon tout à fait occasionnelle, et montre en outre une véritable bonne volonté à reprendre son travail le plus rapidement possible, il serait judicieux de ne pas lui décompter l'unique journée d'absence...

---

1. **Ircem Prévoyance**, 261, avenue des Nations-Unies, 59672 Roubaix Cedex. Tél. : 03.20.45.57.00.

> **ATTENTION !**
> Même s'il est difficile de pallier son absence, il est **interdit de licencier la nounou en raison de sa maladie ou de son état de santé**. La rupture du contrat de travail n'est possible que si l'absence, du fait de son caractère prolongé ou répété, nécessite impérativement son remplacement, et de façon définitive.

Plus concrètement, c'est seulement dans le cas où ses absences seraient répétées (et totalement ingérables en termes de remplacement, ce qu'il faudra prouver) que les parents pourraient procéder à son licenciement, en s'appuyant sur des éléments factuels (arrêts de travail, jours de congé pris par les parents pour faire face à l'absence...).

S'il s'agit d'une assistante maternelle, la procédure est plus simple : les parents pourront exercer leur droit de retrait, en respectant un préavis compris entre 15 jours et 1 mois en fonction de son ancienneté.

La nounou est enceinte

Pas de doute : son ventre s'arrondit, elle montre des formes généreuses... Bien sûr, vous ne pouvez que vous réjouir pour elle de cette merveilleuse perspective, puisque vous connaissiez le même état de bonheur il y a peu de temps. Mais maintenant, il va falloir envisager son remplacement, même si elle ne s'arrêtera normalement que dans quelques mois. En effet, si la maladie est souvent imprévisible et subite, a contrario, la maternité vous laisse quelques mois pour recruter une autre nounou de façon sereine. Cependant, ne perdez pas de temps et anticipez car il arrive qu'elle soit contrainte de s'arrêter avant la date prévue...

Légalement, s'il s'agit d'un premier ou d'un deuxième enfant, son congé maternité est d'une durée de **16 semaines**, réparties de la façon suivante :

– 6 semaines avant la date présumée de l'accouchement,
– 10 semaines après l'accouchement.

Ce délai peut être allongé en fonction du type de grossesse et du nombre d'enfants déjà présents au foyer.

Situation familiale avant la naissance	Naissance	Congé prénatal (semaines)	Congé postnatal (semaines)	Total (semaines)
Pas d'enfant ou 1 enfant	1 enfant	6	10	16
	jumeaux	12	22	34
	triplés ou +	24	22	46
2 enfants ou +	1 enfant	8	18	26
	jumeaux	12	22	34
	triplés ou +	24	22	46

À ce congé légal peut s'ajouter un éventuel **congé pathologique** (15 jours supplémentaires avant la date initiale de congé maternité) : il est préférable d'intégrer ce congé car garder un petit nécessite des efforts physiques. En conséquence, son absence totale sera de l'ordre de **4 mois ou plus** si elle a acquis des congés payés qu'elle souhaite prendre. À cette occasion, il est bien sûr conseillé d'évoquer en amont tous ces points avec elle, pour ne pas être pris au dépourvu et créer un futur conflit.

Pendant toute la durée du congé maternité, **elle ne sera pas rémunérée par vos soins mais par la Sécurité sociale**, à hauteur de **80,21 % de son salaire** dans la limite du plafond qui est de 2 476 € au 1er janvier 2004.

ATTENTION !

Les femmes enceintes bénéficient d'une protection légale particulière, notamment en matière de licenciement. Il est donc **absolument interdit de licencier la nounou** :

– lorsqu'elle est en état de grossesse médicalement constaté,
– pendant la durée du congé auquel elle a droit,
– pendant les 4 semaines qui suivent l'expiration de ces périodes.

> Toutes les dispositions concernant la maternité s'appliquent aussi bien aux nounous à domicile qu'aux assistantes maternelles, pour lesquelles la maternité ne peut être le motif de retrait de l'enfant (article 16 de la convention collective).

À l'issue de son congé, la nounou retrouvera son emploi dans les **mêmes conditions** (horaires, rémunération...).

Cependant, compte tenu de sa nouvelle situation familiale, il peut arriver qu'elle ne puisse plus assurer les mêmes horaires. Dans ce cas :

– Soit elle adresse aux parents une lettre manuscrite de démission, si possible motivée, précisant qu'elle est dans l'incapacité d'exercer son activité à raison de 10 heures par jour (par exemple, elle a trouvé du travail ailleurs), ce qui est manifestement la solution la plus simple.

– Soit elle attend que les parents la licencient pour motif personnel, en respectant bien sûr le délai légal de 4 semaines à l'issue du congé, et la procédure de licenciement (cf. Le licenciement, p. 155).

COMMENT LA REMPLACER PENDANT SON CONGÉ MATERNITÉ ?

Il conviendra de recruter une autre nounou, dans le cadre d'un contrat à durée déterminée (cf. annexe n° 6). Si la question juridique ne pose pas de problème majeur, il n'est pas facile de trouver quelqu'un de confiance pour quelques mois seulement, et pour l'enfant c'est une réadaptation à effectuer.

Se séparer de la nounou...

Au secours !
La nounou démissionne

Elle vient de vous annoncer qu'elle ne pourra plus assumer la garde de votre enfant. Si, légalement, elle n'a pas de motifs à vous fournir, essayez néanmoins de connaître les vraies raisons de ce départ : vérifiez qu'il ne s'agit pas d'un coup de tête ou d'une baisse de motivation passagère.

En effet, la démission d'un salarié doit être **l'expression d'une volonté claire, sérieuse et non équivoque**, qu'il vous appartiendra de prouver si elle la conteste ultérieurement (par exemple, elle s'est rendu compte qu'elle n'avait pas droit à l'assurance chômage). En outre, elle ne peut quitter son emploi immédiatement car elle doit respecter un préavis ou délai-congé.

La démission de la nounou à domicile

Il y a eu un conflit entre vous, elle est fatiguée, elle vient de vivre un chagrin d'amour... autant de raisons qui pourraient la pousser à dire brutalement mais oralement : « Je vous donne ma démission. »

UNE VOLONTÉ CLAIRE ET SÉRIEUSE

Dans un premier temps, votre obligation en tant qu'employeur est de **vérifier la solidité de son intention**, sa détermination.

Elle a peut-être une raison très objective : suivre son conjoint en province, une proposition d'emploi plus intéressante ; c'est peut-être aussi une façon détournée et parfois maladroite de demander une augmentation ou d'obtenir un changement d'horaires...

Si sa décision est ferme et véritablement irrévocable, il est pour vous **indispensable qu'elle l'écrive de façon précise : une lettre manuscrite très explicite, si possible motivée (le terme « démission » devra

y figurer), forcément datée et signée par la nounou en dehors de votre domicile, témoigne de cette volonté, si elle n'est pas remise en cause les jours suivants. Cette lettre pourra utilement expliquer les raisons personnelles de cette démission, ce qui renforce la volonté sérieuse de partir. De la même façon, un départ précipité suite à un incident ne prouve pas qu'elle voulait démissionner.

Il convient d'être très vigilant sur ce point car, si la lettre est floue, la nounou pourra regretter ce départ précipité la privant d'indemnité, et, sans nouvel emploi, demander une requalification de la rupture en licenciement, avec indemnités à la clé.

ATTENTION !

Si elle part en vous reprochant divers manquements (retard de paie, non-paiement d'heures supplémentaires, de jours de congés...), elle ne démissionne pas, en droit elle vous impute la rupture : elle s'autolicencie et si elle gagne en justice, vous devrez lui payer ultérieurement toutes les sommes afférentes à la rupture (congés payés, préavis, et, si elle a plus de 2 ans d'ancienneté, une indemnité de licenciement à laquelle s'ajouteront **6 mois de salaire** à titre de dommages et intérêts pour licenciement sans cause réelle et sérieuse).

Concrètement, sa lettre devra indiquer (cf. annexe n°15) :

«**Je vous confirme mon intention de démissionner de mon emploi** d'employée de maison à votre domicile à compter de ce jour, pour telle et telle raison... ».

IMPORTANT

S'il s'agit de suivre son conjoint muté dans une autre ville, il est alors souhaitable qu'elle l'écrive, ce motif légitime de démission lui permettra d'obtenir des indemnités chômage auxquelles elle n'aurait normalement pas eu droit.

UNE VOLONTÉ NON ÉQUIVOQUE

À la suite des congés de l'été, ou après un arrêt maladie, vous n'avez plus de nouvelles de la nounou, volatilisée ! Vous ne pouvez cependant considérer qu'elle est démissionnaire et donc engager immédiatement une autre nounou en contrat à durée indéterminée : la démission ne se présume pas.

Dans ce cas, il faut lui demander par lettres recommandées (deux lettres sont un minimum) de reprendre contact avec vous, de justifier de son absence. C'est seulement après cette démarche et sans réponse de sa part, que vous serez en droit de prendre l'initiative de la rupture, en entamant une procédure de licenciement dûment motivée (pour faute grave : abandon de poste), et surtout sans prendre acte d'une démission qui n'existe pas.

LES OBLIGATIONS RÉCIPROQUES : LE PRÉAVIS

Après toutes ces précautions et de longues discussions, la nounou est absolument certaine de sa décision. Chacun est alors tenu à respecter une certaine procédure :

• La nounou vous adressera en recommandé avec accusé de réception ou vous remettra en main propre contre décharge (cf. annexe n°15) sa lettre de démission explicite ;

• De votre côté, vous lui répondrez en précisant les conditions d'exécution du préavis prévu par la convention collective :

– **1 semaine** pour une ancienneté de moins de 6 mois,

– **2 semaines** pour une ancienneté comprise entre 6 mois et 2 ans,

– **1 mois** pour une ancienneté égale ou supérieure à 2 ans.

Ces délais sont bien courts au regard du temps nécessaire pour trouver sa remplaçante, mais vous n'avez pas le choix et devrez faire avec. En outre, pendant cette période, il est à prévoir que sa motivation ne sera pas débordante...

Si vous le souhaitez, **d'un commun accord**, vous aurez la possibilité de raccourcir ces durées de préavis, mais il conviendra de **l'écrire très précisément** (cf. annexe n° 16). En effet, en cas d'inobservation du préavis, la partie responsable de son inexécution devra verser à l'autre partie une indemnité égale au montant de la rémunération correspondant à la durée du préavis.

À l'issue du préavis, il conviendra de lui remettre tous les documents inhérents à la rupture, même s'il s'agit d'une démission :
– une attestation Assedic,
– un certificat de travail (cf. annexe n° 25).
Mais le plus difficile reste à faire : la remplacer...

> **ATTENTION !**
>
> Dans le cadre d'un contrat à **durée déterminée**, la nounou pourra vous quitter avant terme si elle a signé un contrat à **durée indéterminée** avec un autre employeur. Elle devra néanmoins respecter un préavis de 1 jour par semaine pleine prévue au contrat.

La démission de l'assistante maternelle

Dans le cadre d'un contrat à durée indéterminée, l'assistante maternelle qui décide de ne plus garder votre enfant doit respecter **un préavis de** :

– 15 jours calendaires pour une salariée ayant moins de 1 an d'ancienneté avec l'employeur,
– 1 mois calendaire pour une salariée ayant plus de 1 an d'ancienneté avec l'employeur.

Vous pourrez néanmoins en abréger la durée, mais l'inobservation de ce préavis par l'assistante maternelle constitue une rupture abusive qui peut ouvrir droit pour l'employeur à des dommages et intérêts.

Une assistante maternelle dont l'ancienneté serait inférieure à 3 mois peut démissionner **sans préavis**.

Bien que la loi ne prévoie aucun formalisme particulier, il est vivement conseillé de lui demander une lettre manuscrite confirmant sa décision de démissionner.

De la même façon, dans le cadre d'un contrat à durée indéterminée, la **jeune fille au pair** devra respecter un **préavis de 15 jours** si elle souhaite démissionner.

La rupture du contrat de travail de la nounou à domicile

Il peut exister de multiples raisons pour lesquelles des parents envisagent de se séparer de leur nounou : ce sont parfois des éléments liés à un changement de leur situation personnelle ou bien des motifs liés à la nounou elle-même.

Le licenciement de la nounou en contrat à durée indéterminée

Un exemple parmi d'autres : le comportement de la nounou a changé. En effet, depuis plusieurs semaines, elle arrive systématiquement en retard le matin, fait rater des rendez-vous importants, la note de téléphone est disproportionnée, ou bien, plus grave encore, le petit enfant pleure systématiquement dès qu'il la voit.

Cette situation ne peut plus durer, d'autant que les parents lui ont parlé plusieurs fois, lui demandant gentiment de faire un effort. Malgré ces entretiens, elle persiste à ne pas vouloir modifier son comportement. À bout, les parents décident de se séparer d'elle, et de procéder à son licenciement.

Dans d'autres cas, la nounou n'est pas en cause, les parents sont très satisfaits d'elle et lui font toute confiance, mais leur situation personnelle évolue et les contraint à envisager la rupture de son contrat de travail (déménagement, cessation d'activité de la mère ou du père, entrée à l'école de l'enfant...).

Légalement, **dans tous les cas,** le licenciement envisagé doit impérativement reposer sur un motif **réel et sérieux**, et il conviendra de **respecter la procédure légale.** À l'issue du contrat, les parents devront lui verser des indemnités, et lui remettre les documents afférents à la rupture.

Le motif de licenciement

Le motif de licenciement d'une nounou peut être fondé soit sur un motif **personnel**, soit sur un motif **économique**.

Dans tous les cas, ce motif doit être **réel**, c'est-à-dire reposer sur des faits **objectifs**, **existants**, **exacts**, pouvant être prouvés (absences répétées, notes de téléphone exorbitantes prouvées par les factures détaillées de l'opérateur téléphonique, attestations de la gardienne, de voisins, d'amis ou bien déménagement, entrée à l'école...).

Il doit être également **sérieux** : suffisamment important pour faire envisager une rupture de contrat : quelques minutes de retard même trois fois dans la semaine, ne serait pas un motif suffisamment sérieux.

QU'EST-CE QU'UN MOTIF PERSONNEL ?

Par définition, il est lié à la personne, c'est-à-dire au comportement de la nounou ou à ses agissements : retards, absences, insuffisance professionnelle, manque de fiabilité... Ces éléments, s'ils sont répétés, prouvés et étayés par des arguments objectifs, peuvent constituer un motif de licenciement pour motif personnel.

**TÉMOIGNAGE DE SYLVIE,
3 ENFANTS : ALICE, MAUD ET CHARLOTTE**

« Quelques mois après son embauche, Fabienne m'a appelée un matin pour me dire qu'elle ne pourrait pas venir parce qu'elle n'était pas bien. Cela s'est reproduit quatre ou cinq fois en 2 mois, ses absences duraient entre 3 et 7 jours, et elle m'envoyait une fois sur deux un certificat médical. C'était stressant et difficilement gérable en termes d'organisation pour mon travail ; heureusement je pouvais compter sur ma belle-mère qui assurait la garde de mes filles quand Fabienne ne venait pas.

Puis elle a disparu pendant 3 jours sans donner aucune nouvelle, et c'est à ce moment-là que j'ai décidé de m'en séparer.

Psychologiquement, ce n'est pas facile de licencier quelqu'un qui vit chez soi et s'occupe de ses enfants, mais la situation devenait impossible. Finalement, ce sont mes filles qui m'ont aidée à prendre cette décision car, en plus, elles ne l'appréciaient pas beaucoup. Fabienne n'avait pas su instaurer une relation de proximité avec elles.

D'autres causes peuvent justifier une rupture immédiate du contrat de travail : c'est le cas de la faute grave ou de la faute lourde.

•• La faute grave

Elle empêche le maintien du salarié à son poste, même pour quelques jours. À titre d'exemple pour une nounou : des manquements graves à la sécurité de l'enfant (le laisser seul dans un bain ou sans aucune surveillance pour aller faire une course...), des vols, des injures, ou plus simplement l'absence totale de la nounou, qui ne donne plus signe de vie malgré des relances téléphoniques ou écrites de la part des parents (abandon de poste prolongé).

Ces éléments peuvent être constitutifs d'une faute grave (qu'il faudra également prouver), privative de préavis et d'indemnités de licenciement.

•• La faute lourde

Elle se caractérise, quant à elle, **par l'intention de nuire** (à prouver également), à l'évidence un cas extrême : par exemple **des violences physiques à l'égard de l'enfant ou des parents**, ne pas amener délibérément l'enfant chez un des parents divorcés, ce qui met l'autre dans une situation délicate et légalement répréhensible de non-présentation d'enfant.

La faute lourde, très restrictivement appréciée par les juges, permet **également la rupture du contrat de travail**, sans aucune indemnité (préavis, licenciement). Elle est aussi privative de l'indemnité de congés payés.

Pour résumer, comment qualifier les faits :

Cause réelle et sérieuse	Faute grave	Faute lourde
– non respect des consignes données, – absences répétées justifiées mais ingérables et nécessitant son remplacement.	– enfant laissé seul au domicile, – absences répétées non justifiées (abandon de poste), – vols, injures.	– violences physiques à l'égard de l'enfant ou des parents, – destruction de biens, – non-présentation de l'enfant à l'autre parent (en cas de divorce).

> **IMPORTANT**
>
> En cas de licenciement pour faute, il est impératif d'engager la procédure dès que les agissements fautifs sont portés à votre connaissance ou que vous les avez découverts, **car vous ne pourrez invoquer des faits qui ont eu lieu il y a plus de 2 mois**.

Par ailleurs, en cas de faute grave ou lourde, afin que la nounou ne revienne plus travailler au domicile le temps de la procédure, il est recommandé de procéder à une **mise à pied conservatoire** (cf. annexe n° 20).

TÉMOIGNAGE DE MARIE-AMÉLIE, 2 ENFANTS

À l'arrivée de mon deuxième enfant, une petite fille, j'avais choisi la solution d'une nounou à domicile. Mon fils aîné avait alors à peine 2 ans. Après plusieurs semaines, il est devenu triste, renfermé sur lui-même, il ne jouait plus avec les autres enfants de l'atelier d'éveil où il allait deux fois par semaine, ni au square, et il avait un comportement régressif : il se mettait dans un coin et suçait son pouce. Tous les matins, il se levait très tôt, avant que la nounou n'arrive, il rangeait sa chambre et venait dans notre lit pour se faire cajoler, comme pour se protéger. En même temps, il était très agressif avec moi, mais pleurait dès que je quittais la maison.

Inquiète, j'ai interrogé l'entourage, la gardienne, puis les éducatrices de l'atelier d'éveil. J'ai alors compris que la nounou avait une attitude très dure et très rigide avec lui ; elle voulait l'éduquer et en faire un enfant modèle. Elle exerçait sur lui une pression psychologique excessive et culpabilisante pour lui.

La nounou s'était sentie investie d'une mission éducative pour mon fils, mission que je ne lui avais pas confiée. Au contraire, elle était très douce avec ma petite fille, qui était encore un bébé.

Nous avons évidemment décidé de nous séparer d'elle, et j'ai procédé à son licenciement car elle avait manifestement outrepassé son rôle.

LE LICENCIEMENT POUR MOTIF ÉCONOMIQUE

C'est un licenciement effectué pour un ou plusieurs motifs **non inhérents à la personne du salarié**, qui résulte de la suppression ou de la transformation d'un emploi ou d'une modification du contrat de travail.

Plus précisément, ce sont tous les motifs qui ne sont pas liés à la nounou elle-même. Les parents employeurs peuvent être tout à fait satisfaits d'elle, mais ils envisagent de déménager à plus de 300 km ; la nounou ne peut légitimement pas les suivre, et son licenciement repose alors sur un motif économique.

Ou bien encore, les parents envisagent de supprimer son emploi : un des deux parents est au chômage, ou la maman décide d'arrêter de travailler après l'arrivée d'un second enfant, l'enfant va désormais à l'école, et c'est la grand-mère qui ira le chercher à 16 h 30.

Dans tous les cas, et quel que soit le motif invoqué, il est impératif de respecter la procédure de licenciement.

La procédure légale de licenciement

LA LETTRE DE CONVOCATION

Avant de procéder au licenciement de la nounou, **quel qu'en soit le motif**, il convient de la convoquer pour un **entretien préalable** (cf. annexes n° 19 et n° 20). La lettre de convocation doit lui être remise en main propre contre décharge ou adressée en recommandé avec accusé de réception.

L'entretien ne peut être fixé avant un délai de **5 jours minimum** à compter de la date de remise en main propre ou de première présentation par la poste. La lettre devra indiquer le jour, l'heure, le lieu et le fait qu'un licenciement est envisagé. Contrairement au droit commun, la nounou **ne peut se faire assister** par un conseiller du salarié lors de cet entretien (circulaire DRT n°91/16 du 5 septembre 1991). Elle peut se présenter à l'entretien, ou décider de ne pas s'y rendre, ce qui ne change rien à la suite de la procédure. Si elle demande le report de la date de l'entretien, vous pouvez accepter mais rien ne vous y oblige.

> **CONSEIL**
>
> Il est préférable de la dispenser d'activité le temps de la procédure, dans l'intérêt de votre enfant : il est à craindre qu'elle ne soit pas très efficace, sachant qu'elle sera rémunérée pendant cette période (cf. annexe n° 20).

Dans le cas d'une **faute grave**, il est préférable de la mettre à pied à titre conservatoire (c'est-à-dire lui demander de ne plus venir travailler), tout en la convoquant à un entretien préalable au licenciement (cf. annexe n° 20).

L'ENTRETIEN

Dans ce moment inhabituel de la vie, tout ce que vous direz est important, et il est recommandé de s'y préparer. Noter précisément les faits ou les griefs, préparer les éléments de preuve s'il en existe (attestions, certificat médical...) ; choisir le lieu et le moment de l'entretien : celui-ci peut se dérouler au domicile des parents, mais **forcément en dehors de la présence des enfants**.

Lors de l'entretien, il convient d'exposer les motifs qui amènent à envisager son licenciement, de façon calme et objective, sans agressivité. Il faut aussi la laisser s'expliquer sur les faits (qui constituent le motif personnel ou économique). En cas de griefs, rien ne sert d'en rajouter, mais soyez exhaustifs car, dans la lettre de notification, vous ne pourrez rien écrire de plus que ce qui lui aura été dit.

À l'issue de l'entretien, **vous ne pourrez lui annoncer verbalement son licenciement**, la loi ayant prévu un délai de réflexion pour l'employeur de 2 jours après l'entretien.

Si, lors de l'entretien, la nounou ne vous a pas convaincus et si vous n'avez pas changé d'avis, vous lui adresserez une lettre de notification de licenciement, au terme du délai de réflexion.

LA LETTRE DE NOTIFICATION

Celle-ci doit être adressée en lettre recommandée avec accusé de réception.

La lettre doit être **motivée**, c'est-à-dire énoncer les motifs réels et sérieux qui ont été indiqués lors de l'entretien et qui vous amènent à rompre son contrat de travail (cf. annexes n° 21, n° 22, n° 23).

Dans le cas d'un éventuel contentieux, cette lettre sera déterminante, ainsi que toutes les pièces permettant de prouver les faits et justifier votre décision.

RAPPEL DES DÉLAIS

Lettre de convocation expédiée un **lundi**
Délai minimum : **5 jours ouvrables**
⇓
Entretien fixé au **lundi suivant**
2 jours francs (hors jours fériés)
⇓
Envoi de la lettre de licenciement motivée, soit au plus tôt le **jeudi**

Dès lors que la lettre de licenciement a été expédiée en recommandé avec accusé de réception, la procédure est terminée, mais tout ne s'arrête pas là.

La date de première présentation de la lettre fixe le début du préavis. Il y a alors 3 cas de figure :

• Vous souhaitez qu'elle effectue son préavis ; elle bénéficie alors **d'heures pour recherche d'emploi** :

– si elle a moins de 2 ans d'ancienneté : 2 heures par jour pendant 6 jours ouvrables,

– si elle a plus de 2 ans d'ancienneté : 2 heures par jour pendant 10 jours ouvrables.

Les parents et la nounou peuvent s'entendre pour bloquer tout ou une partie de ces heures avant l'expiration du préavis.

Si la nounou trouve un emploi pendant le temps du préavis, elle n'est pas tenue d'effectuer la totalité du préavis restant. Elle peut, sur présentation d'un justificatif, cesser son travail après avoir effectué 2 semaines de préavis, dans la limite du préavis restant à courir.

• Vous ne souhaitez pas qu'elle effectue son préavis : vous êtes alors tenus de lui **verser la totalité du salaire correspondant au temps du préavis**.

• La nounou ne souhaite pas effectuer son préavis : elle doit en faire une demande écrite. Si vous êtes d'accord, vous n'avez pas à lui verser de salaire pour cette période et son contrat de travail prend fin dès la première présentation de la lettre de licenciement.

Précisons que vous êtes en droit de refuser, mais il sera certainement difficile de lui imposer de l'effectuer en totalité.

À l'issue du préavis, qui fixe également la fin du contrat de travail, les parents seront tenus de verser les indemnités de rupture et de fournir des documents essentiels pour qu'elle puisse, le cas échéant, s'inscrire au chômage.

Les indemnités de rupture

L'INDEMNITÉ DE LICENCIEMENT

En dehors des cas de faute grave ou lourde, une indemnité de licenciement est accordée à la nounou, dès lors qu'elle a acquis 2 ans d'ancienneté chez son employeur (ces 2 ans incluent la durée du préavis).

Cette indemnité, non soumise à cotisation pour l'employeur, et non imposable pour la nounou, se calcule de la façon suivante :

– 1/10e de mois par année d'ancienneté pour les 10 premières années,

– 1/6e de mois par année d'ancienneté au-delà de 10 ans.

Le salaire à prendre en compte pour le calcul de l'indemnité est la moyenne des 12 derniers mois précédant la date de licenciement ou, selon la formule la plus avantageuse, 1/3 des 3 derniers mois, étant entendu que toute prime exceptionnelle qui aurait été versée pendant cette période ne serait prise en compte que *prorata temporis*.

> **Exemple**
>
> Une nounou engagée le 1er octobre 2000, est licenciée le 19 mars 2003 (date de première présentation de la lettre de licenciement). Elle effectue **2 mois de préavis**, le contrat de travail prend donc fin le 19 mai 2003.
>
> Ancienneté : 2 ans, 6 mois, 19 jours, soit :
>
> – 2 ans,
>
> – 6 mois = 0,5 année.
>
> Son ancienneté est donc de **2,5 années**, car on ne tient pas compte des 19 jours (inférieurs à 30 jours).
>
> Pour calculer le salaire moyen des 12 derniers mois, il faut partir de la date de licenciement, et prendre les 12 mois précédents (ne pas compter mars 2003 qui est incomplet). Dans le cas présent, il faut calculer sur la base des mois de mars 2002 à février 2003 inclus.
>
> Sur ces 12 mois, son salaire brut a évolué de la façon suivante :
>
> – mars 2002 : 1 240 € bruts jusqu'en septembre 2002,
>
> – janvier 2003 : 1 300 € bruts jusqu'en février 2003.
>
> Total des salaires sur 12 mois : 10 mois à 1 240 € + 2 mois à 1 300 € = 15 000 € bruts.
>
> Salaire moyen : 15 000 €/12 = **1 250 € bruts**.
>
> **Soit une indemnité de licenciement à verser à la nounou de :**
>
> 1 250 € x 1/10e x 2,5 = **312,50 € nets**.

Rappelons que cette indemnité est calculée à partir du **salaire brut**, mais la somme obtenue est **nette de charges** pour l'employeur, et **nette d'impôt** pour la nounou.

L'INDEMNITÉ COMPENSATRICE DE CONGÉS PAYÉS

Jusqu'à la fin du préavis (s'il est payé, effectué ou non), la nounou acquiert des congés payés à raison de **2,5 jours par mois de travail effectif**.

Sont considérés comme du temps de travail effectif pour le calcul de la durée du congé :

– les congés de l'année précédente,

– les congés de maternité et d'adoption,

– les congés pour événements familiaux,

– les absences pour cause de maladie professionnelle ou accident de travail.

En revanche, ne sont pas assimilées à du travail effectif : les absences pour maladie, accident de trajet ou congé sans solde.

À la fin du contrat de travail, il est donc nécessaire de faire le décompte par période de référence (1er juin – 31 mai) des jours de congés acquis, ceux qui ont été pris, et enfin ceux qui devront être indemnisés.

Pour connaître le montant de cette indemnité, il est nécessaire de procéder à deux calculs et de choisir le plus avantageux pour la salariée.

L'indemnité est égale :

– soit à 1/10e des sommes perçues sur la période d'acquisition des congés, rapporté au nombre de jours à indemniser,

– soit au salaire qui lui aurait été versé si elle avait travaillé pendant cette période.

Selon la convention collective, la rémunération due par jour ouvrable est égale à **1/6e du salaire hebdomadaire.**

Exemple

Une nounou embauchée le 1er octobre 2000, dont le contrat prend fin en décembre 2002.

Périodes de référence :

- 1er juin 2000 – 31 mai 2001

Depuis octobre 2000 jusqu'à mai 2001, elle a réalisé 8 mois de travail effectif, elle a donc acquis 8 x 2,5 = 20 jours de congés payés.

Elle a pris 15 jours en août 2001 et 5 jours en décembre 2001.

- 1er juin 2001 – 31 mai 2002

Elle a travaillé une année complète, elle a donc acquis 30 jours de congés payés.

Elle a pris 4 semaines l'été, soit 20 jours, il reste donc à lui indemniser 10 jours.

- 1er juin 2002 – 31 mai 2003

Son contrat a pris fin en décembre 2002, le temps de travail sur cette période est donc de 6 mois, pour lesquels elle a acquis : 6 x 2,5 = 15 jours de congés.

Au total, il conviendra de lui indemniser **10 + 15 = 25 jours de congés**.

Effectuons les deux calculs

Pour un salaire mensuel brut de 1 300 € :

- règle du 1/10e :
– salaires versés sur la période d'acquisition : 1 300 € x 12 = 15 600 €
10 % = 1 560 € pour 30 jours ;
pour 25 jours à indemniser : (1 560 €/30) x 25 = **1 300 €**
- règle du maintien du salaire :
équivalent salaire : 25 jours de congés payés
(1 300 € x 12)/52 = 300 € par semaine
1/6e x 300 € = 50 € par jour x 25 jours = **1 250 €**

Il faudra lui verser 1 300 €, le montant le plus favorable.

Les documents nécessaires à remettre

Bien qu'il ne soit plus légalement obligatoire, il est utile de remettre (avec le dernier bulletin de paie), non pas un reçu pour solde de tout compte, mais un détail des sommes versées à l'occasion de la rupture, afin d'éviter toute ambiguïté.

– salaire du... au...   €

– indemnité de préavis du... au...   €

– indemnité de licenciement   €

– indemnité de congés payés   €

Le certificat de travail obligatoire comprendra exclusivement la date d'entrée en fonction, la date de départ, la nature de l'emploi (cf. annexe n° 25).

> **ATTENTION !**
>
> Les parents employeurs ne peuvent faire figurer dans le certificat de travail **aucune appréciation négative** concernant la nounou, qui, dans ce cas, pourrait obtenir réparation devant les prud'hommes.

Il est enfin impératif, **quel que soit le motif de la rupture**, de lui remettre **une attestation Assedic** (préalablement demandée par Minitel en faisant le 3616 Assedic et qui est ensuite adressée sous 48 heures, ou bien encore en la téléchargeant sur le site www.assedic.fr). Cette attestation doit être remplie par l'employeur : elle indique le motif de la rupture (licenciement, démission, fin de contrat à durée déterminée), le détail des sommes versées, et l'historique des salaires des 12 derniers mois.

Ces informations sont précieuses car elles permettront de calculer l'indemnité chômage à laquelle pourra prétendre l'ex-salariée.

La rupture du contrat de travail de l'assistante maternelle

Contrairement à la nounou à domicile, si les parents souhaitent rompre le contrat de travail de l'assistante maternelle, il ne s'agit pas d'un licenciement, mais de **l'exercice du droit de retrait** qui leur est reconnu. Si elle ne perçoit **pas d'indemnité de licenciement**, elle a droit désormais à une indemnité de rupture prévue par la nouvelle convention collective qui sera en vigueur certainement au plus tard début 2005.

La procédure

Les parents qui décident de ne plus confier leur enfant à l'assistante maternelle qu'ils employaient depuis au moins 3 mois **doivent notifier à l'intéressée leur décision** par lettre recommandée avec accusé de réception. Ce retrait n'a pas à être motivé par une cause réelle et sérieuse comme doit l'être un licenciement.

Toutefois, il ne doit pas être motivé par un motif illicite. À titre d'exemple : un retrait décidé en raison d'une réclamation formulée par l'assistante maternelle concernant son salaire a été considéré comme un motif illicite puisque cette réclamation constituait l'exercice d'un droit. Dans ce cas, l'employeur a été condamné à verser des dommages-intérêts.

Précisons que rien n'oblige les parents à justifier leur décision de retirer l'enfant : il appartiendra le cas échéant à l'assistante maternelle de contester cette décision et de saisir le tribunal d'instance.

Le préavis

Les parents qui exercent leur droit de retrait sont tenus de respecter un préavis dont le point de départ est la date de première présentation de la lettre recommandée.

La durée du préavis avant le retrait de l'enfant est de :

– 15 jours calendaires pour une salariée ayant moins de 1 an d'ancienneté avec l'employeur,
– 1 mois calendaire pour une salariée ayant plus de 1 an d'ancienneté avec l'employeur (nouvelles dispositions de la convention collective).

En cas d'inobservation du préavis, il appartiendra aux parents de verser **une indemnité correspondant au salaire** qu'elle aurait touché si elle avait travaillé jusqu'à la fin du préavis. En revanche, ne sont pas dus les frais correspondant à l'entretien de l'enfant, qui de fait n'ont pas été engagés par l'assistante maternelle.

Précisons enfin que le préavis ne sera pas dû en cas de **motif grave** (crainte de mauvais traitements portés à l'enfant étayée par des éléments objectifs, mauvaises conditions d'accueil, danger provenant de son entourage, etc.). Le préavis n'est pas requis non plus dans le cas où la rupture est liée à l'impossibilité de confier ou d'accueillir un enfant, compte tenu de la suspension ou du retrait de l'agrément de l'assistante maternelle.

La durée du préavis est prise en considération pour le calcul des congés payés.

En cas de retrait de l'enfant, les parents n'oublieront pas de prévenir l'Urssaf, la CAF et la PMI en leur précisant le motif du retrait.

L'indemnité de rupture

En cas de rupture du contrat de travail, par retrait de l'enfant, la nouvelle convention collective prévoit une indemnité de rupture pour l'assistante maternelle dès lors qu'elle justifie d'une année d'ancienneté.

Cette indemnité est égale à $1/120^e$ du total des salaires nets perçus pendant la durée du contrat. Elle n'a pas caractère de salaire et elle est exonérée de cotisations et d'impôt sur le revenu.

Les suites de la rupture

La procédure de licenciement est achevée, mais il peut arriver que la nounou remette en cause le bien-fondé de son licenciement ou du retrait de l'enfant, ou encore demande des sommes supérieures à ce qu'elle a obtenu.

Elle menace alors les parents de saisir le conseil des prud'hommes ou d'aller voir l'inspecteur du travail pour obtenir gain de cause.

Dans ce cas, les parents ont deux options :

– Accepter la demande de leur ex-salariée, il est alors fortement recommandé de signer **une transaction** afin d'éteindre tout litige présent ou à venir ;

– Maintenir leur position, et prendre le risque d'un éventuel **contentieux** devant le conseil des prud'hommes, s'il s'agit d'une nounou à domicile ; devant le tribunal d'instance s'il s'agit d'une assistante maternelle.

La transaction

La transaction (cf. annexe n° 26) est un contrat par lequel les parties terminent une contestation née, ou préviennent une contestation à venir. La transaction a entre les parties l'autorité de la chose jugée en dernier ressort.

Vivre toutes les étapes d'un contentieux n'est jamais facile et peut être éprouvant sur le plan psychologique. Aussi est-il parfois préférable de signer une transaction.

Dans quels cas faut-il se poser la question ?

– Si le motif de licenciement évoqué n'est pas suffisamment étayé d'arguments et de preuves concrètes (les parents ont perdu confiance en elle, mais ils n'ont pas de faits très précis et objectifs à invoquer) ;

– Et que, parallèlement, la demande de la nounou n'est pas exorbitante ou disproportionnée (1 ou 2 mois de salaires en plus).

Si en effet, elle a plus de 2 ans d'ancienneté, elle obtiendra un minimum de 6 mois de salaire devant les prud'hommes si ces derniers considèrent que le licenciement est non fondé sur une cause réelle et sérieuse.

QUELLES SONT LES CONDITIONS DE VALIDITÉ DE LA TRANSACTION ?

• Celle-ci ne peut être conclue qu'après la fin du contrat, c'est-à-dire après réception effective par le salarié de la lettre de licenciement par lettre recommandée avec accusé de réception ;

• Pour être valable, une transaction doit être le résultat de **concessions réciproques** et exprimer l'intention des parties de mettre fin à la situation litigieuse.

À titre d'exemple, la nounou renonce à exercer une action en justice, et donc à demander 6 mois de salaire pour licenciement non fondé : en contrepartie, l'employeur accepte de verser 3 mois de salaire en plus de l'indemnité de licenciement.

QUELS SONT LES EFFETS D'UNE TRANSACTION VALIDE ?

• La transaction a autorité de la chose jugée, ce qui signifie que les deux parties, parents et nounou, n'ont en principe aucun cas de recours concernant les points réglés expressément par cet accord si la transaction a été exécutée intégralement (mais si l'indemnité de préavis a été oubliée, la nounou pourra agir sur ce terrain) ;

• La transaction ne pourra être attaquée ni pour erreur de droit (la nounou ignorait un avenant récent à la convention collective), ni pour lésion (les sommes **versées** sont faibles **par rapp**ort à ce qu'elle aurait pu obtenir) ;

• Les sommes versées à l'occasion de la transaction ont la nature de dommages-intérêts : à ce titre, elle bénéficient d'un régime social et fiscal très avantageux qui peut entrer en ligne de compte dans la négociation.

Le contentieux devant le conseil des prud'hommes

Finalement, il s'est avéré impossible de se mettre d'accord avec la nounou, et elle met ses menaces à exécution en vous assignant devant le conseil des prud'hommes, section « Activités diverses ». Le conseil est constitué paritairement de juges non professionnels (les conseillers représentants de salariés sont généralement des syndicalistes, et les conseillers représentants d'employeur, des chefs d'entreprise à la retraite ou des responsables de ressources humaines).

Cette procédure est gratuite pour la nounou, qui n'est pas non plus obligée de faire appel à un avocat. Par simple déclaration au secrétariat-greffe, la demande met en route la machine judiciaire : convocation des deux parties, qui doivent comparaître en personne devant le bureau de conciliation. En cas de conciliation, ce qui est assez rare (10 % des cas), la procédure est terminée.

Sinon, l'affaire est renvoyée devant le bureau de jugement qui tranchera, dans un délai de **11 mois** entre le dépôt de l'assignation et le prononcé du jugement (en fait, selon l'encombrement du conseil, entre **5 et 30 mois**...).

Les parties ont la possibilité de faire appel de la décision devant la cour d'appel, si la contestation dépasse 3 850 €.

Quelques conseils :

– **Il vaut mieux transiger** de façon raisonnable que de vouloir « aller jusqu'au bout » : affronter la durée et les aléas de la procédure, sans parler de son coût (même si vous n'avez pas besoin d'avocat) ;

– D'autant plus qu'en cas de licenciement, « le doute profite au salarié », c'est-à-dire que, si les prud'hommes ont un doute sur la cause réelle et sérieuse, c'est l'employeur qui est condamné.

Le contentieux devant le tribunal d'instance

En cas de litige dans la relation de travail avec l'assistante maternelle ne pouvant être réglé à l'amiable, la juridiction compétente est le tribunal d'instance.

Avant de saisir la justice, là encore, parents et assistante maternelle auront intérêt à demander un conseil extérieur leur permettant de trouver une solution consensuelle, notamment :

– en consultant les associations et syndicats professionnels d'assistantes maternelles,
– en s'appuyant sur le relais assistantes maternelles, s'il existe une telle structure à proximité, faisant office de lien d'information, d'expression et d'arrangement en cas de conflits,
– en s'informant auprès du service départemental de protection maternelle et infantile (PMI), bien qu'il n'ait aucun pouvoir de décision ou de contrainte dans l'application des contrats de travail.

Comment gérer un changement de nounou ?

Dans de nombreuses situations et parfois contre leur gré, les parents sont contraints d'envisager une séparation avec la nounou : elle doit partir car elle se marie ou déménage, ou ce sont les parents qui s'installent ailleurs, ou bien encore l'enfant entre à l'école et les parents n'ont plus besoin d'une nounou à temps complet.

Pour le petit enfant qui avait une relation affective riche avec celle qui s'occupait de lui au quotidien, c'est une rupture qui peut être déstabilisante. Si l'enfant était très habitué à elle, il doit renoncer à une relation d'attachement, et il est alors nécessaire de l'accompagner dans ce moment délicat où il se trouve confronté à l'un des premiers renoncements qui vont jalonner sa vie.

Si cette séparation a lieu au moment où l'enfant entre à l'école – de préférence à partir de 3 ans, car avant, l'enfant est en grande « immaturité sociale » –, il vivra certainement mieux cette rupture car il va vivre une nouvelle expérience, différente et gratifiante pour lui. En outre, compte tenu de son âge, il est plus à même de comprendre et d'intégrer les raisons pour lesquelles ils doivent se séparer. Si l'enfant est plus jeune, ses repères se trouvent bouleversés, surtout en l'absence d'explications qui s'apparentent à une forme de violence. Aussi est-il toujours indispensable, même avec un bébé, d'insister sur le fait que si la nounou le quitte, ses parents, eux, ne le quitteront jamais.

Là encore, nounou et parents pourront coopérer, et chacun à leur tour dire à l'enfant ce qui le concerne en propre : « Je dois te quitter car je me marie, ou je déménage, mais tu sais, j'ai été très heureuse de m'occuper de toi, et, même si je m'en vais, je penserai à toi » et éventuellement, en fonction de la situation nouvelle : « C'est Noémie qui va maintenant te garder, je la connais, elle sera aussi très gentille avec toi », ou encore, et **seulement si c'est vrai** : « Je viendrai te voir de temps en temps, un mercredi, je t'emmènerai au parc comme avant. »

Aux parents de tenir le même discours, et de rassurer ainsi l'enfant. En effet, le petit enfant, qui ne comprend pas les raisons du départ de celle qu'il côtoie tous les jours, peut se sentir coupable de la rupture : « Elle part à cause de moi, que lui ai-je fait de mal ? Est-ce que j'ai été méchant ? » Il peut même se rendre malade et présenter des symptômes corporels : des douleurs abdominales ou des troubles du sommeil et de l'alimentation. Pour un très jeune enfant, c'est la seule façon d'exprimer sa peine ou son malaise.

La souffrance du bébé sera encore plus difficilement surmontable si la nounou a été un substitut très important à une maman trop défaillante : en effet, l'enfant risque de vivre le départ de la nounou comme une perte que sa mère ne serait pas en mesure de compenser.

Comment faire la transition avec la nouvelle nounou ?

Quand le départ de la nounou se passe dans de bonnes conditions, et si les parents ont aussitôt trouvé une nouvelle personne pour la remplacer, cette situation presque « idéale » permet d'aménager la transition entre elles deux. La nouvelle sera en quelque sorte « intronisée » par l'ancienne qui lui passera le relais, et l'enfant s'en trouvera sécurisé. À l'inverse, il pourrait imaginer que l'une a chassé l'autre, et manifester d'emblée à son égard une attitude de rejet passagère.

Cette transition n'est bien sûr possible que dans le cas d'une nounou à domicile avec laquelle la relation a été bonne jusqu'au bout, mais semble plus difficilement envisageable avec une assistante maternelle.

Il reste néanmoins possible d'aménager la transition en utilisant une photo de l'ancienne nounou. Cette photo présentée par les parents et l'enfant à la nouvelle constituera un lien symbolique, et permettra de contribuer à un renoncement progressif du passé. Dans la mesure où l'image de l'ancienne nounou peut cohabiter le temps nécessaire avec la présence de la nouvelle, le changement ne se fait pas de façon trop brutale.

DÉPART SUBIT, EN MAUVAIS TERMES… QUE FAIRE ?

Tout d'abord, cela peut être un soulagement pour l'enfant s'il n'était pas bien avec elle, ou si la relation à la famille était conflictuelle. Dans tous les cas, il vaut mieux dire à l'enfant, même bébé, qu'il n'est pas responsable du départ de la nounou, et lui expliquer pourquoi : « Elle est partie parce que je n'avais plus confiance en elle, ou elle ne s'occupait pas de toi comme je le voulais : je ne te confie qu'à une personne en qui j'ai vraiment confiance, et qui fait comme papa et moi… mais ce n'est pas de ta faute, c'est nous qui l'avons décidé pour ton bien. »

UNE DÉSADAPTATION PROGRESSIVE…

En réalité, cette étape, qui est inéluctable dans la vie d'un petit enfant, a de grandes chances de bien se passer si la séparation a été aménagée de façon progressive par les parents. Quand la situation le permet, il n'est pas non plus impensable de garder une relation avec elle, et de la revoir de temps à autre. Tout comme il n'est pas impensable de faire rencontrer les enfants avec lesquels il avait tissé des liens chez la même assistante maternelle, ou dans le cadre d'une garde partagée.

TÉMOIGNAGE D'ISABELLE, MÈRE DE 3 ENFANTS : MARGAUX, ROMANE ET ALIX

Quand nous avons déménagé, Marie-José était la nounou de Margaux depuis 4 ans, et malheureusement elle n'a pas pu nous suivre.

Pour ma fille, cela a été un véritablement déchirement, elle a été très affectée par cette séparation, a beaucoup pleuré et réclamait très souvent Marie-José. Nous avons voulu faire les choses en douceur et, après les grandes vacances, nous sommes allées la voir.

Nous avons alors pleuré toutes les trois ensemble : j'étais triste de voir ma fille souffrir, et puis moi aussi, dans la mesure où je m'étais attachée à elle.

Pendant un an, nous lui avons rendu visite régulièrement, et, avec le temps, les choses se sont atténuées, et ma fille a pu surmonter la séparation.

Conclusion

Toutes les mamans de la nouvelle génération qui souhaitent concilier vie familiale et vie professionnelle sont concernées par le problème de garde de leur enfant.

Sans doute, la transmission d'une telle responsabilité peut-elle s'avérer difficile, parfois même douloureuse pour certaines mères, en particulier celles pour lesquelles la naissance de leur bébé a été problématique et qui ne devraient pas hésiter à se faire aider. Mais en général, la majorité des enfants s'adapte et se développe normalement, grâce à l'investissement de celle qui les a en charge durant leur absence.

Au père et à la mère de choisir le mode de garde qui leur convient le mieux, et surtout de prendre le temps nécessaire pour sélectionner la personne la plus en adéquation avec leurs critères éducatifs. Et, même si le parcours de recrutement d'une nounou peut sembler semé d'embûches, Françoise Dolto suggère « de faire confiance aux personnes qui gardent l'enfant, que les lieux soient "mamaïsés" par la parole de la mère », c'est-à-dire cautionnés et bien investis par elle.

Le maximum de garanties étant réunies, il n'en reste pas moins nécessaire que les parents fassent preuve de vigilance, c'est-à-dire qu'ils soient attentifs à la réalité de ce que vit l'enfant en dehors d'eux. Cela suppose, tout du moins au début de la garde, un certain contrôle des informations que leur transmet la nounou à propos de leur enfant.

Une fois les parents rassurés sur ses compétences et la qualité de la relation, le rôle de la nounou mérite d'être valorisé, ce qui contribuera à établir un climat de confiance indispensable à l'équilibre psychoaffectif de l'enfant.

Dès lors, il suffit que parents et nounou coopèrent et unissent leurs efforts pour que l'enfant se sente respecté et vive cette expérience de façon enrichissante.

Annexes

Liste des annexes

Embauche

- **Annexe n°1**
  Déclaration à l'Urssaf d'un salarié à domicile 183
- **Annexe n°2**
  Accord de placement au pair d'un stagiaire aide familial 184
- **Annexe n°3**
  Contrat de travail à durée indéterminée
  pour une garde d'enfant à domicile en garde partagée 188
- **Annexe n°4**
  Contrat de travail à durée indéterminée
  pour une garde d'enfant à domicile 192
- **Annexe n°5**
  Contrat de travail à durée indéterminée
  pour une assistante maternelle agréée 196
- **Annexe n°6**
  Contrat de travail à durée déterminée et à terme imprécis
  pour une garde d'enfant à domicile 203
- **Annexe n°7**
  Contrat de travail à durée déterminée et à terme précis
  pour une garde d'enfant à domicile 208

Vie du contrat de travail

- **Annexe n°8**
  Proposition de modification du contrat de travail
  d'une garde d'enfant à domicile 212

- **Annexe n°9**
  Avenant au contrat de travail
  d'une garde d'enfant à domicile 214
- **Annexe n°10**
  Bulletin de salaire pour une assistante maternelle 216
- **Annexe n°11**
  Classification et salaires minima conventionnels
  pour une garde d'enfant à domicile 217
- **Annexe n°12**
  Barème des indemnités kilométriques 220
- **Annexe n°13**
  Le chèque emploi-service 221
- **Annexe n°14**
  Formations professionnelles proposées par l'Agefos-PME 224

Rupture du contrat de travail

- **Annexe n°15**
  Lettre de démission d'une garde d'enfant à domicile 229
- **Annexe n°16**
  Accusé de réception d'une lettre de démission 230
- **Annexe n°17**
  Lettre de rupture du contrat de travail
  pendant la période d'essai 232
- **Annexe n°18**
  Lettre de rupture du contrat de travail
  d'une assistante maternelle 233
- **Annexe n°19**
  Lettre de convocation à un entretien préalable à un licenciement
  pour motif personnel d'une garde d'enfant à domicile 234
- **Annexe n°20**
  Lettre de convocation à un entretien préalable à un licenciement pour faute grave d'une garde d'enfant à domicile 235

Annexes

- **Annexe n°21**
  Lettre de notification de licenciement pour motif économique d'une garde d'enfant à domicile 236
- **Annexe n°22**
  Lettre de notification de licenciement pour motif personnel d'une garde d'enfant à domicile 238
- **Annexe n°23**
  Lettre de notification de licenciement pour faute grave d'une garde d'enfant à domicile 240
- **Annexe n°24**
  Certificat de travail pour une assistante maternelle 242
- **Annexe n°25**
  Certificat de travail pour une garde d'enfant à domicile 243
- **Annexe n°26**
  Transaction 244

Autres

- **Annexe n°27**
  Les gestes qui sauvent et les numéros utiles 247
- **Annexe n°28**
  Les DDTEFP en France 257
- **Annexe n°29**
  Adresses utiles 261
- **Annexe n°30**
  Extraits de la convention collective nationale des salariés du particulier employeur 263
- **Annexe n°31**
  Extraits de la convention collective nationale des assistants maternels 284

Annexe n°1
Déclaration à l'Urssaf d'un salarié à domicile

M. et Mme Dupont
4, avenue Gambetta
44000 NANTES

Urssaf de la Loire atlantique

Nantes, le 12 juillet 2004

Madame, Monsieur,

Afin d'assurer la garde de *[prénom(s) de l'/des enfant(s)]*, né(e) *[date de naissance]*, j'ai l'intention d'embaucher une employée à domicile *[ou, si elle est déjà recrutée, précisez : Mme/Mlle Sophie Durand dont, les coordonnées sont les suivantes : date et lieu de naissance, nationalité, adresse, numéro de sécurité sociale]*, à compter du 1er septembre 2004.

Je vous remercie par avance de bien vouloir m'adresser un **numéro d'employeur**, ainsi que **les bulletins de salaire préétablis.**

Veuillez croire, Madame, Monsieur, à l'expression de nos salutations distinguées.

Signature

Annexe n°2
Accord de placement au pair d'un stagiaire aide familial

[modèle établi par les services du Ministère du Travail et figurant en annexe de la circulaire du 22 novembre 1976]

Le présent accord, pour un placement au pair est conclu entre l'hôte ci-après désigné :
M. ou Mme .... domicilié(e) à ....
....
Rue ....

Et la personne au pair ci-après désignée :
Nom, prénoms ....
né(e) le .... (1) à ....
De nationalité ....
Domicilié(e) à (2) ....
Et *[si la personne au pair est mineure]* son représentant légal
....

I. CONDITIONS GÉNÉRALES

La personne au pair sera reçue dans la famille de l'hôte pour une durée de .... mois (3), dans les conditions précisées ci-après. Durant la période envisagée, il sera laissée à la personne au pair la possibilité de perfectionner ses connaissances, notamment linguistiques en langue française, et d'accroître sa culture générale.
Le présent accord prend effet le .... (4).

II. OBLIGATIONS DE L'HÔTE

1. L'hôte s'engage à accueillir la personne au pair dans sa famille et à la faire participer à la vie familiale courante ; à cet égard, il fait les déclarations suivantes dont la personne au pair prend acte :

- sa famille se compose de .... personnes
- dont .... adultes
- dont .... garçons âgés de ....
- dont .... filles âgées de ....
- Sa famille habite dans une maison individuelle, un appartement *[rayer la mention inutile]* qui comporte ...... pièces, y compris salle(s) de bain, situé(s) à .... d'un centre commercial *[distance]*, ... d'un établissement d'enseignement où il existe des cours appropriés de français.
- Profession de l'hôte ....
- Profession du conjoint de l'hôte ....
- Il emploie à son domicile le personnel de maison suivant........
- La langue normalement employée dans la famille est le français.

2. L'hôte procurera à la personne au pair la nourriture et le logement : il mettra à sa disposition une chambre convenable individuelle/une chambre qu'elle partagera avec.................
[rayer la mention inutile].

3. En outre, l'hôte versera à la personne au pair chaque semaine la somme de .... € à titre d'argent de poche.

4. L'emploi du temps sera aménagé de façon à permettre à la personne au pair de suivre des cours et de parfaire sa culture et ses connaissances linguistiques.

5. La personne au pair bénéficiera de ......jour(s) de repos par semaine [5] et de toutes facilités pour l'exercice de son culte.

6. L'hôte s'engage à affilier la personne au pair au régime de Sécurité sociale qui garantira les prestations de maladie, maternité et accidents du travail.
Les primes s'élèvent à .... € par mois.
Elles seront intégralement prises en charge par l'hôte.

7. En cas de maladie de la personne au pair, l'hôte continuera à lui laisser le logement et la nourriture et lui garantira tous les soins appropriés jusqu'à ce que les arrangements nécessaires aient pu être pris.

III. LES OBLIGATIONS DE LA PERSONNE AU PAIR

1. La personne au pair s'engage à participer aux tâches familiales courantes en fournissant les prestations suivantes [6] : .... heures par jours [7].

2. La personne au pair s'engage à remplir les formalités nécessaires pour que l'hôte puisse s'acquitter de l'obligation définie au paragraphe II.6 du présent accord.

3. La personne au pair s'engage à produire sans délai le certificat médical visé à l'article 5 de l'accord européen sur le placement au pair [8].

IV. DISPOSITIONS DIVERSES

1. En cas de faute lourde de l'une des parties, l'autre partie pourra immédiatement mettre fin au présent accord. Chacune des parties pourra également y mettre fin immédiatement lorsque des circonstances graves l'exigent.

2. Les parties sont aussi convenues de ce qui suit.
Le présent accord est établi en trois exemplaires dont :
– un sera conservé par l'hôte,
– un sera conservé par la personne au pair,
– un sera déposé auprès de la direction départementale du travail.

[Si la personne au pair est mineure, un quatrième exemplaire sera remis à son représentant légal.]

Fait à .... le ....

Signature de la personne au pair   Signature de l'hôte
[si elle est mineure, signature de son représentant légal]

Visa de la direction départementale du travail

(1). La personne au pair ne sera pas âgé(e) de moins de 17 ans, ni de plus de 30 ans.
Toutefois, à titre exceptionnel et sur demande justifiée, des dérogations peuvent être accordées en ce qui concerne la limite d'âge supérieure.

(2). Si le dernier lieu de résidence diffère du lieu de domicile permanent, indiquer les deux adresses.

(3). La durée initiale ne dépassera pas une année, elle pourra cependant être prolongée de manière à permettre un séjour de dix-huit mois au maximum.

(4). Le présent accord devrait être conclu de préférence avant que la personne au pair n'ait quitté le pays où elle résidait et au plus tard la première semaine de l'accueil.

(5). La personne au pair doit disposer au minimum d'une journée complète de repos par semaine, dont au moins un dimanche par mois.

(6). Énumérer de façon précise les occupations pour lesquelles seront utilisés les services de la personne au pair.

(7). Le temps *effectivement* consacré à ces prestations n'excède pas, en principe, une durée de 5 heures par jour.

(8). Le *certificat médical* dont la personne au pair doit être munie doit avoir été établi moins de trois mois avant le *placement* et doit indiquer son état de santé général.

Annexe n°3
Contrat de travail à durée indéterminée pour une garde d'enfant à domicile en garde partagée

ENTRE LES SOUSSIGNÉS

M. ou Mme .... demeurant ....
....
N° immatriculation Urssaf ....

L'employeur,

Et
Mme/Mlle .... née le ....
à .... demeurant à ....
....
N° de Sécurité sociale ....
[Si l'employée n'est pas de nationalité française : autorisation de travail n°............, délivrée par la DDTE le........., valable jusqu'au........]

La salariée,

Il est conclu un contrat de travail à durée indéterminée, régi par les dispositions de la convention collective nationale des salariés du particulier employeur.

ARTICLE 1 - ENGAGEMENT

Mme/Mlle .... est engagée à compter du ...., en qualité de garde d'enfant à domicile. Cet emploi, classé au niveau 2, est défini à l'article 3-b-1 de la convention collective applicable.

Le présent contrat se situe dans le cadre d'une garde partagée entre l'employeur M. ou Mme ...., et M. ou Mme..............................., coemployeur, afin d'assurer la garde de .... enfants *[nombre total]*.

En ce qui concerne l'employeur soussigné, il s'agit de la garde de .... *[prénom(s) de l'/des enfant(s)]*.

Mme/Mlle .... est embauchée pour assurer la garde simultanée des enfants des deux familles, alternativement au domicile de l'une et de l'autre. Les activités liées aux enfants sont prioritaires, pour faire vivre ensemble et en harmonie les enfants des deux familles.

ARTICLE 2 - PÉRIODE D'ESSAI

Le présent contrat ne sera définitif qu'à l'issue d'une période d'essai de 1 mois, soit le.................. . Pendant la période d'essai, les parties ont la faculté de mettre fin au contrat de travail sans préavis ni indemnité.

ARTICLE 3 - FONCTIONS

En sa qualité de garde d'enfants, Mme/Mlle .... est chargée de surveiller, préparer les repas, changer et laver, promener, faire jouer et faire dormir *[prénom(s) de l'/des enfant(s)]*, en tenant compte des directives précises données par les parents et du matériel mis à disposition.

Par ailleurs, Mme/Mlle .... assurera le ménage de la chambre des enfants ainsi que le lavage et le repassage de leur linge, cette activité représentant deux heures par jour, pour la semaine ou les jours où elle assurera la garde à notre domicile.

ARTICLE 4 - LIEU DE TRAVAIL

La garde des enfants s'effectue en alternance 1 semaine, ou .... jours, au domicile de M. et Mme ...., et 1 semaine, ou .... jours au domicile du coemployeur.

ARTICLE 5 - DURÉE DE TRAVAIL

L'horaire hebdomadaire de Mme/Mlle .... est de 40 heures, réparti de la façon suivante :
Du lundi au vendredi de .... à ....
Le mercredi de .... à ....
Si, à la demande des coemployeurs, Mme/Mlle .... est contrainte de dépasser cette durée de travail hebdomadaire ; les heures supplémentaires seront payées ou donneront lieu à un repos compensateur, au choix de l'employeur.
[Dans le cadre de la garde partagée, il ne peut y avoir d'heures de présence responsable.]

ARTICLE 6 - RÉMUNÉRATION

La rémunération brute mensuelle de Mme/Mlle.........................
a été fixée à la somme de .... €. Ce montant correspond à la quote-part de M. ou Mme .... dans un salaire global de .... €.
Les cotisations salariales seront calculées sur la base forfaitaire du SMIC ou sur la base du salaire réel. *[rayer la mention inutile]*

ARTICLE 7 - CONGÉS PAYÉS

Mme/Mlle .... bénéficiera de 5 semaines de congés payés. Celles-ci seront prises de la façon suivante :
– 4 semaines l'été, prises entre le mois de juillet et le mois d'août
– 1 semaine l'hiver, à déterminer par les deux familles.
Les dates seront fixées en accord avec les coemployeurs. Elles seront communiquées à Mme/Mlle .... au plus tard 2 mois à l'avance.

ARTICLE 8 - RETRAITE ET PRÉVOYANCE

L'institution compétente en matière de retraite et de prévoyance est l'Ircem, 261, avenue des Nations-Unies, 59060 Roubaix.

CLAUSES PARTICULIÈRES

Mme/Mlle .... s'engage à prévenir M. ou Mme............................ en cas d'incident même bénin avec *[prénom(s) de l'/des enfant(s)]*.
En l'absence des parents, Mme/Mlle .... prendra contact avec le pédiatre le Dr..............................., dont l'adresse et le numéro de téléphone sont fixés sur le réfrigérateur/le meuble ....
Mme/Mlle .... s'engage à ne pas fumer pendant ses heures de travail, à ne recevoir aucun tiers au domicile de M. et Mme........., *[etc.]*.

Fait à .... le...........................

Date et signature des deux parties

Annexe n°4
Contrat de travail à durée indéterminée pour une garde d'enfant à domicile

ENTRE LES SOUSSIGNÉS

M. ou Mme .... demeurant ....
....
N° immatriculation Urssaf ....

L'employeur,

Et

Mme/Mlle .... née le ....
à .... demeurant à ....
....
N° de Sécurité sociale ....
[Si l'employée n'est pas de nationalité française : autorisation de travail n°..............., délivrée par la DDTE le ...., valable jusqu'au ....]

La salariée,

Il est conclu un contrat de travail à durée indéterminée, régi par les dispositions de la convention collective nationale des salariés du particulier employeur.

ARTICLE 1 - ENGAGEMENT

Mme/Mlle .... est engagée à compter du............, en qualité de garde d'enfant à domicile. Cet emploi, classé au niveau 2, est défini à l'article 3-b-1 de la convention collective applicable.
Mme/Mlle .... est embauchée pour assurer la garde de .... *[prénom(s) de l'/des enfant(s)]*.

ARTICLE 2 - PÉRIODE D'ESSAI

Le présent contrat ne sera définitif qu'à l'issue d'une période d'essai de 1 mois, soit le......................... . Pendant la période d'essai, les parties ont la faculté de mettre fin au contrat de travail sans préavis ni indemnité.

ARTICLE 3 - FONCTIONS

En sa qualité de garde d'enfants, Mme/Mlle ....
est chargée de surveiller, préparer les repas, changer et laver, promener, faire jouer et faire dormir *[prénom(s) de l'/des enfant(s)]*, en tenant compte des directives précises données par les parents et du matériel mis à disposition.
Mme/Mlle .... accompagnera ....
[prénom(s) de l'/des enfant(s)] à ses/leurs activités sportives ou musicales :
– le mercredi : à son (leurs) cours de danse, de piano ....
Par ailleurs, Mme/Mlle .... assurera le ménage de la chambre *[prénom(s) de l'/des enfant(s)]*, ainsi que le lavage et le repassage de leur linge, cette activité représentant 2 heures par jour.
[Préciser si elle effectue le ménage de la maison : Mme/Mlle .... réalisera le ménage général de la maison, et effectuera le repassage, à raison de 4 heures par jour.]

ARTICLE 4 - LIEU DE TRAVAIL

La garde des enfants s'effectue au domicile de l'employeur.

ARTICLE 5 - DURÉE DU TRAVAIL

L'horaire hebdomadaire de Mme/Mlle .... est de 40 heures, réparti de la façon suivante :
– du lundi au vendredi de .... à ....
– le mercredi de .... à ....
Cet horaire comprend :
– .... heures de travail effectif,
– .... heures de présence responsable correspondant à .... heures de travail effectif (1 heure de présence responsable équivaut à 2/3 de travail effectif).
M. ou Mme .... pourra demander à Mme/Mlle .... de dépasser cette durée de travail hebdomadaire ; les heures supplémentaires seront payées ou donneront lieu à un repos compensateur, au choix de l'employeur.
Les jours habituels de repos hebdomadaire seront le samedi et le dimanche.

ARTICLE 6 - RÉMUNÉRATION

La rémunération brute mensuelle de Mme/Mlle .... a été fixée à la somme de .... €.
Les cotisations salariales seront calculées sur la base forfaitaire du SMIC ou sur la base du salaire réel.
À cette rémunération s'ajoutera une prime de transport égale à :
– région parisienne : 50 % de la carte orange
– province : .... €
Cette prime n'est pas soumise à cotisations.

ARTICLE 7 - LOGEMENT/AVANTAGES EN NATURE

M. ou Mme .... fournissent à Mme/Mlle .... un logement situé ....
Cet avantage en nature fera l'objet d'une déduction de 60 € net par mois sur le salaire.
En cas de rupture du contrat de travail pour quelle que raison que soit, Mme/Mlle .... s'engage à restituer le logement à l'issue du contrat de travail.

ARTICLE 8 - CONGÉS PAYÉS

Mme/Mlle .... bénéficiera de 5 semaines de congés payés. Celles-ci seront prises de la façon suivante :
– 4 semaines l'été, entre juillet et août
– 1 semaine l'hiver, à déterminer.
Les dates seront fixées en accord avec l'employeur, et seront communiquées à Mme/Mlle .... au plus tard 2 mois à l'avance.

ARTICLE 9 - VACANCES

[Éventuellement : pendant les vacances, Mme/Mlle .... pourra être amenée à accompagner la famille sur son lieu de vacances. Cette période donnera lieu à une rémunération supplémentaire fixée d'un commun accord, ou, à ce titre, elle percevra une prime exceptionnelle de..................]

ARTICLE 10 - RETRAITE ET PRÉVOYANCE

L'institution compétente en matière de retraite et de prévoyance est l'Ircem, 261, avenue des Nations-Unies, 59060 Roubaix.

CLAUSES PARTICULIÈRES

Mme/Mlle..................... s'engage à prévenir M. ou Mme.................. en cas d'incident, même bénin, avec l'/les enfant(s).
En l'absence des parents, Mme/Mlle ....prendra contact avec le pédiatre, le Dr................................., dont l'adresse et le numéro de téléphone sont fixés sur le réfrigérateur/le meuble............................... .
Mme/Mlle................................. s'engage à ne pas fumer pendant ses heures de travail, à ne recevoir aucun tiers au domicile de M. et Mme................................, *[etc.]*

Fait à .... le..........................

Date et signature des deux parties.

Annexe n°5
Contrat de travail à durée indéterminée pour une assistante maternelle agréée

ENTRE LES SOUSSIGNÉS

L'assistante maternelle agréée :

Nom .... Prénom ....
Adresse ....
Téléphone domicile .... Portable ....
N° de Sécurité sociale ....

Date d'agrément ....
Date de renouvellement de l'agrément ....
Nombre d'enfants accueillis ....
Dérogation éventuelle au nombre ci-dessus .... durée..........

Et les parents :

Nom .... Prénoms ....
Adresse ....
N° Urssaf ou Pajemploi ....
Téléphone domicile ....
Téléphone professionnel du père ....
Portable ....
Téléphone professionnel de la mère ....
Portable ....
Personne à prévenir en cas d'urgence ....

Il est conclu un contrat de travail à durée indéterminée à compter du ....

Pour l'accueil de l'enfant :

Nom .... Prénoms ....
Né(e) le .... à ....

Référence de l'assurance responsabilité civile <u>obligatoire</u> de l'assistante maternelle (joindre une copie)

Société d'assurance ....
Adresse ....
N° de sociétaire ....

L'assistante maternelle s'engage à prévenir son employeur de toute modification concernant son contrat d'assurance responsabilité civile professionnelle.

[Éventuellement : les parents autorisent par écrit l'assistante maternelle à circuler avec l'enfant dans son véhicule personnel, équipé des dispositifs de sécurité en vigueur. Dans ce cas, l'assistante maternelle doit faire préciser par écrit dans son contrat d'assurance voiture la mention « transport d'enfants à titre professionnel ».]

Modalités du contrat de travail

1. Période d'essai
Durée ....
Modalités de la période d'adaptation : ....

2. Horaires
L'assistante maternelle s'engage à accueillir l'enfant selon les modalités suivantes :
– du lundi au vendredi de .... à ....
– accords particuliers...............
L'assistante maternelle sera informée le plus rapidement possible de toute absence imprévue de l'enfant, de tout changement d'horaires et modifications de coordonnées personnelles et professionnelles des parents.
De même, l'assistante maternelle doit prévenir la famille en cas d'impossibilité d'accueil pour raison de force majeure.

3. Rémunération

Salaire
Montant du salaire de base par jour de présence (loi du 12 juillet 1992, Code du travail, art. L.777-3) : .... €,
soit en net : .... €

- Pour un accueil d'une durée de 8 à 10 heures par jour, il ne peut être inférieur à 2,25 heures de SMIC par jour

2,25 x SMIC horaire brut = ... (1).

- Pour un accueil d'une durée inférieure à 8 heures par jour, la rémunération minimale **horaire** est égale à 1/8e du salaire déterminé ci-dessus pour 8 à 10 heures d'accueil

.... heures x $\dfrac{\boxed{..............}^{(1)}}{8}$ = ...

- Pour un accueil d'une durée supérieure à 10 heures par jour (loi du 12 juillet 1992, Code du travail, art. L.777-3), une rémunération supplémentaire est due. Chaque heure supplémentaire sera payée 1/8e du salaire déterminé ci-dessus pour 8 à 10 heures d'accueil :

1 heure supplémentaire = $\dfrac{\boxed{..............}^{(1)}}{8}$

Le salaire mensuel est donc de .... € bruts, soit : .... € nets

Indemnité compensatrice pour absence de l'enfant
(Code du travail, art. L773-5 et D 773-1-3)
Pour chaque journée d'absence de l'enfant qui aurait normalement dû être confié, l'assistante maternelle a droit à une indemnité compensatrice d'absence. Celle-ci ne peut être inférieure à 6,75 € nets, sauf :
– si l'absence est imputable à l'assistante maternelle ou à un problème familial de celle-ci,
– si l'absence est consécutive à une maladie de l'enfant sur présentation d'un certificat médical ou à une circonstance contraignante pour l'employeur, **disposition qui va être modifiée par la nouvelle convention collective** (cf. annexe n° 31).

[Ce montant minimum peut être majoré après accord des deux parties.]

Le montant de l'indemnité d'absence est fixé à ....
Accords particuliers..

Indemnités d'entretien et de nourriture
(Code du travail, art L 773-4)
Elles couvrent les dépenses liées à la présence de l'enfant au domicile de l'assistante maternelle (alimentation, matériel, soins). Cette indemnité n'est due que les jours où l'enfant est présent.

Montant journalier : ....€ *(au minimum 2,65 € nets)*

Seront fournis par l'assistante maternelle :
Alimentation : ....
Lit
Jouets
Poussette
Landau
Siège auto
Autres ....

Seront fournis par les parents :
Lait de régime ....
Couches ....
Produits de toilette ....
Thermomètre
Jouet préféré, doudou ....
Médicaments usuels avec ordonnance ....
Autres ....

[Cette indemnité se module lorsque les parents fournissent le matériel et les produits alimentaires (lait, biberons, jus de fruits, etc.)]

L'entretien du linge sali dans la journée sera assuré par :
☐ l'assistante maternelle   ☐ les parents

4. Paiement des congés

Jours fériés
Jours fériés travaillés ....
....

Congés payés
(Code du travail, art 773-2 et 6, cf. annexe n° 31, convention collective)
L'assistante maternelle a droit à 5 semaines de congés payés par an (30 jours ouvrables).
La rémunération de ces congés est égale à la somme de :
– 1/10e du salaire brut comprenant le salaire de base, les heures supplémentaires, les indemnités d'absences ;
– 1/10e de l'indemnité de congés payés de l'année précédente.

L'indemnité de congés payés est soumise aux cotisations sociales.
Le règlement se fait :

☐ Mensuellement ☐ Lors de la prise de congés

Chaque année, les dates des congés annuels sont fixées d'un commun accord entre les parents et l'assistante maternelle. À défaut, la décision revient aux parents employeurs (Code du travail art. L 223-7).

Parents   Du .... au ....
                       Du .... au ....
                       Du .... au ....

Assistante maternelle Du .... au ....
                           Du .... au ....
                           Du .... au ....

Accords particuliers.................

5. Récapitulatif

Le salaire brut, soumis aux cotisations sociales, est constitué de :
– salaire journalier de base brut (temps complet ou partiel),
– indemnité d'absence si nécessaire,
– heures supplémentaires éventuelles,
– congés payés (si règlement mensuel).

Les indemnités d'entretien et de nourriture, non soumises aux cotisations sociales :
Nombre de jours de présence de l'enfant x .... €

Modalités de versement :

Le salaire sera mensualisé et lissé sur l'année.

Accord particulier............................

6. Absence de l'assistante maternelle pour la formation

En cas d'absence de l'assistante maternelle pour suivre une formation (60 heures), l'enfant sera gardé par :
– l'assistante maternelle de la PMI,
– ....
Pendant toute la durée de la formation, et si celle-ci coïncide avec les jours où l'enfant lui est habituellement confié, la rémunération sera intégralement versée.

7. Résiliation du contrat

Elle peut se produire à l'initiative de l'employeur ou de l'assistante maternelle, chacun devant notifier sa décision par lettre recommandée avec AR :
• pendant la période d'essai : elle ne donne lieu à aucun délai de préavis ;
• hors période d'essai, en cas de rupture à l'initiative de l'employeur pour motif autre que la faute grave ou lourde, ou à l'initiative de la salariée, un préavis est à effectuer. Sa durée est au minimum de :
– 15 jours calendaires pour une salariée ayant moins de 1 an d'ancienneté avec l'employeur,
– 1 mois calendaire pour une salariée ayant plus de 1 an d'ancienneté avec l'employeur.
En cas de non-respect du préavis, celui qui rompt le contrat devra verser à l'autre partie une indemnité correspondant au salaire normalement versé pendant la durée du préavis.

8. Règles de sécurité

• **L'enfant ne sera jamais laissé seul**
– À titre exceptionnel, et en avertissant la PMI, l'enfant pourra être confié, avec l'accord des parents, à une autre assistante maternelle agréée ;
– Exceptionnellement, en cas d'extrême urgence et en avertissant la PMI, l'assistante maternelle pourra confier l'enfant à :
Nom, prénom, adresse, n° de téléphone ....
....

• **Santé de l'enfant**
L'assistante maternelle doit appliquer le régime alimentaire demandé par les parents selon prescription médicale.
En cas de prescription médicale, les parents communiquent obligatoirement à l'assistante maternelle un double de l'ordonnance. Le carnet de santé est la propriété des parents. Une fiche de renseignements médicaux (ci-jointe) doit obligatoirement être communiquée à l'assistante maternelle, et être remise à jour régulièrement.

En cas d'accident ou de maladie, l'assistante maternelle doit :
– appeler les parents,
– appeler le médecin des parents : Dr........................,
tél. : ....

Si l'enfant est transporté pour des raisons graves de santé, les parents souhaitent que l'établissement choisi soit le suivant :
....

Date et signature des deux parties

L'employeur   L'assistante maternelle

(1)SMIC horaire à réévaluer chaque année.

Annexe n° 6
Contrat de travail à durée déterminée et à terme imprécis pour une garde d'enfant à domicile
[remplacement d'un salarié absent]

ENTRE LES SOUSSIGNÉS

M. ou Mme .... demeurant ....
....
N° immatriculation Urssaf ....

L'employeur,

Et

Mme/Mlle .... née le ....
à .... demeurant à ....
....
N° de Sécurité sociale ....
[Si l'employée n'est pas de nationalité française : autorisation de travail n°.................., délivrée par la DDTE le ...., valable jusqu'au ....]

La salariée,

Il est conclu **un contrat de travail à durée déterminée**, régi par les dispositions de la convention collective nationale des salariés du particulier employeur.

ARTICLE 1 - ENGAGEMENT

Mme/Mlle .... est engagée à compter du............, dans le cadre d'un contrat à durée déterminée, en qualité de garde d'enfant à domicile. Cet emploi, classé au niveau 2, est défini à l'article 3-b-1 de la convention collective applicable.

Mme/Mlle .... est embauchée pour remplacer Mme/Mlle .... absente pour cause *[maladie, maternité...]*, qui est elle-même employée en qualité de garde d'enfant à domicile ....

Le présent contrat est conclu pour la durée de l'absence de Mme/Mlle .... à l'exclusion de tout autre motif, et pour la durée minimale de............ .

Il prendra fin au plus tôt à l'issue de cette durée minimale, et au plus tard à la fin de l'absence de Mme/Mlle............ .

ARTICLE 2 - PÉRIODE D'ESSAI

Le présent contrat ne sera définitif qu'à l'issue d'une période d'essai de .... jours, soit le.................... .
[Cette durée ne peut excéder :
1 jour par semaine de travail, dans la limite de :
– 2 semaines lorsque la durée initialement prévue est inférieure à 6 jours.
– 1 mois dans les autres cas, qui doivent être à priori exceptionnels]

Pendant la période d'essai, les parties ont la faculté de mettre fin au contrat de travail sans préavis ni indemnité.

ARTICLE 3 - FONCTIONS

En sa qualité de garde d'enfants, Mme/Mlle .... est chargée de surveiller, préparer les repas, changer et laver, promener, faire jouer et faire dormir *[prénom(s) de l'/des enfant(s)]*, en tenant compte des directives précises données par les parents et du matériel mis à disposition.

Mme/Mlle .... accompagnera ....
[prénom(s) de l'/des enfant(s)] à ses (leurs) activités sportives ou musicales :
– le mercredi : à son (leurs) cours de danse, de piano, etc.

Par ailleurs, Mme/Mlle .... assurera le ménage de la chambre du ou des enfants, ainsi que le lavage et le repassage de leur linge, cette activité représentant 2 heures par jour.
[Si elle effectue le ménage de la maison : Mme/Mlle .... réalisera le ménage général de la maison, et effectuera le repassage, à raison de 4 heures par jour.]

ARTICLE 4 - LIEU DE TRAVAIL
La garde des enfants s'effectue au domicile de l'employeur.

ARTICLE 5 - DURÉE DU TRAVAIL
L'horaire hebdomadaire de Mme/Mlle .... est de 40 heures, réparti de la façon suivante :
– du lundi au vendredi de .... à ....
– le mercredi de .... à ....

Cet horaire comprend :
– ...... heures de travail effectif,
– .... heures de présence responsable
(1 heure de présence responsable équivaut à 2/3 de travail effectif).

M. ou Mme .... pourra demander à Mme/Mlle .... de dépasser cette durée de travail hebdomadaire ; les heures supplémentaires seront payées ou donneront lieu à un repos compensateur, au choix de l'employeur.
Les jours habituels de repos hebdomadaire seront le samedi et le dimanche.

ARTICLE 6 - RÉMUNÉRATION
La rémunération brute mensuelle de Mme/Mlle .... a été fixée à la somme de .... €.
Les cotisations salariales seront calculées sur la base forfaitaire du SMIC ou sur la base du salaire réel *[Rayer la mention inutile]*.

À cette rémunération s'ajoutera une prime de transport égale à :
– région parisienne : 50 % de la carte orange
– province : .... €
Cette prime n'est pas soumise à cotisations.

ARTICLE 7 - CONGÉS PAYÉS

À l'issue du contrat de travail, Mme/Mlle .... percevra une indemnité compensatrice de congés payés égale à 10 % de la totalité des sommes perçues depuis le début du contrat de travail.
Si, pendant la période du contrat, Mme/Mlle .... était amenée à prendre des jours de congés payés, ceux-ci viendraient en déduction de l'indemnité compensatrice de congés payés.

ARTICLE 8 - PRÉCARITÉ

À l'issue du contrat de travail si celui-ci est exécuté jusqu'à son échéance, Mme/Mlle .... percevra une indemnité de précarité, égale à 10 % des sommes perçues depuis le début du contrat de travail.
Cette indemnité ne sera pas due en cas de :
– faute grave,
– force majeure,
– rupture du contrat avant l'échéance à l'initiative de la salariée.

ARTICLE 9 - VACANCES

[Éventuellement : pendant les vacances, Mme/Mlle .... pourra être amenée à accompagner la famille sur son lieu de vacances. Cette période donnera lieu à une rémunération supplémentaire fixée d'un commun accord, ou, à ce titre, elle percevra une prime exceptionnelle de...................]

ARTICLE 10 - RETRAITE ET PRÉVOYANCE

L'institution compétente en matière de retraite et de prévoyance est l'Ircem, 261, avenue des Nations-Unies, 59060 Roubaix.

CLAUSES PARTICULIÈRES

Mme/Mlle...................... s'engage à prévenir M. ou Mme................... en cas d'incident, même bénin, avec l'/les enfant(s).
En l'absence des parents, Mme/Mlle ....prendra contact avec le pédiatre, le Dr................................, dont l'adresse et le numéro de téléphone sont fixés sur le réfrigérateur/le meuble.................................. .
Mme/Mlle.................................. . s'engage à ne pas fumer pendant ses heures de travail, à ne recevoir aucun tiers au domicile de M. et Mme................................, etc.

Date et signature des deux parties
L'employeur   La salariée

Annexe n° 7
Contrat de travail à durée déterminée et à terme précis pour une garde d'enfant à domicile
[par exemple pour les vacances]

ENTRE LES SOUSSIGNÉS

M. ou Mme .... demeurant ....
....
N° immatriculation Urssaf ....

L'employeur,

Et

Mme/Mlle .... née le ....
à .... demeurant à ....
....
N° de Sécurité sociale ....
[Si l'employée n'est pas de nationalité française : autorisation de travail n°..............., délivrée par la DDTE le ...., valable jusqu'au ....]

La salariée,

Il est conclu **un contrat de travail à durée déterminée**, régi par les dispositions de la convention collective nationale des salariés du particulier employeur.

ARTICLE 1 - ENGAGEMENT

Mme/Mlle .... est engagée à compter du............., dans le cadre d'un contrat à durée déterminée, en qualité de garde d'enfant à domicile. Cet emploi, classé au niveau 2, est défini à l'article 3-b-1 de la convention collective applicable.

Mme/Mlle .... est embauchée pour garder *[prénom(s) de l'/des enfant(s)]* pendant les vacances scolaires, du .... au ....

ARTICLE 2 – PÉRIODE D'ESSAI

Le présent contrat ne sera définitif qu'à l'issue d'une période d'essai d'une durée de .... jours, soit le....................... .
[Cette durée ne peut excéder :
1 jour par semaine de travail, dans la limite de :
– 2 semaines lorsque la durée initialement prévue est inférieure à 6 mois.
– 1 mois dans les autres cas, ce qui doit ici rester exceptionnel]

Pendant la période d'essai, les parties ont la faculté de mettre fin au contrat de travail sans préavis ni indemnité.

ARTICLE 3 - FONCTIONS

En sa qualité de garde d'enfants, Mme/Mlle .... est chargée de surveiller, préparer les repas, changer et laver, promener, faire jouer et faire dormir *[prénom(s) de l'/des enfant(s)]*, en tenant compte des directives précises données par les parents et du matériel mis à disposition.
[Préciser si elle effectue le ménage de la maison : Mme/Mlle .... effectuera le ménage général de la maison et le repassage, à raison de ...... heures par jour.]

ARTICLE 4 - LIEU DE TRAVAIL

La garde des enfants s'effectue au domicile de l'employeur, ou sur le lieu de vacances à .... *[adresse]*.

ARTICLE 5 - DURÉE DU TRAVAIL

L'horaire hebdomadaire de Mme/Mlle .... est de 40 heures, réparti de la façon suivante :
– du lundi au vendredi de .... à ....
– le mercredi de .... à ....

Cet horaire comprend :
– ...... heures de travail effectif,
– .... heures de présence responsable

M. ou Mme .... pourra demander à Mme/Mlle .... de dépasser cette durée de travail hebdomadaire ; les heures supplémentaires seront payées ou donneront lieu à un repos compensateur, au choix de l'employeur.
Le jour habituel de repos hebdomadaire sera le dimanche.

ARTICLE 6 - RÉMUNÉRATION

La rémunération brute mensuelle de Mme/Mlle .... a été fixée à la somme de .... €.
Les cotisations salariales seront calculées sur la base forfaitaire du SMIC ou sur la base du salaire réel.
À cette rémunération s'ajoutera une prime de transport égale à :
– région parisienne : 50 % de la carte orange
– province : .... €
Cette prime n'est pas soumise à cotisations.

ARTICLE 7 - CONGÉS PAYÉS

À l'issue du contrat de travail, Mme/Mlle .... percevra une indemnité compensatrice de congés payés égale à 10 % de la totalité des sommes perçues depuis le début du contrat de travail.
Si, pendant la période du contrat, Mme/Mlle .... était amenée à prendre des jours de congés payés, ceux-ci viendraient en déduction de l'indemnité compensatrice de congés payés.

ARTICLE 8 - PRÉCARITÉ

À l'issue du contrat de travail si celui-ci est exécuté jusqu'à son échéance, Mme/Mlle .... percevra une indemnité de précarité, égale à 10 % des sommes perçues depuis le début du contrat de travail.
Cette indemnité ne sera pas due en cas de :
– faute grave,
– force majeure,
– rupture du contrat avant l'échéance à l'initiative de la salariée.

ARTICLE 9 - RETRAITE ET PRÉVOYANCE

L'institution compétente en matière de retraite et de prévoyance est l'Ircem, 261, avenue des Nations-Unies, 59060 Roubaix.

CLAUSES PARTICULIÈRES

Mme/Mlle...................... s'engage à prévenir M. ou Mme.................... en cas d'incident, même bénin, avec l'/les enfant(s).
En l'absence des parents, Mme/Mlle ....prendra contact avec le pédiatre, le Dr.................................., dont l'adresse et le numéro de téléphone sont fixés sur le réfrigérateur/le meuble.................................. .
Mme/Mlle.................................. s'engage à ne pas fumer pendant ses heures de travail, à ne recevoir aucun tiers au domicile de M. et Mme.................................., *[etc.]*.

Date et signature des deux parties
L'employeur   La salariée

Annexe n°8
Proposition de modification du contrat de travail d'une garde d'enfant à domicile

M. et Mme Dupont
4, avenue Gambetta
44000 NANTES

                         Sophie Durand
                         12, rue du Port
                         44000 NANTES

                         Nantes, le ....

**Lettre remise en mains propres
contre décharge**

Mademoiselle,

Suite à notre entretien en date du................, je vous confirme que .... *[prénom(s) de l'/des enfant(s)]* fera son entrée en maternelle à compter du ....

En conséquence, nous sommes contraints de réduire votre temps de travail de 40 heures hebdomadaires à 21 heures hebdomadaires réparties de la façon suivante :

– du lundi au vendredi de **16 h 30 à 19 h 00**, étant entendu que vous irez chercher .... *[prénom(s) de l'/des enfant(s)]* à la sortie de l'école,
– le mercredi de **9 h 00 à 19 h 00**, cet horaire comprenant 3 heures de présence responsable.

Conformément aux dispositions légales en vigueur, vous disposez d'un délai de 1 mois à compter de ce jour, soit jusqu'au ....

pour nous faire connaître votre décision concernant la modification de votre contrat de travail.

Sans réponse de votre part dans le délai imparti, nous pourrons considérer que vous avez accepté cette proposition.

Dans le cas où vous refuseriez vos nouvelles conditions de travail, nous serions contraints d'envisager votre licenciement pour motif économique.

Veuillez croire, Mademoiselle .... à l'expression de nos salutations distinguées.

Date et signature

Annexe n°9
Avenant au contrat de travail d'une garde d'enfant à domicile

M. et Mme Dupont
4, av. Gambetta
44000 NANTES

Mme/Mlle ....
Adresse

Lettre remise en mains propres contre décharge

Madame/Mademoiselle,

Suite à notre entretien en date du ...., je vous confirme la modification de votre contrat de travail, compte tenu de l'entrée en maternelle de *[prénom(s) de l'/des enfant(s)]*.

Ainsi que nous sommes convenus, à compter du ...., vous exercerez votre activité à temps partiel.

Votre temps de travail est réduit à **19 heures hebdomadaires** réparties de la façon suivante :

– du lundi au vendredi de **16 h 30 à 19 h 00**, étant entendu que vous irez chercher *[prénom(s) de l'/des enfant(s)]* à la sortie de l'école tous les jours,
– le mercredi de **9 h 00 à 19 h 00**.

Cet horaire comprenant 3 heures de présence responsable, équivalentes à 2 heures de travail effectif.

Ce jour-là, vous emmènerez *[prénom(s) de l'/des enfant(s)]* à son (leur) cours de danse à 14 h 00 et irez le chercher à 15 h 00.

Tenant compte de la réduction de votre temps de travail, votre rémunération s'élèvera donc à la somme mensuelle brute de .... €.

Toutes les autres clauses de votre contrat de travail demeurent inchangées.

Fait à .... le........................

Signature des deux parties

Annexe n°10

BULLETIN DE SALAIRE
Pour une assistante maternelle

Urssaf de :   VILLE   Mois de DÉCEMBRE 2004

EMPLOYEUR	SALARIÉ
Nom et Prénom : Adresse (n°, rue, voie...) : CP et Ville : • n° Urssaf : 123 4567891234	Nom et Prénom : Adresse (n°, rue, voie...) : CP et Ville : Emploi occupé : Assistance maternelle • n° de Sécurité sociale : 1 22 33 44 555 666 77

JOURS :

1	2	3	4	5	6	7	8	9	10	11	12	13	14	15	16	17	18	19	20	21	22	23	24	25	26	27	28	29	30	31

NOMBRE D'HEURES :

SALAIRE NET

Nombre d'heures de garde réelles dans le mois : ☐ heures   Nombre de repas : ☐
Nombre d'heures supplémentaires dans le mois : ☐ heures   Nombre de goûters : ☐
ou date des congés du .... au ....

(1) SALAIRE NET	0,00 €	dont indemnités de congés payés	0,00 €	0,00 F
1 euro = 6,55957 francs	0,00 F	dont indemnités d'absence	0,00 €	0,00 F

CALCUL DES COTISATIONS DE SALAIRES

(2) CSG/CRDS imposables	0,00 x 0,0349	=	0,00 €
(3) CSG non imposable	0,00 x 0,0615	=	0,00 €
(4) Sécurité sociale	0,00 x 0,0939	=	0,00 €
(5) Assurance chômage	0,00 x 0,0305	=	0,00 €
(6) Retraite complémentaire (Ircem)	0,00 x 0,0381	=	0,00 €
(7) Cotisation AGFF	0,00 x 0,0102	=	0,00 €
TOTAL DES COTISATIONS SALARIALES (2) + (3) + (4) + (5) + (6) + (7)			0,00 €
			0,00 F

SALAIRE À VERSER

(8) Indemnités de nourriture et d'entretien	0,00 €	0,00 F
(9) Acomptes versés dans le mois	0,00 €	0,00 F
MONTANT NET À PAYER (1) + (8) - (9)	0,00 €	0,00 F

(ce bulletin de paie doit être conservé sans limitation de durée)

Date ....   Signature de l'employeur

Annexe n°11
Classification et salaires minima conventionnels pour une garde d'enfant à domicile

CLASSIFICATION

Article 2 de la convention collective nationale des salariés du particulier employeur.

Niveaux	Critères	Emplois ménagers familiaux	Postes à caractère familial	Emplois spécifiques
Débutant	Moins de 6 mois	Employé de maison		
Niveau 1	• Exécutant • Sous la responsabilité de l'employeur	Employé de maison		Repasseuse familiale
Niveau 2	• Compétences acquises dans la profession et capacités d'initiative • Sens des responsabilités (employeur présent ou non) ou • Certificat d'employé familial polyvalent (titre homologué)	• Employé de maison • Employé familial titulaire du certificat d'employé familial polyvalent	• Assistant de vie 1 • Employé familial auprès d'enfants • Dame ou homme de compagnie	• Homme ou femme toutes mains • Accompagnement scolaire
Niveau 3	• Responsabilité • Autonomie • Expérience ou • Certificat de qualification professionnelle (CQP) reconnu par la branche : – assistant(e) de vie – garde d'enfant au domicile de l'employeur		• Assistant de vie 2 pour une personne dépendante • Assistant de vie titulaire du CQP • Employé familial auprès d'enfant, titulaire du CQP • Garde-malade de nuit à l'exclusion des soins	• Cuisinier qualifié • Femme de chambre • Valet de chambre • Lingère • Repasseuse qualifiée • Secrétaire particulier

Annexes

Niveaux	Critères	Emplois ménagers familiaux	Postes à caractère familial	Emplois spécifiques
Niveau 4	• Responsabilité entière • Autonomie totale • Expérience • Qualification	• Employé de maison ou • Employé familial très qualifié avec responsabilité de l'ensemble des travaux ménagers et familiaux	Garde-malade de nuit à l'exclusion des soins	
Niveau 5	Hautement qualifié		• Nurse • Gouvernante	• Maître d'hôtel • Chef cuisinier • Secrétaire particulier bilingue

RÉMUNÉRATIONS

Applicables au 1er juillet 2004
Minima conventionnels bruts en euros (cf. revalorisation sur le site www.fepem.fr)

Niveaux	Salaire horaire sans ancienneté	Après 3 ans	Après 4 ans	Après 5 ans	Après 6 ans	Après 7 ans	Après 8 ans	Après 9 ans	Après 10 ans
		+3 %	+4 %	+5 %	+6 %	+7 %	+8 %	+9 %	+10 %
Débutant	7,61								
Net réel	5,89								
Net forfait	5,86								
Niveau 1	7,61	7,61	7,61	7,62	7,70	7,77	7,84	7,91	7,99
Net réel	5,89	5,89	5,89	5,89	5,96	6,01	6,06	6,12	6,18
Net forfait	5,86	5,86	5,86	5,87	5,95	6,02	6,09	6,16	6,24
Niveau 2	7,61	7,64	7,72	7,79	7,87	7,94	8,01	8,09	8,16
Net réel	5,89	5,91	5,97	6,03	6,09	6,14	6,20	6,26	6,31
Net forfait	5,86	5,89	5,97	6,04	6,12	6,19	6,26	6,34	6,41
Niveau 3	7,61	7,81	7,88	7,96	8,03	8,11	8,19	8,26	8,34
Net réel	5,89	6,04	6,10	6,16	6,21	6,27	6,33	6,39	6,45
Net forfait	5,86	6,06	6,13	6,21	6,28	6,36	6,44	6,51	6,59
Niveau 4	7,66	7,89	7,97	8,04	8,12	8,20	8,27	8,35	8,43
Net réel	5,93	6,10	6,16	6,22	6,28	6,34	6,40	6,46	6,52
Net forfait	5,91	6,14	6,21	6,29	6,37	6,44	6,52	6,60	6,67
Niveau 5	8,00	8,24	8,32	8,40	8,48	8,56	8,64	8,72	8,80
Net réel	6,19	6,37	6,44	6,50	6,56	6,62	6,68	6,74	6,81
Net forfait	6,25	6,49	6,57	6,65	6,73	6,81	6,89	6,97	7,05

Annexe n° 12
Barème des indemnités kilométriques

L'article 20 e) de la convention collective nationale des salariés du particulier employeur prévoit l'application du barème des fonctionnaires pour le remboursement des frais kilométriques. Les indemnités fixées sont des minima.

Véhicules	Jusqu'à 2 000 km	De 2 001 à 10 000 km	Au-delà de 10 000 km
De 5 cv et moins	0,21 €	0,25 €	0,14 €
De 6 cv et 7 cv	0,26 €	0,31 €	0,19 €
De 8 cv et plus	0,29 €	0,35 €	0,21 €

Pour les mises à jour, consulter le site www.fepem.fr

Annexe n°13

Le chèque emploi-service

- Un mode de paiement qui permet de rémunérer une personne pour le travail qu'elle effectue au domicile de particuliers ;
- Une simplification administrative et une sécurité juridique : chaque chèque emploi-service est accompagné d'un volet social qui remplace toutes les formalités administratives :
– déclaration Urssaf,
– calcul de cotisations sociales,
– établissement d'un bulletin de salaire.

Il tient lieu de contrat de travail, quand la durée du travail n'excède pas 8 heures par semaine ou pour les emplois ne dépassant pas 4 semaines consécutives : dans tous les autres cas, le contrat de travail doit être conclu par écrit (un contrat type est joint à la demande d'adhésion).

Qui peut être rémunéré avec le chèque emploi-service ?

Toute personne dont l'emploi relève de la convention collective nationale du particulier employeur, c'est-à-dire accomplissant des tâches à caractère familial (soutien scolaire, garde d'enfant, travaux ménagers, garde de personnes âgées...).

ATTENTION !

L'utilisation du chèque emploi-service ne permet pas de bénéficier des allocations telles que l'AGED ou le complément de libre choix du mode de garde. Dans ce contexte, il est préférable de ne l'utiliser que pour rémunérer la garde d'enfants de plus de 6 ans, ou pour les gardes occasionnelles (baby-sitter du soir).

Quels avantages pour l'employeur et la nounou ?

Si vous utilisez le chèque emploi-service, vous avez droit à une réduction d'impôt égale à 50 % du montant total (salaires + cotisations sociales) versé dans l'année, dans la limite d'un plafond de 10 000 € soit une réduction maximale de 5 000 €.

Pour la nounou, être rémunérée par un chèque emploi-service signifie être déclarée et donc bénéficier de l'ensemble des droits sociaux (assurance maladie, indemnités de chômage, retraite et prévoyance), sous réserve qu'elle remplisse les conditions exigées pour chacun de ces risques. La salariée est couverte en cas d'accident du travail.

Comment obtenir le chéquier emploi service ?

Il suffit de remplir et de renvoyer à l'Urssaf de Saint-Étienne la demande d'adhésion que vous aurez retirée auprès de l'établissement qui tient votre compte (la banque, la Poste, ou la Caisse d'épargne).
Le chéquier vous sera remis gratuitement une quinzaine de jours plus tard.

Comment utiliser le chèque emploi-service ?

Chaque mois, il suffit de remplir :
– le chèque emploi-service pour payer le salaire net à la nounou,
– le volet social, sur lequel il est nécessaire de porter les informations suivantes : le nombre d'heures effectuées, le salaire horaire net et le montant total payé.
Ce volet est à adresser à l'Urssaf de Saint-Étienne, dans une enveloppe préimprimée.

De son côté, l'Urssaf adressera chaque mois :
– un bulletin de salaire à la nounou,
– un relevé de salaires et de cotisations à l'employeur, le montant total étant directement prélevé sur le compte bancaire ou postal.

Annexe n° 14
Formations professionnelles proposées par l'Agefos-PME

Préparation aux titres qualifiants de la branche professionnelle

- **Titre homologué**
Employé familial polyvalent
Titre homologué Niveau V, code NSF 330t par arrêté paru au Journal officiel du 05.02.98
Réf. VAP
16 heures

- **Certificat de Qualification Professionnelle (CQP)**
Garde d'enfants
Arrêté du 5 février 1999 paru au Journal officiel du 16.02.99
Réf. VAP
16 heures

- **Certificat de Qualification Professionnelle (CQP)**
Assistante de vie
Arrêté du 5 février 1999 paru au Journal officiel du 16.02.99
Réf. VAP
16 heures

Pourquoi valider les acquis professionnels ?

Les compétences sont acquises par la formation mais également par l'expérience.

- La branche professionnelle des salariés du particulier employeur est soucieuse de prendre en compte la spécificité des métiers qu'elle représente et de permettre l'accès à la formation qualifiante tout au long de la vie. Elle souhaite favoriser celles et ceux qui désirent valoriser leur expérience.

• Tout salarié de la branche professionnelle peut avoir accès à un module « Validation des acquis professionnels » qui lui permette d'analyser ses compétences professionnelles, **en référence à l'un des deux certificats de qualification professionnelle** (CQP Garde d'enfants au domicile ou CQP Assistant de vie), ou du **titre homologué certificat d'Employé familial polyvalent** (reconnu dans la classification de la convention collective nationale des salariés du particulier employeur).

• Il obtient, à l'issue du module de 16 heures, une validation de ses compétences.

• Le salarié qui désire poursuivre son cursus de formation en vue de l'obtention d'un des titres qualifiants, fait sa demande dans le cadre du dispositif de formation professionnelle continue. Il est accompagné dans sa démarche par un coordinateur formation.

OBJECTIFS ET CONTENU DU MODULE

• **Acquérir une méthode** de description de ses acquis professionnels ;

• **Être informé sur les titres qualifiants de la branche professionnelle et sur les modules de formation** qui pourront être suivis pour obtenir l'un des titres qualifiants, en fonction des compétences acquises.

Relation, communication (20 heures)

OBJECTIFS

Comprendre les objectifs et les spécificités de son activité professionnelle auprès d'enfants et adapter son comportement et ses attitudes à cette relation professionnelle particulière.

Points clés

- Tenir compte des besoins, des habitudes et du rythme de vie de chaque enfant ;
- Identifier les critères de qualité dans la relation ;
- Repérer l'espace de travail : contexte familial, fratrie, enfants jumeaux… ;
- Si situer par rapport aux relations « multiples » avec les différents membres de la famille ;
- Développer les échanges nécessaires pour bien comprendre les attentes et les objectifs à atteindre ;
- Assurer la transmission des informations et le nécessaire retour d'informations par rapport aux événements (se situer et réagir face aux appels téléphoniques, aux visites) ;
- Respecter les règles de discrétion professionnelle ;
- Se situer au sein de la famille ;
- Adopter un comportement facilitant l'échange.

Sécurité et prévention (16 heures)

OBJECTIFS

Contribuer au bien-être des enfants, en assurant une présence en toute sécurité et en ayant des gestes adaptés pour tous les actes de la vie quotidienne.

Points clés

- Prévention des accidents domestiques ;
- Surveillance, vigilance au quotidien, organisation des déplacements ;
- Connaissance des dangers de la maison et des risques selon l'âge des enfants ;
- Utilisation des produits et matériels en sécurité.

Garde d'enfants de 3 à 10 ans (20 heures)

OBJECTIFS

Maîtriser et mettre en œuvre les compétences nécessaires à l'encadrement des enfants scolarisés : développement des enfants et des pré-adolescents, guide vers l'autonomie, besoin de reconnaissance et place dans la famille.

Points clés

- Repérer les étapes de développement de l'enfant et du pré-adolescent : psychologique, intellectuel et affectif ;
- Adapter les activités en fonction de l'âge et de la maturité de l'enfant ;
- Assurer ou guider l'enfant dans les soins d'hygiène, de toilette et pour l'alimentation ;
- Connaître les particularités de la pré-adolescence, aider l'enfant à trouver sa place au sein de la famille et/ou de la fratrie ;
- Assurer l'accompagnement des devoirs.

Garde d'enfants jusqu'à 3 ans (40 heures)

OBJECTIFS

Acquérir les éléments essentiels liés au développement de l'enfant, aux grands apprentissages, aux rythmes, à la prise en charge des soins de la puériculture, aux besoins alimentaires, aux activités en fonction de l'âge et du développement de l'enfant.

Points clés

- Connaître les étapes de développement moteur, psychologique, affectif, psychique et intellectuel ;

- Adapter les jeux de l'enfant selon l'âge et la maturité ;
- Repérer et réagir face à des comportements particuliers ;
- Accompagner les grands apprentissages : langage, autonomie, propreté et sexualité ;
- Connaître et respecter les rythmes de vie de l'enfant : sommeil, repos, moments privilégiés ;
- Assurer les besoins alimentaires : préparer, donner et nettoyer les biberons, savoir alimenter en fonction de l'âge de l'enfant ;
- Maîtriser les techniques d'hygiène **et de** puériculture (change, bain…) ;
- Allier la prise en charge de ses soins avec la sécurité et la communication.

Garde d'enfants : activités péri-scolaires loisirs (20 heures)

OBJECTIFS

Savoir organiser, pour les enfants jusqu'à 10 ans, des animations adaptées à leurs centres d'intérêt. Développer chez l'enfant le goût de jouer seul ou de partager des loisirs, de créer, d'imaginer, de découvrir. Savoir proposer des idées d'activités qui favorisent le développement de l'enfant tout en préservant le côté ludique.

Points clés

- Les jeux et jouets selon l'âge ;
- Les activités d'animation et/ou de création : dessin, peinture, activités manuelles, lecture, musique, danse… ;
- Les jeux collectifs ;
- Les bibliothèques, ludothèques, clubs informatiques et autres moyens de communication ;
- Organisation, proposition et gestion d'une activité ;
- Création jeux.

Annexe n°15
Lettre de démission d'une garde d'enfant à domicile
[Si possible manuscrite, ne pas accepter de mail]

Sophie Durand
12, rue du Port
44000 NANTES

      M. et Mme Dupont
      4, avenue Gambetta
      44000 NANTES

      Nantes, le ....

Lettre remise en mains propres contre décharge ou lettre recommandée avec accusé de réception

Madame, Monsieur,

Suite à nos différents entretiens en date du .... et ...., je vous confirme mon intention de démissionner de mon poste d'employée de maison à votre domicile à compter de ce jour.

[Il est souhaitable qu'elle en donne les motifs (reprise d'études, déménagement, autre emploi...) Les motifs évoqués permettent en effet d'asseoir sa décision.] Comme vous le savez, je dois quitter Nantes à la fin du mois de mars pour suivre mon conjoint qui est muté à Marseille. En conséquence, il m'est devenu impossible de continuer mon activité auprès de vos enfants...

[Le cas échéant] Si vous en êtes d'accord, je souhaiterais écourter la période de préavis, et rompre mon contrat de travail le 15 février au soir.

Veuillez croire, Madame, Monsieur, à l'expression de nos salutations distinguées.

Signature <u>impérative</u>

Annexe n°16
Accusé de réception d'une lettre de démission
[À n'envoyer que si une lettre formelle de démission en bonne et due forme est parvenue]

M. et Mme Dupont
4, avenue Gambetta
44000 NANTES

                         Sophie Durand
                         12, rue du Port
                         44000 NANTES

                         Nantes, le ....

**Lettre recommandée avec accusé de réception
ou lettre remise en mains propres contre décharge**

Madame,

Nous accusons réception de votre lettre de démission en date du .... et qui nous est parvenue le .... *[si envoyée par recommandé avec AR]*.

Option 1 : elle exécute l'intégralité de son préavis

C'est à cette date que débute le préavis de 1 mois auquel vous êtes tenue à notre égard.

Option 2 : elle demande par écrit à écourter son préavis

Pour répondre à votre demande, nous vous donnons notre accord pour écourter de 15 jours le préavis d'un mois auquel vous étiez normalement tenue *[Elle ne sera donc payée que les 15 jours de préavis effectués]*.

Option 3 : vous souhaitez la dispenser de son préavis

Ainsi que nous en sommes convenus, votre préavis d'un mois sera écourté de 15 jours, mais vous serez intégralement rémunérée, même pour la partie de préavis non effectué, soit jusqu'au .... *[1 mois plus tard]*.

À l'issue de ce préavis, votre contrat de travail prendra fin et nous vous remettrons alors les documents suivants :

– le solde de tout compte *[Bien qu'il ne soit plus obligatoire, il clarifie les sommes versées]*,

– l'attestation Assedic,

– le certificat de travail.

Veuillez croire, Madame, à l'expression de nos salutations distinguées.

Signature

Annexe n°17
Lettre de rupture du contrat de travail pendant la période d'essai

M. et Mme Dupont
4, avenue Gambetta
44000 NANTES

                    Sophie Durand
                    12, rue du Port
                    44000 NANTES

                    Nantes, le ....

Lettre recommandée avec accusé de réception

Madame,

Suite à notre entretien, nous vous confirmons la rupture de votre contrat de travail à compter de ce jour, celle-ci intervenant au cours de la période d'essai dont l'échéance était prévue le....

[Il est recommandé de ne pas indiquer le motif puisque la loi ne vous y oblige pas et cela pourrait être sujet à débat ou contentieux.]

En conséquence, votre contrat de travail prendra fin à la date de réception de ce courrier et nous vous remettrons alors :

- le solde de votre salaire (et des éventuels congés payés),
- un certificat de travail,
- une attestation Assedic.

Veuillez croire, Madame, en l'expression de nos salutations distinguées.

Signature

Annexe n° 18
Lettre de rupture du contrat de travail d'une assistante maternelle

M. et Mme Dupont
4, avenue Gambetta
44000 NANTES

                              Sophie Durand
                              12, rue du Port
                              44000 NANTES

                              Nantes, le ....

Lettre recommandée avec accusé de réception

Madame,

Par la présente, et conformément aux dispositions de l'article L. 773-7 du Code du travail, nous vous informons de la résiliation de votre contrat de travail.

Le préavis de 15 jours *[ou de 1 mois]* auquel nous sommes tenus débutera à compter de la date de première présentation de cette lettre.

C'est également à cette date que prendra fin votre contrat de travail. Nous procèderons au paiement de votre salaire et du solde de congés payés, et vous remettrons le certificat de travail et l'attestation Assedic.

Veuillez croire, Madame, à l'expression de nos salutations distinguées.

Signature

Annexe n°19
Lettre de convocation à un entretien préalable à un licenciement pour motif personnel d'une garde d'enfant à domicile
[Avec éventuelle dispense d'activité]

M. et Mme Dupont
4, avenue Gambetta
44000 NANTES

                          Sophie Durand
                          12, rue du Port
                          44000 NANTES

                          Nantes, le ....

**Lettre recommandée avec accusé de réception
ou lettre remise en mains propres contre décharge**

Madame,

Nous vous prions de bien vouloir vous présenter à un entretien préalable le .... à .... heures à notre domicile *[adresse]*, afin de vous faire part du projet que nous avons de procéder à votre licenciement.

[Et éventuellement] À compter de ce jour, et dans l'attente de la décision qui sera prise, nous vous dispensons d'activité, mais pendant toute cette période vous percevrez votre rémunération habituelle.

Veuillez croire, Madame, à l'expression de nos salutations distinguées.

Signature

Annexe n°20
Lettre de convocation à un entretien préalable à un licenciement pour faute grave d'une garde d'enfant à domicile
[Avec mise à pied conservatoire]

M. et Mme Dupont
4, avenue Gambetta
44000 NANTES

        Sophie Durand
        12, rue du Port
        44000 NANTES

        Nantes, le ……………….

Lettre recommandée avec accusé de réception ou lettre remise en mains propres contre décharge

Madame,

Suite à *[Préciser les faits objectifs et forcément graves reprochés]*, nous sommes amenés à envisager votre licenciement.
Nous vous prions de vous présenter à notre domicile………… ……………………………………… *[adresse]* le ……………… *[compter 1 semaine minimum de date à date]*, à ……… *[heure]* afin de vous en indiquer les motifs et recueillir vos explications.

Compte tenu de la gravité des faits constatés, je vous mets à pied **à titre conservatoire**, avec effet immédiat dans l'attente de l'issue de la procédure en cours. Nous vous demandons de ne plus vous présenter à notre domicile jusqu'à la notification de notre décision.

Veuillez croire, Madame, à l'expression de nos salutations distinguées.

Signature

Annexe n°21
Lettre de notification de licenciement pour motif économique d'une garde d'enfant à domicile

M. et Mme Dupont
4, avenue Gambetta
44000 NANTES

                Sophie Durand
                12, rue du Port
                44000 NANTES

                Nantes, le ....

Lettre recommandée avec accusé de réception

Madame,

Par courrier en date du ...., nous vous avons convoquée à un entretien préalable le .... à .... afin de vous faire part de notre projet de vous licencier pour motif économique.

En effet, comme nous vous l'avons indiqué lors de cet entretien :

Exemples de motif économique

– Mon épouse a cessé (ou va cesser) son activité professionnelle le .... et va désormais s'occuper de nos enfants, et ne plus faire appel à une garde d'enfant.
En conséquence, votre poste est supprimé à compter du .... ; nous sommes donc contraints de procéder à votre licenciement pour motif économique.

– Nos deux enfants allant désormais tous les deux à l'école, nous n'avons plus besoin d'une garde d'enfant à temps plein. Nous vous avons proposé de modifier votre durée de travail de .... heures, par courrier en date du ...., et vous nous avez répondu le .... que vous ne pouviez accepter un temps partiel compte tenu de la perte de rémunération. Nous sommes donc contraints de procéder à votre licenciement pour motif économique.

– Compte tenu de la mutation professionnelle de mon mari, nous partons pour Nice le................................. . En conséquence, votre poste est supprimé à compter du .... et nous sommes contraints de procéder à votre licenciement pour motif économique.

La date de première présentation de cette lettre recommandée constituera le point de départ de votre préavis, qui, en application de la convention collective, est d'une durée de :
– 1 semaine *[ancienneté inférieure à 6 mois]*
– 1 mois *[ancienneté comprise entre 6 mois et 2 ans]*
– 2 mois *[ancienneté d'au moins 2 ans]*.

C'est au terme de votre contrat de travail que nous procéderons à l'arrêté de votre compte et que nous vous remettrons les documents afférents à la rupture.

Veuillez croire, Madame, à l'expression de nos salutations distinguées.

Signature

Annexe n°22
Lettre de notification de licenciement pour motif personnel d'une garde d'enfant à domicile

M. et Mme Dupont
4, avenue Gambetta
44000 NANTES

Sophie Durand
12, rue du Port
44000 NANTES

Nantes, le ....

Lettre recommandée avec accusé de réception

Madame,

Par lettre recommandée avec accusé de réception, nous vous avons convoquée à un entretien préalable le .... à .... heures afin de vous faire part de notre projet de procéder à votre licenciement.

Au cours de cet entretien, nous vous avons indiqué les motifs de la décision que nous envisagions de prendre.
Les motifs de cette mesure sont les suivants : *[motifs précis, objectifs et invoqués lors de l'entretien, sinon défaut de cause réelle et sérieuse].*
Au terme de notre réflexion, nous vous informons de notre décision de vous licencier pour motif personnel.

La date de première présentation de cette lettre recommandée constituera le point de départ de votre préavis, qui, en application de la convention collective, est d'une durée de :

– 1 semaine *[ancienneté inférieure à 6 mois]*
– 1 mois *[ancienneté comprise entre 6 mois et 2 ans]*
– 2 mois *[ancienneté d'au moins 2 ans]*.

C'est au terme de votre contrat de travail que nous procéderons à l'arrêté de votre compte et que nous vous remettrons les documents afférents à la rupture.

Veuillez croire, Madame, à l'expression de nos salutations distinguées.

Signature

Annexe n°23
Lettre de notification de licenciement pour faute grave d'une garde d'enfant à domicile

M. et Mme Dupont
4, avenue Gambetta
44000 NANTES

Sophie Durand
12, rue du Port
44000 NANTES

Nantes, le ....

Lettre recommandée avec accusé de réception

Madame,
Par lettre recommandée avec accusé de réception, nous vous avons convoquée le .... à .... heures afin de vous faire part du projet de vous licencier pour faute grave.
Au cours de cet entretien, nous vous avons indiqué les motifs de la décision que nous envisagions de prendre et vous avez pu, de votre côté, nous faire part de vos explications.
Les motifs de cette mesure sont les suivants : *[motifs précis, objectifs et invoqués lors de l'entretien, et surtout suffisamment graves pour justifier une rupture immédiate du contrat de travail].*

Les faits qui vous sont reprochés constituent, en effet, un manquement important à vos obligations, et empêchent votre maintien à notre domicile et la garde de nos enfants *[problème de sécurité, vols...].*

Au terme de notre réflexion, nous vous informons de notre décision de procéder à votre ***licenciement pour faute grave.***

La date de première présentation de cette lettre recommandée constituera la fin de votre contrat de travail. Vous trouverez ci-joint l'arrêté de votre compte, un certificat de travail, et l'attestation Assedic.
[Si mise à pied conservatoire :] Vous trouverez ci-joint l'arrêté de votre compte établi à la date de votre mise à pied conservatoire, un certificat de travail et l'attestation Assedic.

Veuillez croire, Madame, à l'expression de nos salutations distinguées.

Signature

Annexe n°24
Certificat de travail
pour une assistante maternelle

Je soussigné(e) M. ou Mme ...., demeurant à ...., certifie avoir employé Mme/Mlle ...., née le .... à ...., demeurant à ...., immatriculée à la Sécurité sociale sous le n° ...., en qualité d'assistante maternelle pendant la période du .... au ....

Fait à .... le ....

Signature du ou des parents

Annexe n°25
Certificat de travail pour une garde d'enfant à domicile

Je soussigné(e) M. ou Mme.., demeurant à ...., certifie avoir employé Mme/Mlle ...., née le .... à ...., demeurant à ...., immatriculée à la Sécurité sociale sous le n°................................, en qualité de garde d'enfant à domicile, pendant la période du .... au ....

Fait à .... le ....

Signature du ou des parents

Annexe n°26
Transaction

ENTRE LES SOUSSIGNÉS

M. ou Mme ...., demeurant ....
....
agissant en qualité d'employeur

d'une part,

Mme/Mlle ...., demeurant ....
....

d'autre part,

Après avoir longuement discuté et négocié, se déclarent désireux de terminer à l'amiable le différend qui les divise au sujet de la rupture du contrat de travail intervenue le ....
Après avoir rappelé ce qui suit :

Mme/Mlle ...., a été embauchée le .... en qualité de garde d'enfant à domicile.

Par lettre recommandée avec accusé de réception en date du ...., Mme/Mlle ...., a été convoquée à un entretien de licenciement le ....

Le licenciement lui a été notifié par lettre recommandée avec accusé de réception le .... pour les motifs suivants :
[Reprendre les motifs évoqués dans la lettre]

Dès réception de ladite lettre, Mme/Mlle ...., a indiqué à M. ou Mme ...., qu'elle avait l'intention d'engager une procédure à son encontre devant le conseil de prud'hommes pour contester le caractère réel et sérieux de son licenciement, et de réclamer .... € à titre de dommages-intérêts.

En effet, Mme/Mlle ...., conteste le bien-fondé du licenciement en avançant les arguments suivants : *[Reprendre les arguments de la salariée]*

Les parties ont décidé de faire des concessions réciproques et, s'étant mis d'accord, sont convenues, conformément aux articles 2044 et suivants du Code civil, de ce qui suit :

ARTICLE 1 - INDEMNITÉ TRANSACTIONNELLE

M. ou Mme ...., s'engage à verser à Mme/Mlle ...., une indemnité transactionnelle de .... €.

Mme/Mlle ...., reconnaît avoir été informée que le versement de l'indemnité transactionnelle ci-dessus mentionnée entraînera pour elle un différé d'indemnisation à l'assurance chômage.

ARTICLE 2 - SOLDE DE TOUT COMPTE

En plus de l'indemnité transactionnelle visée à l'article 1 du présent accord, M. ou Mme ...., versera à Mme/Mlle ...., les indemnités afférentes à la rupture de son contrat de travail :

– indemnité de licenciement, soit la somme de .... € ; celle-ci sera versée à l'issue de son préavis ;
– indemnité compensatrice de préavis pour la période du .... au ...., versée le .... ou à la fin de chaque mois, soit la somme brute de .... €.
– indemnité compensatrice de congés payés acquis et non pris (... jours), soit la somme brute de .... €.

ARTICLE 3 - RENONCIATION D'ACTION

Sous réserve de l'exécution intégrale de la présente convention, les parties soussignées renoncent irrévocablement à tous autres droits, ou actions, ou indemnités de quelque nature que ce soit, qui résulteraient de l'exécution ou de la cessation du contrat de travail de Mme/Mlle ...., et considèrent, conformément à l'article 2052 du Code civil, que le présent accord aura, entre elles, l'autorité de la chose jugée en dernier ressort.

Sous réserve de l'application des engagements ci-dessus exprimés, la présente transaction règle de façon définitive et irrévocable le litige intervenu entre les parties.

Date

Signature des parties
revêtue de la mention : « bon pour accord transactionnel, et renonciation d'instance et d'action ».

Annexe n° 27
Les gestes qui sauvent et les numéros utiles

> **ATTENTION !**
>
> Les indications données dans cette annexe ne remplaceront jamais un stage auprès de la Croix Rouge ou des pompiers (AFPS : Attestation de Formation aux Premiers Secours), pour apprendre et maîtriser les gestes de premiers secours en cas d'accident... N'hésitez pas également à proposer à votre nounou d'effectuer ce stage.

Que faire en cas de ....

Fièvre

Chez l'enfant, la température augmente très rapidement et facilement. Supérieure à 40° C, elle peut provoquer des convulsions.

Si l'enfant présente une température élevée (plus de 39° C), appelez le médecin et faites baisser la fièvre :
– aérez la pièce, découvrez-le, humectez son corps avec des linges humides ou donnez-lui un bain à une température inférieure de 2° C à la température rectale ;

– reprenez sa température et si elle est supérieure à 38,5° C, donnez-lui aspirine ou paracétamol et faites-le boire abondamment.

S'il a des antécédents de convulsions, donnez-lui son traitement préventif à base de Valium.

S'il vomit, qu'il a la nuque raide ou, au contraire, qu'il vous semble sans tonicité, qu'il souffre de maux de tête et d'une sensibilité anormale à la lumière vive, il y a suspicion de méningite. Appelez rapidement votre médecin qui demandera une hospitalisation d'urgence.

Chute

SI L'ENFANT A FAIT UNE PETITE CHUTE SUR LA TÊTE

Posez un gant de toilette rempli de glaçons sur la bosse, et surveillez-le attentivement pendant les heures qui suivent.

Soyez attentifs à tous les symptômes qui pourraient survenir, tels que des vomissements, perte de connaissance, saignement du nez, somnolence anormale, trouble de la marche, agitation anormale... Si vous observez l'un de ces éléments, il est plus raisonnable de consulter un médecin qui fera réaliser systématiquement un scanner pour un enfant de moins de 3 ans.

S'IL S'AGIT D'UNE CHUTE DE GRANDE HAUTEUR

Ne déplacez l'enfant qu'en cas de nécessité absolue (faire particulièrement attention en cas de traumatisme ou de blessure au niveau du dos, de la colonne vertébrale). Ne le faites pas boire et ne donnez aucun médicament en attendant les pompiers ou le SAMU.

Intoxication

Si la cause est l'ingestion de médicaments, produits ménagers, produits de beauté...

Munissez-vous du flacon ou de l'emballage du produit ingéré pour appeler le centre antipoison le plus proche de chez vous (voir en fin de chapitre) ou le SAMU qui donneront les premières indications en fonction de la nature de l'intoxication.

Avant d'avoir parlé au médecin, n'essayez surtout pas de faire vomir l'enfant, car le produit pourrait brûler l'œsophage une seconde fois, et ne donnez pas à boire, en particulier du lait, car certains produits toxiques sont solubles dans le lait.

Si le produit n'a pas été avalé par l'enfant et n'a causé que des brûlures de la bouche, faites-lui rincer abondamment avec de l'eau, sans avaler.

SI L'INTOXICATION EST ALIMENTAIRE

Il faut distinguer deux causes : les aliments souillés par des bactéries et ceux renfermant des toxines.

Dans le cas d'une intoxication **bactérienne**, les symptômes se limitent à des douleurs abdominales, diarrhée, vomissements et fièvre. Il faut consulter un médecin dans la journée qui prescrira des médicaments pour éviter la déshydratation de l'enfant.

Mais si l'intoxication est due à des **toxines**, les signes sont différents et il y a urgence : troubles de la conscience ou de l'équilibre, troubles de la vision (floue ou double) avec bouche sèche, agitation ou apathie, rougeur cutanée avec sueurs… Interrogez l'enfant sur les aliments absorbés au cours des derniers repas, puis appelez le SAMU ou les pompiers, mais ne donnez pas de lait.

Étouffement

La cause la plus fréquente d'étouffement chez un enfant est l'absorption d'un objet (presque toujours un fragment de jouet), d'un bonbon ou d'une cacahuète qui se coince au fond de la gorge, dans le larynx, voire dans une bronche.

– **si l'enfant peut tousser et respirer**, n'empêchez pas ses tentatives de désobstruer lui-même sa gorge, puis installez-le en position assise si possible.

– **si l'incapacité à respirer est totale**, il faut tenter d'expulser le corps étranger vous-même en suivant les techniques adaptées à l'âge de l'enfant :

Pour un enfant de moins de 1 an

MANŒUVRE DE MOFENSON (OU CLAPPING)

Couchez le nourrisson à plat ventre sur votre avant-bras, le visage légèrement dirigé vers le sol, votre main soutenant sa poitrine et sa tête en évitant d'appuyer sur sa gorge. Puis de l'autre main, donnez-lui 5 claques dans le dos, entre les omoplates. Avant de retourner l'enfant, retirer le corps étranger expulsé avec vos doigts en veillant à ne pas l'enfoncer dans sa gorge.

En cas d'échec, pratiquez une compression de la poitrine.

COMPRESSION DE LA POITRINE

Retournez le nourrisson sur le dos, allongez-le tête basse sur votre avant-bras posé sur votre cuisse. Positionnez deux doigts sur la moitié inférieure du sternum sans appuyer sur son extrémité inférieure, et effectuez 5 compressions vers le thorax. Retirez délicatement le corps étranger visible dans la bouche, assurez-vous que le nourrisson respire, appelez les secours, et parlez régulièrement à l'enfant pour le calmer.

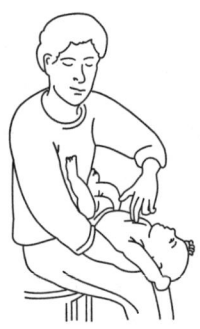

Pour un enfant de plus de 1 an

CINQ CLAQUES DANS LE DOS

Placez-vous derrière l'enfant, penchez-le suffisamment en avant pour que l'objet dégagé sorte par la bouche qu'il ne risque pas de retourner dans les voies aériennes, soutenez son thorax avec une main, puis donnez 5 claques vigoureuses dans le dos, entre les omoplates, avec le plat de l'autre main.

Dès la désobstruction obtenue, recherchez et retirez le corps étranger avec les doigts, puis demandez un avis médical.

Si les claques dans le dos sont inefficaces, pratiquez la manœuvre de Heimlich.

MANŒUVRE DE HEIMLICH

Placez-vous derrière l'enfant qui est debout ou assis, penché en avant, et passez vos bras au-dessous des siens. Mettez un poing fermé au-dessus du nombril, juste en dessous des premières côtes, pouce en contact avec le ventre, paume vers le bas. Avec votre autre main, entourez votre poing puis enfoncez-le d'un coup sec vers vous et vers le haut. Répétez jusqu'à cinq fois cette opération.

Puis laissez l'enfant au repos en position assise et appelez les secours.

Brûlure *(eau bouillante ou vapeur, électricité, produit chimique...)*

POUR UNE BRÛLURE SUPERFICIELLE, PEU ÉTENDUE

Refroidissez la zone brûlée sous l'eau froide pendant au moins dix minutes, séchez ensuite avec un linge sec, et enfin appliquez une pommade (Biafine, Flammazine) mais pas de tulle gras qui ne doit être prescrit que par le médecin.

Surveillez l'apparition de cloques pendant 24 à 48 heures.

Si la cloque est de petite taille, ne la percez pas mais protégez-la avec un pansement épais et non serré.

Si elle s'ouvre spontanément, désinfectez-la comme une plaie simple : lavez, découpez la peau morte, désinfectez, appliquez un pansement pendant deux jours, puis laissez à l'air.

Si la cloque continue à s'étendre ou qu'une rougeur persiste tout autour, il faut consulter un médecin.

POUR UNE BRÛLURE PLUS IMPORTANTE

Faites couler de l'eau sur la plaie, enveloppez-la dans une compresse stérile ou un linge propre et fraîchement repassé en attendant le SAMU ou les pompiers.

Si l'enfant porte des vêtements, ne les retirez que si ce sont des vêtements en fibres naturelles (coton, lin...) et qu'ils n'ont pas collé à la peau, sinon attendez les secours.

SI SES VÊTEMENTS SONT EN FEU

Enveloppez l'enfant dans une couverture ou un manteau en laine (n'utilisez pas de synthétiques) et faites-le rouler sur le sol.

Puis débarrassez-le de ses vêtements en respectant les consignes ci-dessus.

Plaie

EN CAS DE PETITE PLAIE

Commencez par vous laver soigneusement les mains, puis faites couler de l'eau sur la plaie de l'enfant.
Attendez la fin du saignement (moins de 3 minutes) pour nettoyer avec un produit antiseptique, en partant du centre de la plaie puis en allant vers la périphérie.
Posez une compresse stérile dépassant largement la plaie et fixez ses quatre bords avec un adhésif.
Si le saignement est persistant, rajoutez un bandage qui comprime légèrement.
Si la plaie est étendue, profonde, ou qu'elle est la conséquence d'un écrasement, d'une morsure, qu'il y a une fracture à proximité, ou encore que l'enfant n'est vacciné qu'incomplètement contre le tétanos, elle nécessite des soins médicaux.
Protégez-la seulement des souillures par un pansement, sans la désinfecter.
Rendez-vous aux urgences ou appelez les secours.

EN CAS DE BLESSURE À L'ŒIL

Allongez rapidement l'enfant sur le dos.
Ne tentez pas de retirer un corps étranger mais posez un tissu propre sur les deux yeux.
Alertez les secours qui le conduiront dans un service ophtalmologique.

HÉMORRAGIE EXTERNE (ÉCOULEMENT DE SANG SE PRODUISANT À L'EXTÉRIEUR DU CORPS PAR UNE PLAIE)

Allongez l'enfant, la tête légèrement plus basse. Appelez les secours.
Ôtez les vêtements qui gênent l'enfant. Rassurez-le car la vue du sang est toujours impressionnante.
Comprimez rapidement en exerçant une pression directement sur le point de saignement avec un ou deux doigts, ou toute la paume

de la main si nécessaire. Ce geste, dit compression manuelle, est efficace dans la plupart des cas. Quand l'écoulement s'est arrêté, maintenez la pression encore quelques minutes puis appliquez un pansement compressif pour éviter toute reprise de l'hémorragie : l'idéal est d'avoir un coussin hémostatique d'urgence (vendu en pharmacie), sinon utilisez des compresses ou un linge propre puis recouvrez d'un bandage (bande, foulard, cravate, serviette...) en faisant au moins deux tours pour comprimer la zone. Si l'enfant est blessé au bras ou à la jambe, surélevez ce membre à l'aide d'un coussin ou d'un vêtement.

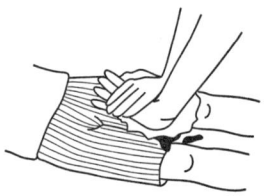

Si l'hémorragie continue, attendez les secours en maintenant la pression sur la plaie. À moins que vous ne sachiez pratiquer la compression à distance que l'on enseigne pour le brevet de secouriste : il s'agit d'écraser l'artère entre le cœur et la plaie. Les principaux points de compression sont situés à l'aine (artère fémorale) et au bras (artère brachiale).
Même si l'hémorragie reste très abondante, ne posez pas de garrot car ce geste peut avoir de graves conséquences. Attendez les secours.

Membre sectionné

Allongez l'enfant, arrêtez l'hémorragie comme indiqué ci-dessus, et recouvrez la plaie. **Appelez le SAMU ou les pompiers.**
Recherchez s'il y a un état de détresse circulatoire (cf. état de choc ci-dessous).
Qu'il s'agisse d'un doigt ou d'un segment de membre plus important : récupérez la partie sectionnée, placez-la dans un linge propre

ou une compresse puis dans un sac en plastique propre. Entourez le sac de poches d'eau glacée, mais ne le mettez jamais directement dans de la glace.

État de choc *(état de détresse circulatoire)*

Après un accident (hémorragie, brûlure, déshydratation, intoxication grave...), un état de choc peut survenir et mettre en danger la vie de l'enfant : il se manifeste par une respiration rapide et irrégulière, un pouls faiblement perçu, une pâleur importante, une coloration bleutée des lèvres et des ongles, des extrémités froides, des sueurs, une angoisse, une sensation de faiblesse extrême ...

Desserrer ses vêtements ou ôtez tout ce qui gêne les mouvements.
S'il est conscient, allongez l'enfant à plat sur le dos et surélevez ses jambes à l'aide d'un coussin ou d'un tas de vêtements.
S'il est inconscient, mettez-le en position latérale.
Appelez les secours.
Ne donnez ni à boire ni à manger à l'enfant.
Couvrez-le, rassurez-le et surveillez-le, en attendant les secours.

Les numéros utiles

SAMU		15
POMPIERS		18
CENTRES ANTIPOISON		
ANGERS	Centre hospitalier 4, rue Larrey 49033 Angers Cedex 01	02 41 48 21 21
BORDEAUX	Hôpital Pellegrin-Tripode place Amélie Raba-Léon 33076 Bordeaux Cedex	05 56 96 40 80
GRENOBLE	Hôpital Albert-Michallon avenue du Maquis du Grésivaudan 38700 La Tronche	04 76 76 56 46
LILLE	Centre antipoison 5, rue Oscar-Lambret 59037 Lille	0825 812 822
LYON	Hôpital Édouard-Herriot 5, place d'Arsonval 69003 Lyon	04 72 11 69 11
MARSEILLE	Hôpital Salvator 249, bd Ste-Marguerite 13274 Marseille Cedex 09	04 91 75 25 25
NANCY	Hôpital Central 29, av. du M. de Lattre-de-Tassigny 54035 Nancy Cedex	03 83 32 36 36
PARIS	Hôpital Fernand-Widal 200, rue du Faubourg-St-Denis 75475 Paris Cedex 10	01 40 05 48 48
REIMS	Hôpital Maison-Blanche 45, rue Cognacq-Jay 51092 Reims Cedex	03 26 78 78 78
RENNES	Hôpital de Pontchaillou 2, avenue Henri-le-Guilloux 35043 Rennes Cedex 09	02 99 59 22 22
ROUEN	Hôpital Charles-Nicolle 1, rue de Germont 76031 Rouen Cedex	02 35 88 44 00
STRASBOURG	Hôpitaux universitaires 1, place de l'Hôpital 67091 Strasbourg Cedex	03 88 37 37 37
TOULOUSE	Hôpital de Purpan Place du Dr-Baylac 31059 Toulouse Cedex	05 61 77 74 47

ANNEXE N° 28 - LES DDTEFP EN FRANCE

Nom	Adresse	Code postal	Ville	Téléphone / Fax
DDTEFP de l'Ain	16, rue de la Grenouillère	01000	Bourg-en-Bresse cedex	04 74 45 91 39 / 04 74 45 33 52
DDTEFP de l'Aisne	Cité administrative	02016	Laon cedex	03 23 23 61 00 / 03 23 20 18 98
DDTEFP de l'Allier	12, rue de la Fraternité / BP 1767	03017	Moulins cedex	04 70 48 18 00 / 04 70 48 18 05
DDTEFP des Alpes de Haute-Provence	Rés. La Source, bât. B / Rue du Trélus	04000	Digne-les-Bains	04 92 30 21 50 / 04 92 31 43 32
DDTEFP des Hautes-Alpes	Centre administratif Desmichels	05004	Gap cedex	04 92 52 17 03 / 04 92 52 22 54
DDTEFP des Alpes Maritimes	Route de Grenoble / Centre administratif départemental	06206	Nice cedex 3	04 93 72 76 00 / 04 93 83 66 90
DDTEFP de l'Ardèche	15, av. Clément-Faugier	07000	Privas	04 75 64 24 44 / 04 75 64 76 18
DDTEFP des Ardennes	Maison des Affaires sociales / 18, av. François-Mitterrand / BP 878	08011	Charleville-Mézières cedex	03 24 59 71 30 / 03 24 37 64 96
DDTEFP de l'Ariège	30, av. du Général-de-Gaulle / BP 93	09007	Foix cedex	05 61 65 76 50 / 05 61 65 88 10
DDTEFP de l'Aube	Cité administrative Beurnonville / 66, rue de Turennes / BP 368	10025	Troyes cedex	03 25 71 83 61 / 03 25 71 83 13
DTEFP de l'Aude	Rue Jean-Méliès / BP 1006	11850	Carcassonne cedex 9	04 68 77 40 44 / 04 68 72 57 78
DDTEFP de l'Aveyron	4, rue Sarrus / BP 3110	12031	Rodez cedex 9	05 65 68 22 71 / 05 65 75 59 39
DDTEFP des Bouches-du-Rhône	55, bd Périer	13415	Marseille cedex 20	04 91 57 96 00 / 04 91 53 78 95
DDTEFP du Calvados	3, place Saint-Clair	14202	Hérouville saint-clair cedex	02 31 47 74 00 / 02 31 47 73 01
DDTEFP du Cantal	1, rue de Rieu	15012	Aurillac cedex	04 71 46 83 60 / 04 71 46 83 75
DDTEFP de la Charente	15, rue des Frères-Lumière / BP 1343	16012	Angoulême cedex	05 45 66 68 68 / 05 46 66 68 99
DDTEFP de Charente Maritime	Centre administratif Chasseloup-Laubat / Av. de la Porte Dauphine	17021	La Rochelle cedex 1	05 46 50 50 51 / 05 46 41 66 46
DDTEFP du Cher	Centre administratif Condé / 2, rue Victor-Hugo	18013	Bourges cedex	02 48 27 10 10 / 02 48 65 04 37
DDTEFP de Corrèze	Cité administrative, rue Jean Montalat / BP 153	19011	Tulle cedex	05 55 21 80 00 / 05 55 21 83 63
DDTEFP de la Corse du Sud	2, chemin de Loretto / BP 332	20180	Ajaccio cedex 1	04 95 23 90 00 / 04 95 23 90 05
DDTEFP de Haute Corse	Bd du Fango / BP 117	20291	Bastia cedex	04 95 32 98 50 / 04 95 32 98 89
DDTEFP de Côte d'Or	11, rue de l'Hôpital / BP 1502	21035	Dijon cedex	03 80 44 30 70 / 03 80 44 30 60
DDTEFP des Côtes d'Armor	Pl. du Pdt Salvador Allende / BP 2248	22022	Saint-Brieuc cedex 2	02 96 62 65 65 / 02 96 62 65 99
DDTEFP de la Creuse	Cité administrative / Place Bonnyaud / BP 132	23003	Guéret Cedex	05 55 41 86 59 / 05 55 52 85 58
DDTEFP de Dordogne	9, rue de Varsovie	24016	Périgueux cedex	05 53 02 88 00 / 05 53 02 88 59
DDTEFP du Doubs	Cité administrative / 5, place Jean-Cornet	25041	Besançon cedex	03 81 21 13 13 / 03 81 81 56 91

Annexes

Nom	Adresse	Code postal	Ville	Téléphone / Fax
DDTEFP de la Drôme	70, avenue de la Marne / BP 2121	26021	Valence cedex	04 75 75 21 21 / 04 75 55 78 67
DDTEFP de l'Eure	Cité administrative / Bd Georges-Chauvin	27023	Evreux cedex	02 32 24 86 50 / 02 32 24 86 95
DDTEFP d'Eure-et-Loir	13, rue du Dr A. Haye	28000	Chartres	02 37 18 79 00 / 02 37 36 92 06
DDTEFP du Finistère	6, venelle de Kergos	29196	Quimper cedex	02 98 55 63 02 / 02 98 55 83 55
DDTEFP du Gard	174, rue Antoine Blondin / BP 7139	30933	Nîmes cedex	04 66 38 55 55 / 04 66 38 55 39
DDTEFP de Haute-Garonne	Cité administrative - BAT B / Bd Armand-Duportal	31074	Toulouse cedex	05 61 58 58 58 / 05 61 58 52 74
DDTEFP du Gers	2, place Denfert-Rochereau / BP 341	32007	Auch cedex	05 62 61 63 60 / 05 62 05 64 10
DDTEFP de la Gironde	118, cours du Maréchal-Juin	33075	Bordeaux cedex	05 56 00 08 81 / 05 56 00 08 88
DDTEFP de l'Hérault	615, bd d'Antigone	34064	Montpellier cedex 2	04 67 22 88 88 / 04 67 22 88 99
DDTEFP d'Ille-et-Vilaine	18, av. Henri Fréville / BP 41105	35041	Rennes cedex 2	02 99 26 57 57 / 02 99 26 57 52
DDTEFP de l'Indre	Centre administratif Bertrand / BP 607	36020	Châteauroux cedex	02 54 53 80 00 / 02 54 34 29 40
DDTEFP d'Indre-et-Loire	8, rue Alexandre Fleming / BP 2729	37027	Tours cedex 1	02 47 31 57 01 / 02 47 31 57 39
DDTEFP de l'Isère	17/19, rue du Commandant-L'Herminier	38032	Grenoble cedex 1	04 76 63 67 39 / 04 76 51 12 23
DDTEFP du Jura	165, avenue Paul-Seguin / BP 372	39016	Lons-le-Saulnier cedex	03 84 87 26 00 / 03 84 87 26 24
DDTEFP des Landes	4, allée de la Solidarité / Cité Galliane / BP 403	40012	Mont-de-Marsan cedex	05 58 46 65 43 / 05 58 46 65 00
DDTEFP du Loir-et-Cher	34, avenue Maunoury / Centre administratif	41011	Blois cedex	02 54 55 85 70 / 02 54 55 85 50
DDTEFP de la Loire	11, rue Balay	42021	Saint-Étienne cedex	04 77 43 41 80 / 04 77 43 41 99
DDTEFP de la Haute Loire	4, rue de la Passerelle / BP 313	43011	Le-Puy-en-Velay cedex	04 71 09 82 05 / 04 71 02 04 48
DDTEFP de la Loire Atlantique	Place de Bretagne / Tour Bretagne	44047	Nantes cedex 01	02 40 12 35 00 / 02 40 12 35 90
DDTEFP du Loiret	131, faubourg Bannier / Centre administratif Coligny	45042	Orléans cedex	02 38 78 98 38 / 02 38 62 33 03
DDTEFP du Lot	304, rue Victor-Hugo	46009	Cahors cedex	05 65 20 31 15 / 05 65 30 03 07
DDTEFP du Lot-et-Garonne	997, avenue du Dr Jean-Bru	47916	Agen cedex 9	05 53 68 40 40 / 05 53 66 00 08
DDTEFP de la Lozère	Immeuble Le Saint-Clair / Av. du 11 Novembre	48000	Mendé	04 66 65 61 00 / 04 66 65 61 05
DDTEFP du Maine-et-Loire	7, rue Bouche-Thomas	49043	Angers cedex 01	02 41 54 53 52 / 02 41 47 14 85
DDTEFP de la Manche	Centre d'affaires administratif / Bd Félix-Amiot / BP 240	50100	Cherbourg cedex	02 33 88 32 00 / 02 33 88 32 32
DDTEFP de la Marne	60, avenue Daniel-Simonnot	51038	Chalons-en-Champagne cedex	03 26 69 57 51 / 03 26 69 57 52

Annexes

Nom	Adresse	Code postal	Ville	Téléphone / Fax
DDTEFP de la Haute-Marne	15, rue Decres / BP 552	52012	Chaumont cedex	03 25 01 67 00 / 03 25 32 16 64
DDTEFP de la Mayenne	Cité administrative / rue Mac Donald / BP 3850	53030	Laval cedex 9	02 43 67 60 60 / 02 43 67 60 59
DDTEFP de la Meurthe-et-Moselle	Centre d'affaires des Nations / 23, bd de l'Europe / BP 219	54506	Vandoeuvre-les-Nancy cedex	03 83 50 39 00 / 03 83 57 66 38
DDTEFP de la Meuse	28, avenue Gambetta / BP 613	55013	Bar-le-Duc cedex	03 29 76 17 17 / 03 29 45 11 11
DDTEFP du Morbihan	Rue de Rohan / CP 3457 / Parc Pompidou	56034	Vannes cedex	02 97 26 26 26 / 02 97 26 26 39
DDTEFP de la Moselle	32, avenue André-Malraux	57046	Metz cedex 01	03 87 56 54 00 / 03 87 56 54 84
DDTEFP de la Nièvre	11, rue Pierre-Emile Gaspard / Case 66	58020	Nevers cedex	03 86 60 52 52 / 03 86 60 52 50
DDTEFP du Nord (Lille)	77, bd Léon-Gambetta / BP 665 / Immeuble République	59033	Lille cedex	03 20 12 55 55 / 03 20 30 83 41
DDTEFP du Nord (Valenciennes)	Les Terciares / Rue Marc-Lefrancq / BP 487	59321	Valenciennes cedex	03 27 14 57 53 / 03 27 45 98 98
DDTEFP de l'Oise	10, rue Charles-Caron	60000	Beauvais	03 44 06 26 26 / 03 44 06 26 62
DDTEFP de l'Orne	57, rue Cazault	61013	Alençon cedex	02 33 82 54 00 / 02 33 82 54 49
DDTEFP du Pas-de-Calais	5, rue Pierre-Beregovoy / BP 539	62008	Arras cedex	03 21 60 28 00 / 03 21 60 28 50
DDTEFP du Puy-de-Dôme	80, bd François-Mitterrand / BP 428	63012	Clermont-Ferrand cedex 1	04 73 41 22 00 / 04 73 41 22 40
DDTEFP des Pyrénées-Atlantiques	Cité administrative / Bd Tourasse	64000	Pau cedex	05 59 14 43 25 / 05 59 02 42 13
DDTEFP des Huates-Pyrénées	BP 1720	65017	Tarbes cedex 9	05 62 51 84 00 / 05 62 34 27 39
DDTEFP des Pyrénées Orientales	76, bd Aristide-Briand	66026	Perpignan cedex	04 68 66 25 00 / 04 68 67 28 82
DDTEFP du Bas-Rhin	6, rue Gustave-Adolphe Hirn	67085	Strasbourg cedex	03 88 75 86 86 / 03 88 75 86 94
DDTEFP du Haut-Rhin	Cité administrative - immeuble Tour / 3, rue Fleischhauer	68026	Colmar cedex	03 89 24 81 37 / 03 89 24 83 50
DDTEFP du Rhône	8/10, rue du Nord	69625	Villeurbanne cedex	04 72 65 58 50 / 04 72 65 57 90
DDTEFP de la Haute-Saône	Pl. du 11e Chasseurs / BP 383 / Cité administrative	70014	Vesoul cedex	03 84 96 80 00 / 03 84 96 80 15
DDTEFP de Saône-et-Loire	952, av. du Mal De Lattre de Tassigny	71031	Mâcon cedex	03 85 32 72 00 / 03 85 39 15 65
DDTEFP de la Sarthe	11, avenue René-Laennec	72018	Le Mans cedex 2	02 43 39 41 41 / 02 43 28 64 71
DDTEFP de Savoie	Carré Curial	73018	Chambéry cedex	04 79 60 70 00 / 04 79 33 19 75
DDTEFP de Haute-Savoie	48, avenue de la République / BP 901	74 990	Annecy cedex 09	04 50 88 28 00 / 04 50 88 28 99
DDTEFP de Paris	109, rue Montmartre	75084	Paris cedex 02	01 44 76 69 30 / 01 42 36 15 83

Annexes

Nom	Adresse	Code postal	Ville	Téléphone / Fax
DDTEFP de Seine-Maritime	Cité administrative / 2, rue Saint-Sever	76032	Rouen cedex	02 35 58 59 60 / 02 35 58 60 44
DDTEFP de Seine-et-Marne	Pré Chamblain - Bât. C / Cité administrative	77011	Melun cedex	01 64 41 28 59 / 01 64 37 83 89
DDTEFP des Yvelines	34, avenue du Centre / Immeuble La Diagonale	78182	Saint-Quentin-en-Yvelines cedex	01 39 44 10 00 / 01 39 44 10 50
DDTEFP des Deux-Sèvres	4, rue Joseph-Cugnot / BP 8621	79026	Niort cedex 9	05 49 79 93 55 / 05 49 79 62 94
DDTEFP de la Somme	40, rue de la Vallée	80042	Amiens cedex 1	03 22 53 52 22 / 03 22 32 41 00
DDTEFP du Tarn	44, bd du Maréchal-Lannes / BP 18 / Cantepau	81027	Albi CT	05 63 43 32 00 / 05 63 43 32 01
DDTEFP du Tarn-et-Garonne	600, bd d'Alsace-Lorraine	82017	Montauban cedex	05 63 91 87 00 / 05 63 03 02 27
DDTEFP du Var	177, bd Charles-Barnier / BP 131	83071	Toulon cedex	04 94 09 64 00 / 04 94 22 18 14
DDTEFP de Vaucluse	72, route de Montfavet / BP 331	84022	Avignon cedex 1	04 90 14 75 00 / 04 90 14 75 43
DDTEFP de la Vendée	Cité administrative Travot / BP 789	85020	La-Roche-sur-Yon cedex	02 51 45 21 00 / 02 51 37 88 51
DDTEFP de la Vienne	22, rue Gay-Lussac / BP 529	86020	Poitiers cedex	05 49 56 10 10 / 05 49 61 01 84
DDTEFP de la Haute-Vienne	2, allée Saint-Alexis / BP 13203	87032	Limoges cedex	05 55 11 66 00 / 05 55 11 66 18
DDTEFP des Vosges	16, quai André-Barbier	88025	Epinal cedex	03 29 69 80 80 / 03 29 69 80 69
DDTEFP de l'Yonne	1, rue de Preuilly / BP 13	89 010	Auxerre	03 86 72 00 00 / 03 86 51 49 20
DDTEFP Territoire de Belfort	11, rue Mazarin / BP 483	90016	Belfort cedex	03 84 57 71 00 / 03 84 55 02 46
DDTEFP de l'Essonne	523, place des Terrasses de l'Agora / Tour Agora Evry 2	91034	Evry cedex	01 60 79 70 00 / 01 60 77 69 09
DDTEFP des Hauts-de-Seine	13, rue de Lens	92022	Nanterre cedex	01 47 86 40 00 / 01 47 86 40 40
DDTEFP de Seine-Saint-Denis	1, av. Youri-Gagarine / Bât. 6	93016	Bobigny cedex	01 41 60 53 00 / 01 41 60 53 01
DDTEFP du Val-de-Marne	Immeuble Le Pascal / Av. du Général-de-Gaulle	94007	Créteil cedex	01 49 56 28 00 / 01 49 56 06 27
DDTEFP du Val d'Oise	Immeuble Atrium / 3, bd de l'Oise	95014	Cergy-Pontoise cedex	01 34 35 49 49 / 01 30 30 37 23
DDTEFP de Guadeloupe	Bisdary Gourbeyre / BP 647	97109	Basse Terre cedex	05 90 80 50 50 / 05 90 80 50 00
DDTEFP de Martinique	Route de la Pointe des Sables / Les Hauts de Dillon / BP 653	97263	Fort-de-France cedex	05 96 71 15 00 / 05 96 71 15 10
DDTEFP de la Guyane	La Rocade de Zéphyr n°859 / BP 6009	97306	Cayenne cedex 9	05 94 29 53 53 / 05 94 29 53 66
DDTEFP de la Réunion	112, rue de la République	97488	Saint-Denis cedex	02 62 28 30 47 / 02 62 94 08 30
DDTEFP Saint-Pierre-et-Miquelon	8, rue des Petits-Pêcheurs / Saint-Pierre - BP 4212	97500	Saint-Pierre-et-Miquelon	05 08 41 29 66 / 05 08 41 19 61
DTEFP de la Mayotte	Place Mariage / BP 174	97600	Mamoudzou	02 69 61 16 57 / 02 69 61 03 37

Annexe n°29
Adresses utiles

Associations spécialisées dans le recrutement des nounous à domicile

RÉGION PARISIENNE

ABC Puériculture
Tél. : 01 40 50 13 64
site : www.abpuericulture.Asso.fr

Allô Maman travaille
Tél. : 01 46 03 03 46
site : www.allomamantravaille.net

Baby Chou
Tél. : 01 43 13 33 23
site : www.babychou.asso.fr

Home Service
Tél. : 01 42 82 05 04
site : www.homeserviceidf.com

Kid Service
Tél. : 08 20 00 02 30

Saperlipopette
Tél. : 01 43 36 48 48
Claire CHEVALIER
e-mail : saperlipopette@noos.fr

PROVINCE

LYON
Association familiale catholique
Tél. : 04 78 37 09 22

GRENOBLE
Proxim' Services
Tél. : 04 76 44 35 88

NICE
Association famille Jeunesse
Tél. : 04 93 82 28 22

Recrutement des jeunes filles au pair

Jeunes étrangers au pair
Accueil familial
des jeunes Etrangers
23, rue du Cherche Midi
75006 PARIS
Tél. : 01 42 22 50 34

EuroPair Services
13, rue Vavin 75006 PARIS
Tél. : 01 43 29 80 01
site : europairservices.com

Alliance Française
101 bld Raspail
75006 PARIS
01 42 84 90 00
site : www.alliancefr.org

L'alliance française est également présente en province (Dijon, Lyon, Grasse, Montpellier, Toulouse, Tours, Tulle..)

Autres

L'ASSMAT
La revue des assistantes maternelles
67, rue de l'Aqueduc
75010 Paris
Tél. : 01 40 35 95 40

CROUS
Service du recrutement
Tél. : 01 40 51 37 54 / 37 52
site : www.crous.fr

FORMATION
AGEFOS-PME
Services Emplois familiaux
69, bld Malesherbes – 75008 PARIS
Tél. : 01 44 90 46 46
site : www.agefos-pme.org

RETRAITE ET PRÉVOYANCE
IRCEM
261, avenue des Nations-Unies
59672 Roubaix Cedex
Tél. : 03 20 45 57 00

FEPEM
Fédération nationale
des particuliers employeurs
18, rue Saint-Marc
75002 Paris
Tél. : 01 42 81 38 75
site : www.fepem.fr

Annexe n°30
Extraits de la convention collective nationale des salariés du particulier employeur
[étendue par arrêté du 2 mars 2000, JO RF du 11 mars 2000]

ARTICLE 1 - DISPOSITIONS GÉNÉRALES

a) Champ d'application professionnel (code NAF 95-OZ)

La présente convention collective règle les rapports entre les particuliers employeurs et leurs salariés. Le caractère spécifique de cette profession est de s'exercer au domicile privé du particulier employeur avec toutes les conséquences qui en découlent.

Le particulier employeur n'est pas une entreprise.

Est salarié toute personne, à temps plein ou partiel, qui effectue tout ou partie des tâches de la maison à caractère familial ou ménager.

La présente convention s'applique aux utilisateurs du chèque emploi-service (cf. accord du 13 octobre 1995, en annexe 3).

b) Champ d'application géographique

Le champ d'application géographique de la présente convention comprend l'ensemble du territoire métropolitain.

c) Libertés d'opinion et syndicale

Les contractants reconnaissent la liberté d'opinion et la liberté syndicale.

d) Durée de la convention, dénonciation, modification et révision

La convention collective nationale est conclue pour une durée indéterminée. Chacune des parties a la possibilité de la dénoncer en partie ou en totalité, par pli recommandé, avec accusé de réception et préavis de 3 mois (1).

Conformément au code du travail, la dénonciation doit être notifiée par son auteur aux autres signataires de la convention et déposée auprès des services du ministère du travail.

Dans ce cas, la convention ou la partie de la convention dénoncée restera en vigueur jusqu'à la signature d'un nouvel accord et au maximum pendant un an.

La commission paritaire nationale (ou mixte) est composée des représentants des particuliers employeurs (FEPEM) et des organisations syndicales représentatives sur le plan national.

Toute demande de modification ou de révision sera portée devant la commission paritaire nationale de la présente convention. La commission paritaire devra alors être convoquée dans un délai d'un mois.

Ses modalités de fonctionnement sont déterminées d'un commun accord entre les parties.

e) Avantages acquis

Cette convention collective nationale annule et remplace la convention collective nationale signée le 3 juin 1980.

La présente convention ne saurait, en aucun cas, porter atteinte aux avantages individuels acquis antérieurement à son entrée en vigueur.

ARTICLE 2 - CLASSIFICATION

Dernière modification : accord 2002-10-10 en vigueur 1 jour franc après l'extension BO conventions collectives 2002-45 étendu par arrêté du 16 mai 2003, JORF 29 mai 2003.

Niveau : débutant
Critère : moins de 6 mois dans la profession
Emploi ménager et familial : employé de maison

Niveau : niveau I
Critère : exécutant
Sous la responsabilité de l'employeur
Emploi ménager et familial : employé de maison
Emploi spécifique : repasseuse familiale

Niveau : niveau II
Critère : compétences acquises dans la profession et capacités d'initiatives
Sens des responsabilités (employeur présent ou non),
ou
Certificat d'employé familial polyvalent (titre homologué) [1]
Emploi ménager et familial : employé de maison
Employé familial titulaire du certificat d'employé familial polyvalent
Poste d'emploi à caractère familial (PECF) : assistant de vie 1
Employé familial auprès d'enfants
Dame ou homme de compagnie
Emploi spécifique : homme et femme toutes mains
Accompagnement scolaire
Garde partagée : salarié non titulaire du CQP garde d'enfants au domicile de l'employeur

Niveau : niveau III
Critère : responsabilité
Autonomie
Expérience,
ou
Certificats de qualification professionnelle (CQP) reconnus par la branche :
– assistant de vie ;
– garde d'enfants au domicile de l'employeur.
Poste d'emploi à caractère familial (PECF) : assistant de vie 2 pour personne dépendante

Assistant de vie titulaire du CQP
Employé familial auprès d'enfants, titulaire du CQP
Garde-malade de jour à l'exclusion de soins
Emploi spécifique : cuisinier qualifié
Femme de chambre
Valet de chambre
Lingère
Repasseuse qualifiée
Secrétaire particulier
Garde partagée : salarié titulaire du CQP garde d'enfants au domicile de l'employeur.

Niveau : niveau IV
Critère : responsabilité entière
Autonomie totale
Expérience
Qualification
Emploi ménager et familial : employé de maison,
ou
Employé familial très qualifié avec responsabilité de l'ensemble des travaux ménagers et familiaux
Poste d'emploi à caractère familial (PECF) : garde-malade de nuit à l'exclusion de soin

Niveau : niveau V
Critère : hautement qualifié
Poste d'emploi à caractère familial (PECF) : nurse
Gouvernante d'enfant(s)
Emploi spécifique : maître d'hôtel
Chauffeur
Chef cuisinier
Secrétaire particulier bilingue

(1) Par arrêté du 20 janvier 1998 paru au JO du 5 février 1998.

ARTICLE 3 - POSTES D'EMPLOI À CARACTÈRE FAMILIAL (PECF)

Présence responsable

Les salariés occupant un poste d'emploi à caractère familial assument une responsabilité auprès de personnes : enfants, personnes âgées ou handicapées, dépendantes ou non.

Dans le cadre de l'horaire défini dans le contrat, ces salariés peuvent effectuer des heures de travail effectif et des heures de présence responsable dont le nombre respectif sera précisé au contrat.

a) Définition de la présence responsable

Les heures de présence responsable sont celles où le salarié peut utiliser son temps pour lui-même tout en restant vigilant pour intervenir, s'il y a lieu.

Le nombre d'heures éventuelles de présence responsable peut évoluer notamment en fonction de :
- l'importance du logement ;
- la composition de la famille ;
- l'état de santé de la personne âgée, handicapée ou malade.

Une heure de présence responsable équivaut à deux tiers d'une heure de travail effectif.

b) Description des postes

1. Employé familial auprès d'enfants, non titulaire du certificat de qualification professionnelle (CQP) « Garde d'enfants » (niveau 2) :
– Assure en priorité le travail et la responsabilité auprès des enfants de tous âges ;
– Selon les directives des parents, assure le travail effectif lié à la présence des enfants, notamment : préparation de leurs repas, entretien de leur linge, habillement, toilettes, promenades, trajets, nettoyage de leurs chambres, salle de bains, cuisine, etc. ;
– Contribue à l'éveil des enfants ;
– Si l'employé effectue d'autres tâches familiales et ménagères, celles-ci sont du travail effectif.

2. Dame ou homme de compagnie (niveau 2) :

Assure une présence auprès de personnes en veillant à leur confort physique et moral ;

3. Assistant de vie 1 (niveau 2) :

Assure une présence auprès de personnes âgées ou handicapées en veillant à leur confort physique et moral, et en exécutant les tâches ménagères courantes.

4. Assistant de vie 2 (niveau 3) :

Assure auprès des personnes âgées et handicapées dépendantes les tâches de la vie quotidienne que celles-ci ne peuvent réaliser, leur permettant ainsi de vivre à leur domicile.
Ou assistant de vie titulaire d'un certificat de qualification professionnelle « Assistant de vie ».

5. Employé familial auprès d'enfants, titulaire du certificat de qualification professionnelle (CQP) « Garde d'enfants » (niveau 3) :

Voir description paragraphe 1.

6. Garde-malade de jour, à l'exclusion de soins (niveau 3) :

Assure une présence auprès du ou des malades, à l'exclusion de soins, en veillant à leur confort physique et moral.

7. Garde-malade de nuit, à l'exclusion de soins (niveau 4) :

Garde-malade de nuit étant à proximité du malade et susceptible d'intervenir à tout moment, à l'exclusion de soins.

Cet emploi n'est pas compatible avec un emploi de jour à temps complet. Le salarié reste à proximité du malade et ne dispose pas de chambre personnelle.

8. Nurse, gouvernante d'enfants (niveau 5) :

Emploi qualifié par un diplôme ou 5 ans de pratique professionnelle, assurant l'éducation et les soins aux enfants ou la prise en charge totale de nouveau-nés qui lui sont confiés. Les conditions particulières à cet emploi seront définies au contrat.

ARTICLE 4 - EMPLOIS SPÉCIFIQUES

Dernière modification : Accord 2002-10-10 en vigueur 1 jour franc après l'extension BO conventions collectives 2002-45 étendu par arrêté du 16 mai 2003 JORF 29 mai 2003.

1. Homme et femme toutes mains :

Homme et femme chargés d'exécuter des travaux de petit entretien.

2. Garde partagée :

– salarié assurant simultanément la garde des enfants de deux familles alternativement au domicile de l'une et de l'autre ;
– le travail et la responsabilité auprès des enfants des deux familles employeurs resteront une priorité. Selon les directives des parents, assure le travail effectif lié à la présence des enfants, notamment : préparation de leurs repas, entretien du linge, habillement, toilettes, promenades, trajets, nettoyage de leurs chambres, salle de bain, cuisine, etc. ;
– contribue à l'éveil des enfants ;
– il est spécifiquement dans la nature de cet emploi de faire vivre ensemble et en harmonie des enfants de familles différentes, ce qui implique une concertation et une entente des parents.

Ce qui précède constitue une clause essentielle du contrat.
Cela implique également des règles spécifiques :

•• Contrat de travail
(art. 7 de la CCN des salariés du particulier employeur)
Un contrat de travail écrit est établi avec le salarié par chaque famille employeur. Il inclut une clause identique précisant le lien avec l'autre famille employeur.

•• Rupture du contrat de travail
(art. 11 et 12 de la CCN des salariés du particulier employeur)
La rupture de l'un des contrats de travail entraîne une modification substantielle de l'autre contrat.

•• Durée du travail
(art. 15 de la CCN des salariés du particulier employeur)
La durée du travail s'entend du total des heures effectuées au domicile de l'une et de l'autre famille. Toutes ces heures ont le caractère de travail effectif.

•• **Congés payés**
(art. 16 de la CCN des salariés du particulier employeur)
La date des congés payés est fixée par les deux employeurs d'un commun accord, de telle sorte que le salarié bénéficie d'un congé légal réel.

•• **Rémunération**
(art. 20 de la CCN des salariés du particulier employeur)
Chaque famille rémunère les heures effectuées à son domicile, selon les modalités définies au contrat de travail.

•• **Médecine du travail**
(art. 22 de la CCN des salariés du particulier employeur)
Si la durée du travail globale équivaut à un temps plein, la médecine du travail est obligatoire à la charge des deux employeurs.

ARTICLE 5 - SALARIÉ LOGÉ

Pour le salarié à temps complet ou à temps partiel logé par l'employeur, le logement est une prestation en nature déduite du salaire net.

ARTICLE 6 - NUIT

a) Si le salarié est tenu de dormir sur place, sans contrainte horaire, le logement ne sera pas déduit du salaire net.
b) Poste d'emploi à caractère familial (PECF)
1. Présence de nuit (niveaux 2 et 3) :

La présence de nuit, compatible avec un emploi de jour, s'entend de l'obligation pour le salarié de dormir sur place dans une pièce séparée, sans travail effectif habituel, tout en étant tenu d'intervenir éventuellement dans le cadre de sa fonction.
Cette présence de nuit ne peut excéder 12 heures.
Il ne pourra être demandé plus de 5 nuits consécutives, sauf cas exceptionnel.
Pour les salariés tenus à une présence de nuit, le logement ne sera pas pris en compte dans l'évaluation des prestations en nature et donc ne sera pas déduit du salaire net.

Cette présence de nuit sera prévue au contrat et rémunérée pour sa durée par une indemnité forfaitaire dont le montant ne pourra être inférieur à 1/6e du salaire conventionnel versé pour une même durée de travail effectif. Cette indemnité sera majorée en fonction de la nature et du nombre des interventions.
Si le salarié est appelé à intervenir toutes les nuits à plusieurs reprises, toutes les heures de nuit sont considérées comme des heures de présence responsable.
Cette situation ne peut être que transitoire. Si elle perdure le contrat sera revu.
2. Garde-malade de nuit (niveau 4) :

Cet emploi n'est pas compatible avec un emploi de jour à temps complet. Le salarié reste à proximité du malade et ne dispose pas de chambre personnelle.

La rémunération est calculée sur une base qui ne peut être inférieure à 8 fois le salaire horaire pour 12 heures de présence par nuit.

ARTICLE 7 - CONTRAT DE TRAVAIL

L'accord entre l'employeur et le salarié est établi par un contrat écrit. Il est rédigé soit à l'embauche, soit à la fin de la période d'essai au plus tard.

Dans ce dernier cas, une lettre d'embauche est établie lors de l'engagement. Elle précise la période d'essai.

Le contrat à durée déterminée est soumis à des règles spécifiques prévues par le code du travail.

Le chèque emploi-service : les employeurs utilisant le chèque emploi-service doivent se reporter à l'annexe III (accord paritaire du 13 octobre 1995).

ARTICLE 8 - PÉRIODE D'ESSAI

Une période d'essai initiale d'un mois maximum précédera l'engagement définitif. Sa durée sera précisée par écrit à l'embauche. Elle pourra être renouvelée une fois, sous réserve que le salarié en ait été averti par écrit avant l'expiration de la première période.

Dans cette limite, chacun pourra reprendre sa liberté sans préavis ni indemnité.

ARTICLE 9 - ANCIENNETÉ

Pour l'application des dispositions de la présente convention subordonnées à une certaine ancienneté, on se référera à la définition suivante :

• L'ancienneté, à la date de l'événement, s'entend des services continus, effectués chez le même employeur depuis la date d'engagement, du contrat en cours, qu'il s'agisse d'un contrat à temps complet ou à temps partiel.

• Sont prises en compte pour le calcul de l'ancienneté les périodes non travaillées suivantes :

– congés payés ;
– congés de maternité et d'adoption ;
– accident du travail ou maladie professionnelle, à l'exclusion de l'accident du trajet ;
– congés de formation de la branche professionnelle ;
– congé parental pour la moitié de sa durée.

Article étendu sous réserve de l'application de l'article L. 931-7 du code du travail (arrêté du 2 mars 2000, art. 1er).

ARTICLE 10 - ABSENCE DU SALARIÉ

Toute absence doit être justifiée.

ARTICLE 11 - RUPTURE DU CONTRAT À DURÉE INDÉTERMINÉE À L'INITIATIVE DU SALARIÉ

a) Démission du salarié

Le contrat de travail peut être rompu par la démission du salarié. La démission doit résulter d'une volonté sérieuse et non équivoque, exprimée clairement par écrit.

La durée du préavis à effectuer par le salarié est fixée à :

– 1 semaine pour le salarié ayant moins de 6 mois d'ancienneté de services continus chez le même employeur ;
– 2 semaines pour le salarié ayant de 6 mois à moins de 2 ans d'ancienneté de services continus chez le même employeur ;
– 1 mois pour le salarié ayant 2 ans ou plus d'ancienneté de services continus chez le même employeur.

En cas d'inobservation du préavis, la partie responsable de son inexécution devra verser à l'autre partie une indemnité égale au montant de la rémunération correspondant à la durée du préavis.

b) Départ volontaire à la retraite du salarié

Le contrat de travail peut être rompu par le salarié âgé de 60 ans au moins qui fait part à l'employeur de sa volonté de cesser son activité pour prendre sa retraite.

La durée du préavis à effectuer par le salarié est celle due en cas de licenciement : voir article 12 a, paragraphe 2.

En cas d'inobservation du préavis, la partie responsable de son inexécution devra verser à l'autre partie une indemnité égale au montant de la rémunération correspondant à la durée du préavis.

L'indemnité de départ volontaire à la retraite versée par l'employeur est de :

– 1/2 mois de salaire brut après 10 ans d'ancienneté chez le même employeur, dont seront déduites les cotisations dues ;
– 1 mois de salaire brut après 15 ans d'ancienneté chez le même employeur, dont seront déduites les cotisations dues ;
– 1,5 mois de salaire brut après 20 ans d'ancienneté chez le même employeur, dont seront déduites les cotisations dues ;
– 2 mois de salaire brut après 30 ans d'ancienneté chez le même employeur, dont seront déduites les cotisations dues.

Le salaire à prendre en considération pour le calcul de cette indemnité est celui servant de base au calcul de l'indemnité de licenciement : voir article 12 a, paragraphe 3.

Cette indemnité de départ volontaire à la retraite ne se cumule avec aucune autre indemnité de même nature.

ARTICLE 12 - RUPTURE DU CONTRAT À DURÉE INDÉTERMINÉE À L'INITIATIVE DE L'EMPLOYEUR

a) Licenciement du salarié

Le contrat de travail peut être rompu par l'employeur pour tout motif constituant une cause réelle et sérieuse.

La rupture consécutive au décès de l'employeur fait l'objet de l'article 13.

1. Procédure de licenciement :

Le particulier employeur n'étant pas une entreprise et le lieu de travail étant son domicile privé, les règles de procédure spécifiques au licenciement économique et celles relatives à l'assistance du salarié par un conseiller lors de l'entretien préalable ne sont pas applicables.

En conséquence, l'employeur, quel que soit le motif du licenciement, à l'exception du décès de l'employeur, est tenu d'observer la procédure suivante :

– convocation à un entretien préalable par lettre recommandée ou par lettre remise en main propre contre décharge.

Cette convocation indique l'objet de l'entretien (éventuel licenciement) :

– entretien avec le salarié : l'employeur indique le ou les motifs de la décision envisagée et recueille les explications du salarié ;
– notification de licenciement : s'il décide de licencier le salarié, l'employeur doit notifier à l'intéressé le licenciement par lettre recommandée avec demande d'avis de réception.

La lettre de licenciement doit préciser clairement le ou les motifs de licenciement.

La lettre ne pourra être expédiée moins d'un jour franc après la date prévue pour l'entretien préalable.

La date de la première présentation de la lettre recommandée de licenciement fixe le point de départ du préavis.

2. Préavis :

Le préavis doit être exécuté dans les conditions de travail prévues au contrat.

La durée du préavis à effectuer en cas de licenciement pour motif autre que faute grave ou lourde (1) est fixée à :

– 1 semaine pour le salarié ayant moins de 6 mois d'ancienneté de services continus chez le même employeur ;
– 1 mois pour le salarié ayant de 6 mois à moins de 2 ans d'ancienneté de services continus chez le même employeur ;
– 2 mois pour le salarié ayant 2 ans ou plus d'ancienneté de services continus chez le même employeur.

En cas d'inobservation du préavis, la partie responsable de son inexécution devra verser à l'autre partie une indemnité égale au montant de la rémunération correspondant à la durée du préavis.

3. Indemnité de licenciement :

Une indemnité distincte de l'éventuelle indemnité de préavis sera accordée, en dehors du cas de faute grave ou lourde [1] aux salariés licenciés avant l'âge de 65 ans et ayant au moins 2 ans d'ancienneté ininterrompue au service du même employeur.

Cette indemnité non soumise à cotisations et contributions sociales sera calculée comme suit :

– pour les 10 premières années d'ancienneté : 1/10e de mois par année d'ancienneté de services continus chez le même employeur ;
– pour les années au-delà de 10 ans : 1/6 (1/6 = 1/10 + 1/15) de mois par année d'ancienneté de services continus chez le même employeur, au-delà de 10 ans.

Le salaire à prendre en considération pour le calcul de l'indemnité est le douzième de la rémunération brute des 12 derniers mois précédant la date de notification du licenciement ou, selon la formule la plus avantageuse pour l'intéressé, le tiers des 3 derniers mois précédant la date de fin de contrat (étant entendu que, dans ce cas, toute prime ou gratification à caractère annuel ou exceptionnel qui aurait été versée au salarié pendant cette période ne serait prise en compte que prorata temporis).

Cette indemnité de licenciement ne se cumule avec aucune indemnité de même nature.

4. Heures de liberté pendant le temps de préavis :

Pour la recherche d'un nouvel emploi, les salariés à temps complet auront droit, sans diminution de salaire :

– s'ils ont moins de 2 ans d'ancienneté chez le même employeur, à 2 heures par jour pendant 6 jours ouvrables ;
– s'ils ont plus de 2 ans d'ancienneté chez le même employeur, à 2 heures par jour pendant 10 jours ouvrables.

Ces 2 heures seront prises alternativement un jour au choix de l'employeur, un jour au choix du salarié, à défaut d'accord entre les parties. Employeur et salarié pourront s'entendre pour bloquer tout ou partie de ces heures avant l'expiration du préavis.

Le salarié qui trouve un nouveau travail pendant le temps de préavis n'est pas tenu d'effectuer la totalité du préavis. Il pourra, sur présentation du justificatif d'un nouvel emploi, cesser le travail après avoir effectué 2 semaines de préavis dans la limite du préavis restant à courir. Salarié et employeur seront alors dégagés de leurs obligations en ce qui concerne l'exécution et la rémunération du préavis non exécuté.

b) Mise à la retraite du salarié

L'employeur peut mettre fin au contrat de travail par la mise à la retraite du salarié si celui-ci peut bénéficier d'une pension à taux plein du régime général de la sécurité sociale et s'il a atteint l'âge minimum prévu par le régime d'assurance vieillesse.

Lorsque l'employeur peut procéder à la mise à la retraite :

– il informe le salarié de sa décision ;
– les règles en matière de préavis sont celles définies en cas de licenciement ;
– l'indemnité de mise à la retraite versée par l'employeur est équivalente à l'indemnité de licenciement prévue à l'article 12 a, paragraphe 3, quelle que soit l'ancienneté du salarié.

c) Inaptitude médicale du salarié

Lorsque le salarié est reconnu inapte partiellement ou totalement par la médecine du travail, l'employeur, qui ne peut reclasser le salarié dans un emploi différent pour lequel il serait apte, doit mettre fin par licenciement au contrat de travail dans un délai d'un mois.

(1) La faute lourde est celle qui révèle une intention de nuire à l'employeur. Elle est privative de toutes indemnités, y compris de l'indemnité compensatrice de congés payés de l'année de référence en cours.

ARTICLE 13 - DÉCÈS DE L'EMPLOYEUR

Le décès de l'employeur met fin ipso facto au contrat de travail qui le liait à son salarié.

Le contrat ne se poursuit pas automatiquement avec les héritiers.

La date du décès de l'employeur fixe le départ du préavis.

Sont dus au salarié :

– le dernier salaire ;
– les indemnités de préavis et de licenciement auxquelles le salarié peut prétendre compte tenu de son ancienneté lorsque l'employeur décède ;
– l'indemnité de congés payés.

ARTICLE 14 - CERTIFICAT DE TRAVAIL, ATTESTATION ASSEDIC

À l'expiration du contrat de travail, l'employeur doit délivrer au salarié :

– un certificat contenant exclusivement la date de son entrée et celle de sa sortie, la nature de l'emploi ou, le cas échéant, des emplois successivement occupés ainsi que les périodes pendant lesquelles ces emplois ont été tenus ;
– si le salarié en fait la demande, une attestation précisant la date à laquelle ce dernier se trouve libre de tout engagement ;
– une attestation destinée à l'ASSEDIC pour faire valoir ses droits au chômage, sauf en cas de départ en retraite.

ARTICLE 15 - DURÉE DU TRAVAIL

Conformément à la directive européenne n° 97/81 du 15 décembre 1997 publiée au JOCE L. 14 du 20 janvier 1998, tout salarié dont la durée normale de travail calculée sur une base hebdomadaire, ou en moyenne sur une période d'emploi pouvant aller jusqu'à un an, est inférieure à 40 heures hebdomadaires, est un « travailleur à temps partiel ».

Une heure de présence responsable correspond à deux tiers d'une heure de travail effectif : voir article 3 a « Définition de la présence responsable ».

a) Durée du travail pour un salarié à temps plein

La durée conventionnelle du travail effectif est de 40 heures hebdomadaires pour un salarié à temps plein.

Pour les emplois sans heures de présence responsable (voir art. 2 : Classification), dans le cas où le salarié reste à la disposition de l'employeur sans travail effectif, les heures au-delà de 40 heures et dans la limite de 4 heures par semaine seront rémunérées au taux plein du niveau de la classification.

Cet article pourra être revu en fonction de la répercussion sur la profession de l'évolution générale des emplois.

b) Heures supplémentaires

Les heures supplémentaires sont celles effectivement travaillées, effectuées au-delà de l'horaire hebdomadaire de 40 heures de travail effectif.

1. Horaires réguliers : si l'horaire est régulier, la majoration pour heures supplémentaires est applicable lorsque le nombre d'heures de travail effectif et/ou le nombre d'heures résultant de la transformation (1) en heures de travail effectif dépasse 40 heures hebdomadaires.

2. Horaires irréguliers : si l'horaire est irrégulier, la majoration pour heures supplémentaires est applicable lorsque le nombre d'heures de travail effectif et/ou le nombre d'heures résultant de la transformation (1) dépasse une moyenne de 40 heures hebdomadaires calculée sur un trimestre.

En cas d'horaires irréguliers, l'amplitude hebdomadaire va de 0 à 48 heures.

3. Rémunération. - Récupération :

Les heures supplémentaires telles que calculées aux paragraphes précédents sont rémunérées, ou récupérées dans les 12 mois, suivant accord entre les parties.

Elles ne pourront excéder une moyenne de 8 heures par semaine calculée sur une période quelconque de 12 semaines consécutives sans dépasser 10 heures au cours de la même semaine.

Elles donneront lieu en rémunération ou en récupération à une majoration de 25 % (pour les 8 premières heures) et à une majoration de 50 % (pour les heures supplémentaires au-delà de 8 heures).

c) Repos hebdomadaire

Le jour habituel de repos hebdomadaire doit figurer au contrat.

Le repos hebdomadaire doit avoir une durée minimale de 24 heures consécutives et être donné de préférence le dimanche. À ces 24 heures s'ajoutera une demi-journée dans le cadre de l'aménagement de l'horaire de travail.

Le travail, le jour de repos hebdomadaire, ne peut être qu'exceptionnel. Si un travail est exécuté, à la demande de l'employeur, le jour de repos hebdomadaire, il sera rémunéré au tarif normal majoré de 25 % ou récupéré par un repos équivalent, majoré dans les mêmes proportions.

Toute autre modalité de repos hebdomadaire devra donner lieu à un accord entre les parties ; cet accord sera notifié dans le contrat de travail.

(1) Une heure de présence responsable correspond à deux tiers d'une heure de travail effectif.

ARTICLE 16 - LES CONGÉS PAYÉS ANNUELS

a) Ouverture du droit

Le droit aux congés payés annuels est acquis au salarié (à temps complet ou partiel) qui, au cours de l'année de référence (du 1er juin de l'année précédente au 31 mai de l'année en cours), justifie avoir été employé chez le même employeur pendant un temps équivalent à un minimum d'un mois de présence au travail.

b) Durée du congé

La durée du congé payé annuel est de 2 jours et demi ouvrables par mois (ou période de 4 semaines ou périodes équivalentes à 24 jours) de présence au travail, quel que soit l'horaire habituel de travail.

Sont aussi assimilés à de la présence au travail :

– les périodes de congés payés de l'année précédente ;
– les congés pour événements personnels ;
– les jours fériés chômés ;
– les congés de formation continue ;
– les congés de maternité et d'adoption ;
– les périodes pendant lesquelles un salarié se trouve maintenu ou rappelé sous les drapeaux à un titre quelconque ;
– les périodes, limitées à une durée ininterrompue d'un an, pendant lesquelles l'exécution est suspendue pour cause d'accident du travail ou de maladie professionnelle.

Lorsque le nombre de jours ouvrables calculé conformément aux deux alinéas précédents n'est pas un nombre entier, la durée du congé est portée au nombre entier immédiatement supérieur.

En tout état de cause, la durée totale du congé annuel ne peut dépasser 30 jours ouvrables (5 semaines).

Sauf accord entre les parties, la date de départ en congé est fixée par l'employeur, avec un délai suffisamment long (2 mois minimum) précisé dans le contrat de travail, pour permettre au salarié l'organisation de ses vacances.

c) Prise de congé

Les congés annuels doivent être pris.

Un congé de 2 semaines continues (ou 12 jours ouvrables consécutifs) doit être octroyé au cours de la période du 1er mai au 31 octobre, sauf accord entre les parties.

Lorsque les droits acquis sont inférieurs à 12 jours ouvrables, les congés doivent être pris en totalité et en continu.

d) Fractionnement des congés

Lorsque des droits dépassent 2 semaines (ou 12 jours ouvrables), le solde des congés, dans la limite de 12 jours ouvrables, peut être pris pendant ou en dehors de la période du 1er mai au 31 octobre, de façon continue ou non.

La prise de ces congés, en dehors de la période du 1er mai au 31 octobre, peut donner droit à un ou 2 jours de congés supplémentaires pour fractionnement :

– lorsque le fractionnement émane de l'employeur, avec l'agrément du salarié, il donne droit à :

– 2 jours ouvrables, si le nombre total de jours ouvrables pris en dehors de la période est de 6 jours ou plus ;
– 1 jour ouvrable, si le nombre total de jours ouvrables pris en dehors de cette période est de 3, 4 ou 5 jours.
– lorsque la demande de fractionnement émane du salarié, l'employeur peut subordonner son accord au renoncement aux jours supplémentaires de congé.

La cinquième semaine, dans la limite des droits acquis, peut être accolée à une période de 4 semaines (ou 24 jours ouvrables) si les parties en conviennent. La 5e semaine ne peut en aucun cas donner droit à des jours supplémentaires de congé pour fractionnement.

e) Rémunération des congés

Les congés sont rémunérés au moment où ils sont pris.

La rémunération brute des congés ne peut être inférieure :

– ni à la rémunération totale brute qui serait due au moment du règlement de la rémunération pour un temps de travail égal à celui du congé ;
– ni au dixième de la rémunération totale brute perçue par l'intéressé au cours de la période de référence.

La rémunération due par jour ouvrable est égale à 1/6e du salaire hebdomadaire, sauf application plus favorable des règles indiquées ci-dessus.

Les prestations en nature dont le salarié cesse de bénéficier pendant les congés ne seront pas déduites du montant de sa rémunération.

f) Chèque emploi-service

Lorsque l'employeur et le salarié ont opté pour le chèque emploi-service, le salaire horaire net figurant sur le chèque emploi-service est égal au salaire horaire net convenu majoré de 10 % au titre des congés payés. Dans ce cas, il n'y a pas lieu de rémunérer les congés au moment où ils sont pris.

ARTICLE 17 - AUTRES CONGÉS

a) Les congés pour événements personnels

Les salariés bénéficieront, sur justification, à l'occasion de certains événements, d'une autorisation d'absence exceptionnelle accordée dans les conditions suivantes.

Sans condition d'ancienneté :

– mariage du salarié : 4 jours ouvrables ;
– mariage d'un enfant : 1 jour ouvrable ;
– décès du conjoint ou d'un enfant : 3 jours ouvrables ;
– décès du père ou de la mère : 1 jour ouvrable ;
– naissance ou adoption : 3 jours ouvrables.

Avec condition d'ancienneté de 3 mois chez l'employeur :

– décès du beau-père ou belle-mère (c'est-à-dire père ou mère de l'époux(se) : 1 jour ouvrable ;
– décès d'un frère ou d'une sœur : 1 jour ouvrable ;
– présélection militaire : dans la limite de 3 jours ouvrables.

Ces jours de congé doivent être pris en accord avec l'employeur dans les jours qui entourent l'événement et n'entraînent pas de réduction de la rémunération mensuelle. En cas de congé pris à l'occasion de la naissance ou de l'adoption, les 3 jours ouvrables peuvent être pris dans la période de 15 jours qui entourent l'événement.

Ils sont assimilés à des jours de présence au travail pour la détermination de la durée du congé annuel.

Dans le cas où l'événement personnel obligerait le salarié à un déplacement de plus de 600 kilomètres (aller-retour), il pourrait demander à l'employeur un jour ouvrable supplémentaire pour convenance personnelle, non rémunéré.

b) Les congés pour convenance personnelle

Des congés pour convenance personnelle, non rémunérés, pourront être accordés à la demande du salarié. Les congés n'entreront pas en compte pour le calcul de la durée des congés payés annuels.

c) Les congés supplémentaires imposés par l'employeur

Si rien n'est prévu dans le contrat de travail et que l'employeur impose à un salarié un congé d'une durée supérieure à celle du congé annuel auquel peut prétendre l'intéressé, il est tenu de verser à celui-ci, pendant toute la durée du congé supplémentaire, une indemnité qui ne peut être inférieure au salaire qui serait dû pour une même période travaillée.

Ce temps de congé supplémentaire et l'indemnité y afférente ne peuvent en aucun cas être imputés sur les congés annuels à venir ni sur les indemnités correspondant à ceux-ci.

d) Les congés de mère de famille âgée de moins de 21 ans

Les femmes salariés âgées de moins de 21 ans au 30 avril de l'année précédente bénéficient de 2 jours ouvrables de congés supplémentaires rémunérés par enfant à charge. Le congé supplémentaire est réduit à 1 jour ouvrable si le congé annuel n'excède pas 6 jours ouvrables.

Est réputé enfant à charge, l'enfant qui est au foyer et est âgé de moins de 15 ans au 30 avril de l'année en cours.

e) Les congés du jeune travailleur de moins de 21 ans

Voir article 24 i « Congé du jeune travailleur âgé de moins de 21 ans ».

f) Les congés pour enfants malades

Tout salarié a droit à bénéficier d'un congé non rémunéré en cas de maladie ou d'accident, constaté par certificat médical, d'un enfant de moins de 16 ans dont il a la charge. La durée de ce congé est au maximum de 3 jours par an. Elle est portée à 5 jours si l'enfant est âgé de moins d'un an ou si le salarié assume la charge de 3 enfants ou plus de moins de 16 ans.

ARTICLE 18 - JOURS FÉRIÉS

1er mai :

Seul le 1er mai est un jour férié chômé et payé, s'il tombe un jour habituellement travaillé.
Le chômage du 1er mai ne peut être la cause d'une réduction de la rémunération. Le travail effectué le 1er mai ouvre droit à une rémunération majorée de 100 %.

Jours fériés ordinaires :

Les jours fériés ordinaires ne sont pas obligatoirement chômés et payés.
Décidé par l'employeur, le chômage des jours fériés ordinaires tombant un jour habituellement travaillé ne pourra être la cause d'une diminution de la rémunération si le salarié remplit les conditions suivantes :

– avoir 3 mois d'ancienneté chez le même employeur ;
– avoir été présent le dernier jour de travail qui précède le jour férié et le premier jour qui lui fait suite, sauf autorisation d'absence préalablement accordée ;
– s'il travaille à temps complet (40 heures par semaine), avoir accompli 200 heures de travail au moins, au cours des 2 mois qui précèdent le jour férié ;
– s'il travaille à temps partiel, avoir accompli un nombre d'heures réduit proportionnellement par rapport à un horaire hebdomadaire de 40 heures.

Lorsque le jour férié est travaillé, il est rémunéré sans majoration.

ARTICLE 19 - COUVERTURE MALADIE-ACCIDENT

Les salariés justifiant de 6 mois d'ancienneté chez le même employeur, et quel que soit le nombre d'heures de travail effectué, bénéficient en cas d'absence pour maladie ou accident, dûment constatée par avis d'arrêt de travail adressé à l'employeur dans les 48 heures, et contre-visite s'il y a lieu, à condition d'être soignés dans un pays de l'Union européenne, d'une indemnité d'incapacité complémentaire à celle de la sécurité sociale, réelle ou reconstituée.

Cette indemnisation, qui ne peut être inférieure globalement à celle garantie par les dispositions de l'article 7 de l'accord national interprofessionnel du 10 décembre 1977 annexé à la loi n° 78-49 du 19 janvier 1978 relative à la mensualisation, prend effet à partir :

– du 1er jour indemnisable par la sécurité sociale, en cas d'accident de travail et assimilé ;
– du 11e jour, pour chaque arrêt, dans les autres cas ;
– en cas d'invalidité reconnue par la sécurité sociale à un taux égal ou supérieur à 66 % ou en cas d'invalidité équivalente reconnue par le service médical mandaté par l'organisme gestionnaire, d'une rente d'invalidité complémentaire à celle de la sécurité sociale, réelle ou reconstituée.

Ces garanties sont financées par un fonds de prévoyance auquel cotisent employeurs et salariés :

– l'indemnisation résultant des dispositions de la loi de mensualisation (loi n° 78-49 du 19 janvier 1978) est financée en totalité par les cotisations de l'employeur ;
– l'indemnisation au titre des garanties complémentaires est financée conjointement par les cotisations de l'employeur et du salarié.

Les conditions d'application de cet article sont définies dans l'annexe VI « Prévoyance » de la présente convention collective. Ces dispositions s'appliquent depuis le 1er janvier 1999.

ARTICLE 20 - RÉMUNÉRATION

a) Salaires

1. Salaire horaire :

Pour une heure de travail effectif aucun salaire horaire brut ne peut être inférieur au salaire horaire minimum conventionnel, ni au SMIC horaire en vigueur, sauf abattement légal particulier.

2. Salaire mensuel :

Pour les horaires réguliers (à temps complet ou à temps partiel), le salaire est mensualisé : (salaire horaire brut x nombre d'heures de travail effectif hebdomadaire x 52/12) :

– pour un temps complet, le salaire est calculé sur la base de 174 heures ;
– pour les horaires irréguliers, le salaire est calculé, à partir du salaire horaire brut, en fonction du nombre d'heures de travail effectif décomptées dans le mois.

3. Salaire minimum conventionnel :

Le salaire minimum conventionnel, fixé en fonction du niveau de la classification, est un salaire brut avant déduction des charges salariales et du montant des prestations en nature éventuellement fournies.

Le salaire brut - ancienneté comprise - doit au moins être égal au salaire minimum conventionnel majoré de l'ancienneté acquise.

4. Majoration pour ancienneté :

Le salaire minimum conventionnel est majoré de 3 % après 3 ans, plus 1 % par an jusqu'à 10 % après 10 ans de travail chez le même employeur.

5. Prestations en nature :

On désigne par prestations en nature les repas ou le logement fournis.

Le montant minimum de chaque prestation en nature est fixé paritairement lors de la négociation sur les salaires. Si l'importance du logement le justifie, une évaluation supérieure pourra être prévue au contrat.

Les prestations en nature sont déduites du salaire net.

6. Présence de nuit :

Voir article 6 « Nuit ».

b) Périodicité

Le paiement des salaires se fera à date fixe au moins une fois par mois et au plus tard le dernier jour du mois.

c) Bulletin de paie

Un bulletin de paie sera délivré au salarié au moins une fois par mois. Un modèle de bulletin de paie est annexé à la présente convention (annexe II).

d) Chèque emploi-service

Lorsque l'employeur et le salarié optent pour le chèque emploi-service, l'employeur n'est pas tenu de délivrer un bulletin de paie.

e) Conduite automobile

Au cas où l'employeur demande au salarié autre que le chauffeur d'assurer, pour les besoins du service, la conduite d'un véhicule automobile, un supplément de rémunération sera prévu au contrat de travail et fixé de gré à gré en fonction de l'importance du service.

L'employeur veillera à la conformité du contrat d'assurance du véhicule utilisé.

Dans le cas où le véhicule utilisé est celui du salarié, l'employeur vérifiera que le contrat d'assurance du salarié le lui permet et celui-ci sera indemnisé des frais supplémentaires engagés de ce fait. Sauf accord particulier, on appliquera à cet effet le barème kilométrique des fonctionnaires.

ARTICLE 21- HYGIÈNE ET LOGEMENT

Le logement de fonction, mis par l'employeur à la disposition du salarié, est un accessoire du contrat de travail. Il doit être restitué par le salarié lors de la rupture du contrat au terme de l'exécution du préavis.

Dans tous les cas où le contrat est suspendu et durant les périodes de préavis, le logement ne peut être repris par l'employeur sans l'accord du salarié. Cependant, si le salarié n'occupe pas le logement, l'employeur pourra, après l'en avoir avisé, y loger un remplaçant. L'employeur aura alors la garde des affaires personnelles du salarié en un lieu où elles ne peuvent se détériorer.

Les employeurs assureront à leur salarié un logement décent, pourvu d'une fenêtre, d'un éclairage convenable, d'un moyen de chauffage approprié et équipé d'une installation sanitaire normale ; à défaut, le salarié aura accès aux installations sanitaires de l'employeur.

Si le logement est meublé, le salarié devra disposer pour son usage exclusif d'une literie propre en bon état et du mobilier nécessaire.

Le salarié est tenu d'assurer le bon état et la propreté des locaux, literie et objets qui lui sont éventuellement confiés.

L'employeur et le salarié pourront procéder à l'état des lieux à l'embauche et à l'expiration du contrat.

Le blanchissage du linge fourni par l'employeur est à la charge de ce dernier.

Sauf accord particulier mentionné au contrat de travail, l'évaluation du logement est déterminée selon les termes de l'article 20 a, paragraphe 5.

Lorsque l'employé est nourri, la nourriture doit être saine et suffisante.

ARTICLE 22 - SURVEILLANCE MÉDICALE OBLIGATOIRE

Les dispositions du code du travail concernant la surveillance médicale sont obligatoirement applicables aux salariés du particulier employeur employés à temps complet :
– examen médical d'embauche ;
– visite médicale périodique obligatoire ;
– visite médicale de reprise après absence de plus de 3 semaines pour cause de maladie, au retour de congé de maternité, et après une absence d'au moins 8 jours pour cause d'accident du travail.

ARTICLE 23 - MATERNITÉ - ADOPTION - CONGÉ PARENTAL

Les salariés employés par des particuliers bénéficient des règles spécifiques prévues par le code du travail.

ARTICLE 24 - JEUNES TRAVAILLEURS

a) Âge d'admission au travail
Les adolescents de 14 à 16 ans ne pourront être embauchés que pendant la moitié de leurs vacances scolaires, uniquement pour des travaux légers.

b) Conclusion du contrat
Le contrat de travail des jeunes de moins de 16 ans devra être signé par leur représentant légal, après acceptation des termes par le mineur. Celui des jeunes de 16 à 18 ans peut être signé par le jeune avec autorisation de son représentant légal.

c) Durée du travail

La durée du travail hebdomadaire est la même que celle prévue pour les adultes à l'article 15 ; toutefois, ils ne pourront effectuer des heures supplémentaires.

d) Travaux pénibles

Il est interdit d'employer des jeunes de moins de 18 ans à des travaux pénibles excédant leurs forces, ainsi qu'à la manipulation des produits dangereux.

e) Travail de nuit

Le travail de nuit est interdit pour les jeunes travailleurs âgés de moins de 18 ans.

Tout travail entre 22 heures et 6 heures est considéré comme travail de nuit.

La durée minimale du repos de nuit des jeunes travailleurs ne peut être inférieure à 12 heures consécutives.

f) Repos hebdomadaire

Les jeunes ont droit au minimum à un jour de repos de 24 heures consécutives par semaine donné le dimanche, plus une demi-journée dans le cadre de l'aménagement de l'horaire de travail.

g) Protection morale des jeunes travailleurs

Les employeurs qui emploient des jeunes travailleurs de moins de 18 ans doivent veiller au maintien des bonnes mœurs et à l'observation de la décence sur les lieux de travail.

h) Salaire

Le salaire applicable aux jeunes travailleurs de moins de 18 ans et de capacité physique normale comporte un abattement fixé à :

– moins 20 % avant 17 ans ;
– moins 10 % entre 17 et 18 ans.

Cet abattement est supprimé pour les jeunes travailleurs justifiant de 6 mois de pratique professionnelle.

i) Congé du jeune travailleur âgé de moins de 21 ans

Quelle que soit leur ancienneté chez l'employeur, les jeunes travailleurs, âgés de moins de 21 ans au 30 avril de l'année précédente, ont droit, s'ils le demandent, à un congé de 30 jours ouvrables.

Ils ne peuvent exiger aucune indemnité de congé payé pour les journées de vacances dont ils réclament le bénéfice en sus de celles qu'ils ont acquises, à raison du travail accompli au cours de la période de référence.

j) Congés de formation professionnelle

L'employeur est tenu de laisser aux jeunes travailleurs et apprentis soumis à l'obligation de suivre des cours professionnels pendant la journée de travail le temps et la liberté nécessaires au respect de cette obligation.

ARTICLE 25 - FORMATION PROFESSIONNELLE

Les salariés bénéficient du droit à la formation continue (loi du 29 janvier 1996, accords de branche en annexes IV et V).

La commission paritaire nationale emploi et formation professionnelle (CPNEFP) détermine les orientations et les conditions de mise en œuvre.

Une contribution à la charge de l'employeur est prélevée par l'URSSAF et gérée par un organisme paritaire collecteur agréé.

L'employeur prend l'initiative de l'envoi en formation du salarié.

Les modalités pratiques des conditions d'accès sont précisées dans l'accord joint en annexe V.

ARTICLE 26 - PROTECTION MORALE - VIOLENCE SUR LE LIEU DE TRAVAIL

Les employeurs doivent veiller au maintien des bonnes mœurs et à l'observation de la décence sur les lieux de travail.

ARTICLE 27 - RETRAITE COMPLÉMENTAIRE

Pour les employeurs et les salariés relevant de la présente convention collective, la caisse compétente en matière de retraite complémentaire est l'institution de retraite complémentaire des employés de particuliers (IRCEM).

Annexe n°31
Extraits de la convention collective nationale des assistants maternels

> **ATTENTION !**
>
> Elle ne sera en vigueur que le 1er jour du trimestre civil suivant la publication de l'arrêté d'extension (en principe début 2005).

ARTICLE 1 – DISPOSITIONS GÉNÉRALES

Champ d'application professionnel

Code NAF : 85.3.G

La présente convention collective règle les rapports entre le parent particulier employeur et l'assistant maternel auquel il confie son ou ses enfants.

Cette profession s'exerce au domicile de l'assistant maternel mentionné dans l'agrément.

L'assistant maternel accueille les enfants qui lui sont confiés par le parent particulier employeur moyennant rémunération.

L'assistant maternel doit être titulaire de l'agrément délivré par le président du conseil général du département où il réside conformément à la réglementation en vigueur.

Dans le cadre de cet agrément, l'assistant maternel peut accueillir les enfants de familles différentes.

La présente convention règle les rapports entre **chaque** parent particulier employeur et l'assistant maternel.

Avantages acquis

La présente convention ne saurait, en aucun cas, porter atteinte aux avantages individuels acquis antérieurement à son entrée en vigueur.

ARTICLE 2 – OBLIGATIONS ADMINISTRATIVES GÉNÉRALES

Obligations de l'employeur

1. S'assurer que le salarié est titulaire de l'agrément délivré par le conseil général ;
2. Déclarer l'emploi à l'Urssaf, à la MSA, ou à la CAF ;
3. Vérifier l'assurance responsabilité civile professionnelle du salarié ;

4. Vérifier l'assurance automobile, le cas échéant et notamment la clause particulière de la couverture de transport des enfants accueillis à titre professionnel ;

5. Établir un contrat de travail écrit ;

6. Établir mensuellement un bulletin de paie ;

7. Procéder à la déclaration nominative mensuelle ou trimestrielle des salaires.

Obligations du salarié

1. Présenter copie de l'agrément et informer l'employeur de toutes modifications d'agrément et de conditions d'accueil ;

2. Communiquer l'attestation personnelle d'assuré social ;

3. Communiquer les attestations d'assurance responsabilité civile et d'assurance automobile ;

4. Faire visiter à l'employeur les pièces auxquelles l'enfant aura accès ;

5. Conclure un contrat de travail écrit.

ARTICLE 3 – CLASSIFICATION

Les négociations de la présente convention collective ont pour objectif la professionnalisation du métier d'assistant maternel.

Ils affirment leur intention de reconnaître la qualification que les salariés acquièrent à travers :

– l'exercice de la profession ;
– l'expérience validée ;
– les formations attestées par un diplôme de la branche.

La qualification ainsi acquise permettra la reconnaissance des compétences dans une classification des emplois de la branche.

ARTICLE 4 – CONTRAT DE TRAVAIL

L'accord entre l'employeur et le salarié est établi par un contrat écrit pour chaque enfant. Il est rédigé en 2 exemplaires datés, paraphés et signés par l'employeur et le salarié qui en gardent chacun un exemplaire.

Il précise les obligations administratives et conventionnelles mais aussi les conditions d'accueil de l'enfant.

Il est signé lors de l'embauche.

Toute modification pourra être négociée entre les parties et devra faire l'objet d'un avenant au contrat.

Mentions et rubriques administratives et conventionnelles

- Identification des parties
- N° d'identification employeur

Annexes

- N° Urssaf ou N° Pajemploi
- N° de Sécurité sociale
- Nom de l'enfant et date de naissance
- Date d'embauche
- Référence de l'agrément
- Assurance responsabilité civile professionnelle du salarié
- Assurance automobile (s'il y a lieu)
- Durée de la période d'essai
- Périodes d'accueil et horaires
- Absences prévues de l'enfant
- Rémunération de l'accueil
  – Salaire brut minimum statutaire
  – Salaire brut horaire – Salaire net horaire
  – Salarie brut mensuel – Salaire net mensuel
  – Date de paiement
- Congés payés : dates habituelles des congés
- Frais d'entretien
- Jours fériés travaillés chômés
- Repos hebdomadaire

Consignes et informations concernant l'enfant

- Santé :
  – régime alimentaire
  – médecin de référence
  – soins ou médicaments
  – consignes en cas d'urgence
- Autorisation parentale à remettre au médecin pour pratiquer toute intervention médicale ou chirurgicale d'urgence ;
- Autorisation concernant les modes de déplacement de l'enfant : conduite à l'école, activités extra scolaires et autres (à préciser au contrat) ;
- Personnes autorisées à reprendre l'enfant au domicile de l'assistant maternel ;
- Personnes à contacter en cas d'urgence en l'absence des parents.

Document à joindre au contrat de travail

Voir annexe 10 de la présente convention collective nationale.

Conditions particulières

Les parties doivent préciser au contrat les conditions particulières essentielles.

ARTICLE 5 – PÉRIODE D'ESSAI

- Au cours de la période d'essai l'employeur ou le salarié peut rompre librement le contrat, sans procédure particulière.
- La période d'essai doit être prévue au contrat.
- Si l'accueil de l'enfant, prévu au contrat, s'effectue 1, 2 ou 3 jours calendaires par semaine, la période d'essai aura une durée maximum de 3 mois.

Si l'accueil s'effectue sur 4 jours et plus par semaine, la période d'essai aura une durée maximum de 2 mois.

• Durant les premiers jours de l'essai et au maximum pendant un mois, un temps d'adaptation peut être prévu par l'employeur au cours duquel les conditions et les horaires d'accueil seront fixés en fonction des besoins d'adaptation de l'enfant. Ce temps d'adaptation fait partie de la période d'essai.

• Si le contrat est rompu avant la fin de la période d'essai, l'employeur doit délivrer au salarié :

– un bulletin de paie ;
– un certificat mentionnant la date de début et la date de fin du contrat ainsi que la nature de l'emploi ;
– une lettre de rupture si celle-ci est de son fait ;
– l'attestation Assedic.

ARTICLE 6 – DURÉE DE L'ACCUEIL

Les conditions de l'accueil annuel, hebdomadaire, journalier ou occasionnel sont précisées au contrat.

Accueil annuel

L'employeur et le salarié se mettent d'accord sur les périodes d'accueil programmées dans l'année.

Le contrat prévoit le nombre et, dans la mesure du possible, la date des semaines d'accueil et l'horaire d'accueil journalier.

Si ces dates ne sont pas connues lors de la signature du contrat, celui-ci devra fixer le délai de prévenance.

Un délai de prévenance sera précisé au contrat si les deux parties conviennent de la possibilité de la modification des dates de semaines programmées.

Pour pallier des situations exceptionnelles ou imprévisibles, des heures au-delà de celles prévues par écrit au contrat pourront être effectuées si les deux parties en sont d'accord.

Accueil hebdomadaire

La durée conventionnelle de l'accueil est de 45 heures par semaine.

Accueil journalier

Principes

– Le salarié bénéficie d'un repos quotidien de 11h consécutives minimum.
– Dans la profession, la durée habituelle de la journée d'accueil est de 9 heures.
– L'accueil journalier débute à l'heure prévue au contrat et se termine à l'heure de départ du parent avec son enfant ;

Toutefois, si employeur et salarié en sont d'accord, il pourra être dérogé à ces principes :

– en raison d'impératifs liés à des obligations prévisibles et non constantes de l'employeur ;
– pour assurer l'accueil de l'enfant dans des situations exceptionnelles et imprévisibles.

Dans ces cas, l'accueil pourra être effectué la nuit.

Accueil occasionnel

L'accueil est occasionnel quand il est de courte durée et n'a pas de caractère régulier. Se reporter :

– article 7 : rémunération
– article 12 – Congés annuels au 1°)
– et congés payés, alinéa F).

ARTICLE 7 – RÉMUNÉRATION

1. Salaire horaire brut de base

Toutes les heures d'accueil sont rémunérées.
Le salaire horaire brut de base ne peut être inférieur à 1/8e du salaire statutaire brut journalier.

2. Salaire mensuel brut de base

Accueil régulier

Pour assurer au salarié un salaire régulier, quel que soit le nombre d'heures d'accueil par semaine et le nombre de semaines d'accueil dans l'année, le salaire de base est mensualisé. Il est calculé sur 12 mois à compter de la date d'embauche.

a) Si l'accueil s'effectue sur une année complète (52 semaines y compris les congés payés du salarié) :

Le salaire mensuel brut de base est égal au :

$$\frac{\text{Salaire horaire brut de base} \times \text{nombre d'heures d'accueil par semaine} \times 52 \text{ semaines}}{12}$$

Ce salaire est versé tous les mois, y compris pendant les périodes de congés payés, sous réserve des droits acquis au cours de la période de référence (Voir article 12 Congés annuels).

Selon les circonstances intervenues au cours du mois considéré, ce salaire peut être majoré, tel que prévu aux points 3 et 4 du présent article ou minoré tel que prévu à l'article 14 – Absences.

b) Si l'accueil s'effectue sur une année incomplète (semaines programmées hors congés annuels du salarié) :

Le salaire mensuel brut de base est égal au :

$$\frac{\text{Salaire horaire brut de base} \times \text{nombre d'heures d'accueil par semaine} \times \text{nombre de semaines programmées}}{12}$$

Ce salaire est versé tous les mois.

La rémunération des congés acquis pendant la période de référence s'ajoute à ce salaire mensuel bru de base (Voir article 12 – Congés annuels).

Selon les circonstances intervenues au cours du mois considéré, ce salaire peut être majoré, tel que prévu aux points 3 et 4 du présent article ou minoré tel que prévu à l'article 14 – Absences.

Accueil occasionnel

Le salaire brut mensuel est égal au salaire horaire brut de base X nombre d'heures d'accueil dans le mois.

Pour la rémunération des congés, se reporter : article 12 – Congés annuels au 1°), Congés payés, alinéa f).

3. Heures complémentaires

Elles sont rémunérées au salaire horaire brut de base.

4. Majorations

a) Heures majorées

À partir de la 46e heure hebdomadaire d'accueil, il est appliqué au taux de majoration laissé à la négociation des parties.

b) Majorations pour difficultés particulières

L'accueil d'un enfant présentant des difficultés particulières, temporaires ou permanentes, donne droit à majoration du salaire à prévoir au contrat en fonction de l'importance des difficultés suscitées par l'accueil de l'enfant.

5. Périodicité

Le paiement du salaire est effectué à date fixe, chaque mois.

6. Bulletin de paie

Un bulletin de paye est délivré chaque mois.

Sur le bulletin de paie, pour information, sont également précisés les jours et les heures d'accueil réellement effectués dans le mois.

ARTICLE 8 – INDEMNITÉS D'ENTRETIEN ET FRAIS DE REPAS

1. Les frais occasionnés au salarié par l'accueil de l'enfant

Ce sont les investissements, jeux et matériels d'éveil, ainsi que l'entretien du matériel utilisé, la part de consommation d'eau, d'électricité, de chauffage, etc.

L'employeur et le salarié déterminent d'un commun accord le montant de l'indemnité journalière destinée à couvrir les frais d'entretien de l'enfant supportés par le salarié.

L'indemnité afférente à ces frais est due pour chaque journée d'accueil.

Elle ne peut être inférieure au montant défini par accord paritaire : voir annexe 1

2. Les frais de repas : petits déjeuners, repas, goûters

Si l'employeur fournit les repas, l'indemnité n'est pas due.

Si le salarié fournit les repas, employeur et salarié se mettent d'accord sur la nature des repas. Dans ce cas, l'indemnité est fixée en fonction des repas fournis.

Le choix de fournir ou de ne pas fournir les repas est précisé au contrat.

3. Contractualisation

Le montant journalier des indemnités d'entretien et de frais de repas figure au contrat de travail. Elles n'ont pas le caractère de salaire et ne sont donc pas soumises à cotisations. Elles sont mentionnées sur le bulletin de salaire.

ARTICLE 10 – REPOS HEBDOMADAIRE

Le jour de repos hebdomadaire est prévu au contrat et il est pris le même jour en cas de multi-employeurs.

Il est donné de préférence le dimanche, mais un autre jour peut être choisi par accord entre l'employeur et le salarié. Cet accord figure dans le contrat.

Dans le cas où, exceptionnellement, l'enfant est confié au salarié le jour de repos hebdomadaire, celui-ci est rémunéré au tarif normal majoré de 25 % ou récupéré, d'un commun accord, par un repos équivalent majoré dans les mêmes conditions.

ARTICLE 11 – JOURS FÉRIÉS

1er Mai

Seul le 1er mai est un jour férié chômé et payé, s'il tombe un jour habituel d'accueil de l'enfant.

Le chômage du 1er mai ne peut être la cause d'une réduction de la rémunération. Le travail effectué le 1er mai ouvre droit à une rémunération majorée de 100 %.

Jours fériés ordinaires

Les jours fériés ordinaires ne sont pas obligatoirement chômés et payés.

Décidé par l'employeur, le chômage des jours fériés ordinaires tombant un jour habituellement travaillé ne pourra être la cause d'une diminution de la rémunération si le salarié remplit les conditions suivantes, avec le même employeur :

– avoir 3 mois d'ancienneté ;
– avoir habituellement travaillé le jour d'accueil qui précède et le jour d'accueil suivant le jour férié
– s'il travaille 40 heures ou plus par semaine, avoir accompli 200 heures de travail au moins, au cours des 2 mois qui précèdent le jour férié ;
– s'il travaille moins de 40 heures par semaine, avoir accompli un nombre d'heures réduit proportionnellement par rapport à un horaire hebdomadaire de 40 heures.

Les jours fériés travaillés sont prévus au contrat.

Lorsque l'accueil est effectué un jour férié prévu au contrat, il est rémunéré sans majoration. L'accueil un jour férié non prévu au contrat peut être refusé par le salarié.

ARTICLE 12 – CONGÉS ANNUELS

Pour permettre à l'assistant maternel de prendre effectivement des congés annuels, compte tenu de la spécificité de la profession, qui est d'accueillir les enfants de plusieurs particuliers employeurs, il est prévu les dispositions suivantes :

1. Congés payés

a) Ouverture du droit

Le droit aux congés payés annuels est ouvert au salarié qui, au cours de l'année de référence (du 1er juin de l'année précédente au 31 mai de l'année en cours), justifie avoir été employé par le même employeur pendant un temps équivalent à un minimum d'un mois de date à date.

b) Durée des congés payés

La durée des congés payés se calcule en jours ouvrables. Sont considérés comme jours ouvrables tous les jours de la semaine, excepté les dimanches et les jours fériés chômés.

Pour une année de référence complète (du 1er juin de l'année en cours), le salarié acquiert 30 jours ouvrables et les jours fériés chômés.

c) Calcul du nombre de jours de congés payés

Le salarié a droit à 2,5 jours ouvrables de congés payés par mois d'accueil effectué au cours de la période de référence (du 1er juin de l'année précédente au 31 mai de l'année en cours).

Pour la détermination du nombre de jours de congés payés, sont assimilés à de l'accueil effectué :

– les périodes de congés payés de l'année précédente,
– les congés pour événements personnels,
– les jours fériés chômés,
– les congés de formation professionnelle,
– les congés de maternité et d'adoption,
– les périodes, limitées à une durée ininterrompue d'un an, pendant lesquelles l'exécution est suspendue pour cause d'accident du travail ou de maladie professionnelle,
– les jours pour appel de préparation à la défense nationale.

Lorsque le nombre de jours ouvrables calculés conformément aux alinéas précédents n'est pas un nombre entier, la durée du congé est portée au nombre entier immédiatement supérieur.

En tout état de cause, la durée totale du congé annuel ne peut dépasser trente jours ouvrables (cinq semaines).

d) Prise de congés annuels

Les congés payés doivent être pris.

Un congé payé de deux semaines continues (ou douze jours ouvrables consécutifs) doit être attribué au cours de la période du 1er mai au 31 octobre, sauf accord entre les parties.

Lorsque les droits acquis sont inférieurs à douze jours ouvrables, les congés payés doivent être pris en totalité et en continu.

La date des congés est fixée par l'employeur. Cependant, dans le cadre du multi-employeurs, compte tenu des contraintes professionnelles du salarié, pour lui permettre de prendre effectivement des jours de repos, les différents employeurs et le salarié s'efforceront de fixer d'un commun accord, à compter du 1er janvier et au plus tard le 1er mars de chaque année, la date des congés.

Si un accord n'est pas trouvé, le salarié pourra fixer lui-même la date de trois semaines en été et une semaine en hiver, que ces congés soient payés ou sans solde. Il en avertira les employeurs dans les mêmes délais.

e) Fractionnement des congés payés

Lorsque les droits à congés payés dépassent deux semaines (ou douze jours ouvrables), le solde des congés, dans la limite de douze jours ouvrables, peut être pris pendant ou en dehors de la période du 1er mai au 31 octobre, de façon continue ou non. Le congé peut être fractionné par l'employeur avec l'accord du salarié.

La prise de ces congés, en dehors de la période du 1er mai au 31 octobre, peut donner droit à un ou deux jours de congés payés supplémentaires pour fractionnement :

– 2 jours ouvrables, si le nombre total de jours ouvrables pris en dehors de la période est de 6 jours ou plus ;
– 1 jour ouvrable, si le nombre total de jours ouvrables pris en dehors de cette période est de 3, 4 ou 5 jours.

La cinquième semaine ne peut en aucun cas donner droit à des jours supplémentaires de congé pour fractionnement.

f) Rémunération des congés payés

L'année de référence court du 1er juin de l'année précédente au 31 mai de l'année en cours. À cette date, le point sera fait sur le nombre de jours de congés acquis et la rémunération brute versée au salarié pendant l'année de référence hors indemnités (entretien, nourriture...).

La rémunération brute des congés est égale :

– soit à la rémunération brute que le salarié aurait perçue pour une durée d'accueil égale à celle du congé payé, hors indemnités (entretien, nourriture...) ;
– soit au 1/10e de la rémunération totale brute (y compris celle versée au titre des congés payés) perçues par le salarié au cours de l'année de référence, hors indemnités (entretien, nourriture...).

La solution la plus avantageuse pour le salarié sera retenue.

• Lorsque l'accueil s'effectue sur une année complète : les congés sont rémunérés lorsqu'ils sont pris. La rémunération due au titre des congés payés se substitue au salaire de base.

• Lorsque l'accueil s'effectue sur une année incomplète : la rémunération due au titre des congés payés pour l'année de référence s'ajoute au salaire mensuel brut de base tel que calculé suivant l'article 7 – Rémunération, alinéa 2 b).

Cette rémunération peut être versée, selon l'accord des parties à préciser au contrat :
– soit en une seule fois au mois de juin,
– lors de la prise principale des congés,
– soit au fur et à mesure de la prise des congés
– soit par 12e chaque mois.

• Lorsque l'accueil est occasionnel : la rémunération des congés dus s'effectue selon la règle du 1/10e versée à la fin de chaque accueil.

La rémunération des congés payés a le caractère de salaire ; elle est soumise à cotisations.

Certains congés supplémentaires donnent lieu à rémunération. : voir e) fractionnement du présent article et congés pour évènements familiaux à l'article 13 – Autres congés.

Les indemnités (entretien, nourriture...) ne sont pas versées pendant les congés.

g) Indemnité compensatrice de congés payés

Lors de la rupture du contrat de travail, qu'elle soit à l'initiative du salarié ou de l'employeur, le salarié a droit, sauf en cas e faute lourde, à une indemnité compensatrice correspondant à la rémunération des congés payés dus et no pris au titre de l'année de référence et de l'année en cours.

2. Congés annuels complémentaires

Lorsqu'il est prévu au contrat que l'accueil s'effectue sur une année incomplète, le salarié n'acquiert pas 30 jours ouvrables de congés payés. Cependant, pour lui permettre de bénéficier d'un repos total de 30 jours ouvrables, il lui est accordé le droit à un congé complémentaire non rémunéré.

La date des congés est fixée par l'employeur. Cependant, dans le cadre du multi-employeurs, compte tenu des contraintes professionnelles du salarié, pour lui permettre de prendre effectivement des jours de repos, les différents employeurs et le salarié s'efforceront de fixer d'un commun accord, à compter du 1er janvier et au plus tard le 1er mars de chaque année, la date des congés. Si un accord n'est pas trouvé, le salarié pourra fixer lui-même la date de trois semaines en été et une semaine en hiver, que ces congés soient payés ou sans solde. Il en avertira les employeurs dans les mêmes délais.

3. Dispositions communes

Décompte des congés pris

Quand le salarié part en congé, qu'il accueille un enfant à temps plein ou à temps partiel, le premier jour de vacances à décompter est le premier jour ouvrable où il aurait dû accueillir l'enfant.

Il convient de décompter tous les jours ouvrables à compter du premier jour de congé tel que défini ci-dessus jusqu'au dernier jour ouvrable précédant la reprise de l'accueil de l'enfant.

Un jour férié chômé inclus dans une période de congé n'est pas décompté en jour ouvrable.

Bulletin de paie

Les dates de prise de congés figureront sur le bulletin de paie du mois.

ARTICLE 13 – AUTRES CONGÉS

Congés pour événements familiaux

Le salarié bénéficiera, sur justification, à l'occasion de certains évènements, d'une autorisation d'absence exceptionnelle accordée dans les conditions suivantes :

Sans condition d'ancienneté :

– mariage du salarié : 4 jours ouvrables
– mariage d'un enfant : 1 jour ouvrable
– décès d'un enfant ou du conjoint ou du partenaire d'un PACS : 2 jours ouvrables
– décès du père, de la mère, d'un grand-père ou d'une grand-mère : 1 jour ouvrable
– naissance ou adoption : 3 jours ouvrables ;

Avec condition d'ancienneté de trois mois chez l'employeur :

– décès du beau-père ou de la belle-mère (c'est-à-dire père ou mère de l'époux(se) : 1 jour ouvrable
– décès d'un frère ou d'une sœur : 1 jour ouvrable.

Ces jours de congé doivent être pris au moment de l'événement, ou , en accord avec l'employeur, dans les jours qui entourent l'événement. Ils n'entraînent pas de réduction de la rémunération mensuelle. En cas de congé pris à l'occasion de la naissance ou de l'adoption, les trois jours ouvrables peuvent être pris dans la période de quinze jours qui entourent l'événement.

Ils sont assimilés à des jours d'accueil de l'enfant pour la détermination de la durée du congé annuel.

Dans le cas où l'événement personnel obligerait le salarié à un déplacement de plus de 600 km (aller-retour), il pourrait demander à l'employeur un jour ouvrable supplémentaire pour convenance personnelle, non rémunéré.

Les congés pour convenance personnelle

Des congés pour convenance personnelle, non rémunérés, peuvent être accordés par l'employeur à la demande su salarié. Ces congés n'entrent pas en compte pour le calcul de la durée des congés payés annuels.

Les congés pour appel de préparation à la défense nationale

Une autorisation d'absence d'un jour est accordée à tout jeune de 18 à 25 ans dans le but exclusif de participer à l'appel de préparation à la défense nationale.

Cette absence n'entraîne pas de réduction de rémunération et entre en compte pour le calcul de la durée des congés payés annuels.

Les congés pour enfants malades

Tout salarié a droit à bénéficier d'un congé non rémunéré en cas de maladie ou d'accident, constaté par certificat médical, d'un enfant de moins de seize ans dont il a la charge. La durée de ce congé est au maximum de trois jours par an. Elle est portée à cinq jours si l'enfant est âgé de moins d'un an ou si le salarié assume la charge de trois enfants ou plus de moins de seize ans.

ARTICLE 14 – ABSENCES

Absences du salarié

Toute absence doit être justifiée.
Voir article 13 – Autres congés
Voir article 17 - Couverture maladie accident.

Absences de l'enfant

Sachant que les périodes pendant lesquelles l'enfant est confié à l'assistant maternel sont prévues au contrat, les temps d'absence non prévus au contrat sont rémunérés.

Toutefois, en cas d'absences de l'enfant dues à une maladie ou à un accident, lorsque les parents ne peuvent pas confier l'enfant malade à l'assistant maternel, ils doivent lui faire parvenir, dans les 48h, un certificat médical daté du premier jour d'absence. Dès lors :

– l'assistant maternel n'est pas rémunéré pendant les courtes absences pour maladie de l'enfant, pas nécessairement consécutives, à condition que le total de ces absences ne dépasse pas 10 jours d'accueil dans l'année, à compter de la date d'effet du contrat ;
– dans le cas d'une maladie qui dure 14 jours consécutifs, ou en cas d'hospitalisation, le salarié n'est pas rémunéré. Mais après 14 jours calendaires consécutifs d'absence, les parents décideront soit de rompre le contrat, soit de maintenir le salaire.

ARTICLE 15 – SURVEILLANCE MÉDICALE

La FEPEM et les organisations syndicales (CFDT, CFTC, CGT, FGTA-FO, SNPAAM) s'engagent à étudier la possibilité de mettre en place un système de surveillance médicale adapté aux spécificités de la profession, afin que tous les salariés de la branche puissent accéder à la médecine du travail.

ARTICLE 16 – MATERNITÉ – ADOPTION – CONGÉ PARENTAL – CONGÉ DE PATERNITÉ

a) Dispositions générales

Les salariés employés par des particuliers bénéficient des règles spécifiques prévues par le code du travail.

Pendant les congés de maternité, d'adoption, parental ou de paternité, le salaire n'est pas versé par les employeurs.

b) Dispositions particulières

La maternité de la salariée ne peut être le motif du retrait de l'enfant.

Pendant le congé de maternité, dans l'intérêt de l'enfant, et compte tenu des spécificités de la profession, notamment celles liées à l'agrément, employeur et salarié s'informent de leurs intentions quant à la poursuite du contrat, avec un délai de prévenance d'un mois au minimum avant la fin du congé de maternité de la salariée.

ARTICLE 18 – RUPTURE DU CONTRAT

Toute rupture après la fin de la période d'essai est soumise aux règles suivantes :

a) Rupture à l'initiative de l'employeur – retrait de l'enfant

L'employeur peut exercer son droit de retrait de l'enfant. Ce retrait entraîne la rupture du contrat de travail.

L'employeur qui décide de ne plus confier son enfant au salarié, quel qu'en soit le motif, doit lui notifier sa décision par lettre recommandée avec avis de réception. La date de première présentation de la lettre recommandée fixe le point de départ du préavis.

b) Rupture à l'initiative du salarié - démission

Le salarié qui décide de ne plus accueillir l'enfant confié peut rompre le contrat. Le salarié fait connaître sa décision aux employeurs par lettre recommandée avec avis de réception. La date de première présentation de la lettre recommandée fixe le point de départ du préavis.

c) Préavis

Hors période d'essai, en cas de rupture à l'initiative de l'employeur pour motif autre que la faute grave ou la faute lourde ou à l'initiative du salarié, un préavis est à effectuer. Sa durée est au minimum de :

– 15 jours calendaires pour un salarié ayant moins d'un an d'ancienneté avec l'employeur ;
– 1 mois calendaire pour un salarié ayant plus d'un an d'ancienneté avec l'employeur.

La période de préavis ne se cumule pas avec une période de congés payés.

Si le préavis n'est pas effectué, la partie responsable de son inexécution doit verser à l'autre partie une indemnité égale au montant de la rémunération qu'aurait perçue le salarié s'il avait travaillé.

d) Régularisation

Si l'accueil s'effectue sur une année incomplète, compte tenu de la mensualisation du salaire, il sera nécessaire de comparer les heures d'accueil réellement effectuées, sans remettre en cause les conditions définies tel que prévu à l'article 7 – Rémunération à l'alinéa 2 b).

S'il y a lieu, l'employeur procède à une régularisation. Le montant versé à ce titre est un élément du salaire. Il est soumis à cotisations.

e) Indemnité compensatrice de congés payés

Lors de la rupture du contrat de travail, qu'elle soit à l'initiative du salarié ou de l'employeur, le salarié a droit, sauf en cas de faute grave ou de faute lourde, à une indemnité compensatrice correspondant à la rémunération des congés dus.

f) Indemnité de rupture

En cas de rupture du contrat, par retrait de l'enfant, à l'initiative de l'employeur, celui-ci verse, sauf en cas de faute grave, une indemnité de rupture au salarié ayant au moins 1 an d'ancienneté avec lui.

Cette indemnité sera égale à $1/20^e$ du total des salaires nets perçus pendant la durée du contrat.

Cette indemnité n'a pas le caractère de salaire. Elle est exonérée de cotisations et d'impôt sur le revenu dans les limites fixées par la loi.

g) Rupture pour suspension ou retrait de l'agrément

L'employeur n'est pas responsable de la rupture du contrat.

La suspension ou le retrait de l'agrément s'impose au salarié et à l'employeur. Celui-ci ne peut plus confier son enfant au salarié et lui signifie le retrait forcé de l'enfant entraînant la rupture du contrat de travail par lettre recommandée avec avis de réception, à la date de notification de la suspension ou du retrait de l'agrément par le conseil général.

Dans ce cas, le contrat se trouve rompu sans préavis ni indemnité de rupture, du seul fait de la suspension ou du retrait de l'agrément.

h) Documents à remettre au salarié en cas de rupture

A l'expiration du contrat, quel que soit le motif de la rupture, et même au cours de la période d'essai, l'employeur doit délivrer au salarié :

– bulletin de salaire,
– un certificat mentionnant la date de début et la date de fin du contrat ainsi que la nature de l'emploi,
– l'attestation Assedic pour lui remettre de faire valoir ses droit.

ARTICLE 19 – FORMATION PROFESSIONNELLE

Compte tenu des spécificités de la profession, les négociateurs de la présente convention collective :

• estiment que la formation professionnelle est un élément essentiel de la professionnalisation ;

- affirment leur volonté, dans le cadre qui leur est réservé par la loi n° 2004-391 du 7 avril 2004 publiée au JO du 5 mai 2004 :
  – d'initier une politique de formation professionnelle adaptée aux spécificités du métier et de son contexte,
  – d'engager paritairement une négociation pour la mise en œuvre
- créent une Commission Paritaire Nationale Emploi et Formation Professionnelle (CPNEFP).

Bibliographie

BANCE P., *Le Guide des assistantes maternelles*, L'AssMat, 2004.

BETTELHEIM B., *Pour être des parents acceptables*, Hachette, 1998.

BRAZELTON T. B. et CRAMER B. G., *Les Premiers liens : l'attachement parents-bébé vu par un pédiatre et par un psychiatre*, Stock-Calmann-Lévy, 1991.

BUZYN E., *Me débrouiller, oui, mais pas tout seul*, Albin Michel, 2001.

CYRULNIK B., *Les Nourritures affectives*, Odile Jacob, 1993.

CYRULNIK B., *Sous le signe du lien,* Hachette, 1989.

DALLOZ D., *Où commence la violence*, Albin Michel, 2003.

DELAISI DE PARSEVAL G., *Objectif bébé*, Autrement Mutation n°72, Autrement, 1985.

DENIS P., *Jeux de bébés*, Érès, 2004.

DOLTO F., *Tout est langage*, Gallimard, 2002.

DOLTO F., *La Cause des enfants*, Pocket, 2003.

DOLTO F. et LEVY D.M., *Entretiens de décembre 1978, parler juste aux enfants*, Mercure de France, 2002.

ELIACHEFF Caroline, *À corps et à cris,* Odile Jacob, 2000.

FONTANEL B. et D'HARCOURT C., *L'Épopée des bébés*, La Martinière, 1997.

GIAMPINO S., *Les Mères qui travaillent sont-elles coupables ?*, Albin Michel, 2000.

MILLER L., STEINER D., REID S., MATHELIN C., *Comprendre votre enfant de la naissance à 3 ans*, Albin Michel, 2001.

PURVES L., *Comment ne pas être une mère parfaite*, Odile Jacob, 1994.

ROUDINESCO É., *La Famille en désordre*, Fayard, 2000.

SNYDERS J.C., *Peines d'enfance*, Buchet-Chastel, 1994.

SZEJER M., *Des mots pour naître*, Gallimard, 1997.

THÉRY I., *Couple, filiation et parenté aujourd'hui*, Odile Jacob, 1998.

WINNICOTT D.W., *L'Enfant et le monde extérieur*, Payot, 1972.

WINNICOTT D.W., *Jeu et réalité*, Gallimard, 2002.

WINNICOTT D.W., *L'Enfant et sa famille*, Payot, 2002.

Table des matières

Introduction 11

De la séparation parents/bébé 13

Recruter une nounou 23
    L'assistante maternelle 27
    La nounou à domicile 34
    La jeune fille au pair 37
        L'employée au pair de droit commun 37
        Les employées au pair étrangers 38
    La baby-sitter du soir 45
    La garde partagée à deux couples 47
    Où trouver la « perle rare » ? 52
    Les critères essentiels de recrutement 56
    Comment mener l'entretien de recrutement 69
    Le contrat de travail de la nounou à domicile 74
        Déclarations 74
        Le contrat de travail de la nounou 75
    Le contrat de travail de l'assistante maternelle 84
    La rémunération de la nounou et le coût
    des modes de garde 89
        La rémunération de l'assistante maternelle agréée 89
        Le coût d'une assistante maternelle 91
        La rémunération de la nounou à domicile 96
        Le coût de la nounou à domicile 97
        Le coût de la garde partagée pour chaque famille 103
    Obligations administratives 106

Construire une relation de confiance 111
Comment préparer la séparation : la nécessaire adaptation ... 113
Comment vivre les phases essentielles de transition du soir et du matin 116
La juste place de la nounou aux côtés de la famille 119
Le rôle de la nounou : ce que les parents attendent d'elle 125
Bonne attitude, bonne distance avec la nounou 129
Comment construire une relation harmonieuse et durable 133
La modification du contrat de travail 138
La demande de modification du contrat émane de la nounou 138
La demande de modification du contrat émane des parents 138
Que faire en cas d'arrêt de travail de la nounou ? 144

Se séparer de la nounou... 149
Au secours ! La nounou démissionne 151
La démission de la nounou à domicile 151
La démission de l'assistante maternelle 154
La rupture du contrat de travail de la nounou à domicile 155
La rupture du contrat de travail de l'assistante maternelle 167
Les suites de la rupture 169
Comment gérer un changement de nounou ? 173

Conclusion 177

Annexes 179
N°1 : Déclaration à l'Urssaf d'un salarié à domicile 183
N°2 : Accord de placement au pair d'un stagiaire aide familial ... 184
N°3 : Contrat de travail à durée indéterminée pour une garde d'enfant à domicile en garde partagée 188
N°4 : Contrat de travail à durée indéterminée pour une garde d'enfant à domicile 192
N°5 : Contrat de travail à durée indéterminée pour une assistante maternelle agréée 196
N°6 : Contrat de travail à durée déterminée et à terme imprécis pour une garde d'enfant à domicile 203
N°7 : Contrat de travail à durée déterminée et à terme précis pour une garde d'enfant à domicile 208

N° 8 : Proposition de modification du contrat de travail
d'une garde d'enfant à domicile 212
N°9 : Avenant au contrat de travail d'une garde d'enfant à domicile 214
N° 10 : Bulletin de salaire pour une assistante maternelle 216
N° 11 : Classification et salaires minima conventionnels
pour une garde d'enfant à domicile 217
N° 12 : Barème des indemnités kilométriques 220
N° 13 : Le chèque emploi-service 221
N° 14 : Formations professionnelles proposées par l'Agefos-PME 224
N° 15 : Lettre de démission d'une garde d'enfant à domicile 229
N° 16 : Accusé de réception d'une lettre de démission 230
N° 17 : Lettre de rupture de contrat de travail
pendant la période d'essai 232
N° 18 : Lettre de rupture de contrat de travail
d'une assistante maternelle 233
N° 19 : Lettre de convocation à un entretien préalable à un licenciement
pour motif personnel d'une garde d'enfant à domicile 234
N° 20 : Lettre de convocation à un entretien préalable à un licenciement
pour faute grave d'une garde d'enfant à domicile 235
N° 21 : Lettre de notification de licenciement pour motif économique
d'une garde d'enfant à domicile 236
N° 22 : Lettre de notification de licenciement pour motif personnel
d'une garde d'enfant à domicile 238
N° 23 : Lettre de notification de licenciement pour faute grave
d'une garde d'enfant à domicile 240
N° 24 : Certificat de travail pour une assistante maternelle 242
N° 25 : Certificat de travail pour une garde d'enfant à domicile 243
N° 26 : Transaction 244
N° 27 : Les gestes qui sauvent et les numéros utiles 247
N° 28 : Les DDTEFP en France 257
N° 29 : Adresses utiles 261
N° 30 : Extraits de la convention collective nationale des salariés
du particulier employeur 263
N° 31 : Extraits de la convention collective nationale
des assistants maternels 284

Bibliographie 229

Conception graphique : Julie Legras
Illustrations : Anne-Christel Rolling
Suivi éditorial : Hélène Boulanger

Composition IGS
Impression : Imprimerie Floch, août 2004
Éditions Albin Michel
22, rue Huyghens, 75014 Paris
www.albin-michel.fr
ISBN : 2-226-15351-9
N° d'édition : 22615 – N° d'impression : 60877
Dépôt légal : septembre 2004
Imprimé en France